艺术体育
高校学术研究论著丛刊

李荣芝 著

中国乒乓球发展史研究

中国书籍出版社
China Book Press

图书在版编目(CIP)数据

中国乒乓球发展史研究 / 李荣芝著. --北京：中国书籍出版社，2020.5
ISBN 978-7-5068-7810-4

Ⅰ. ①中… Ⅱ. ①李… Ⅲ. ①乒乓球运动－体育运动史－研究－中国 Ⅳ. ①G846.92

中国版本图书馆 CIP 数据核字(2020)第 071505 号

中国乒乓球发展史研究

李荣芝　著

丛书策划	谭　鹏　武　斌
责任编辑	李　新
责任印制	孙马飞　马　芝
封面设计	东方美迪
出版发行	中国书籍出版社
地　　址	北京市丰台区三路居路 97 号（邮编：100073）
电　　话	（010）52257143（总编室）　（010）52257140（发行部）
电子邮箱	eo@chinabp.com.cn
经　　销	全国新华书店
印　　刷	三河市铭浩彩色印装有限公司
开　　本	710 毫米×1000 毫米　1/16
印　　张	14.75
字　　数	204 千字
版　　次	2021 年 1 月第 1 版　2021 年 1 月第 1 次印刷
书　　号	ISBN 978-7-5068-7810-4
定　　价	74.00 元

版权所有　翻印必究

目 录

第一章　绪论 …………………………………………………… 1
　　第一节　研究方法 ……………………………………………… 1
　　第二节　近三十年关于乒乓球运动的相关研究综述 …… 3

第二章　民国期间的乒乓球运动 …………………………… 29
　　第一节　乒乓球游戏的引入 ………………………………… 30
　　第二节　乒乓球游戏在学校的率先兴起 ………………… 32
　　第三节　乒乓运动价值的认识和组织推进 ……………… 35
　　第四节　乒乓球赛事的交流与扩展 ………………………… 39
　　第五节　女子乒乓球比赛的兴起与初步发展 …………… 47
　　第六节　乒乓球规则的制定与完善 ………………………… 49
　　第七节　近代中国乒乓球运动技术的演变 ……………… 53
　　第八节　乒乓球信息传播方面 ……………………………… 58
　　第九节　近代中国乒乓球运动发展的特征 ……………… 61

第三章　计划经济时期的乒乓球运动（1949—1978 年）…… 69
　　第一节　竞技乒乓球方面 …………………………………… 71
　　第二节　大众乒乓球方面 …………………………………… 86
　　第三节　计划经济时期乒乓球运动发展的缘由 ………… 99

第四章　走向改革开放时期的乒乓球运动
　　　　　（1979—1992 年）………………………………… 110
　　第一节　竞技乒乓走向巅峰，冲向卓越 ………………… 111
　　第二节　大众乒乓遍地开花，但略有回落 ……………… 117

· 1 ·

第三节　影响改革开放时期中国乒乓球发展的主要
　　　　　　因素 ………………………………………………… 126

第五章　1993—2003 年时期的乒乓球运动 ……………………… 136
　　　第一节　大众乒乓深受鼓舞,进入全民发展 ……………… 136
　　　第二节　竞技乒乓历经波折,职业联赛开始起步 ………… 144
　　　第三节　1993—2003 年时期乒乓球发展的主要
　　　　　　特征 ………………………………………………… 150

第六章　2004—2012 年时期的乒乓球运动 ……………………… 155
　　　第一节　大众乒乓继续回落 ………………………………… 155
　　　第二节　竞技乒乓联赛受阻 ………………………………… 157
　　　第三节　2004—2012 年乒乓球发展的主要特征 ………… 164

第七章　特色社会主义新时代的乒乓球运动
　　　　（2012 年至今） …………………………………………… 168
　　　第一节　大众乒乓：朝加大推广及引领全民健身
　　　　　　目标迈进 …………………………………………… 168
　　　第二节　竞技乒乓球：第三次创业 ………………………… 183

第八章　乒乓球与我国国家形象建构 …………………………… 198
　　　第一节　新中国成立初期(1949—1978 年)：乒乓球展示
　　　　　　新中国独立自主国家形象 ………………………… 198
　　　第二节　社会转型时期(1978—2012 年)：乒乓球展示
　　　　　　改革开放以来富国强民国家形象 ………………… 209
　　　第三节　特色社会主义新时代时期(2012 年至今)：
　　　　　　乒乓球展示中国社会主义现代化大国形象 ……… 216

结语 …………………………………………………………………… 221

参考文献 ……………………………………………………………… 223

第一章 绪 论

第一节 研究方法

一、文献资料法

本文依靠多方资料来源,包括国际乒联博物馆、中国乒乓球博物馆,以及世界各国乒乓球协会官网、上海图书馆、上海体育学院图书馆、国家图书馆等。为了确保研究之效度与信度,把各方面的资料进行三角验定,比较不同来源信息,以确定是否相互印证。同时创建研究数据库,对所收集到的各种资料,以研究主题或问题进行编码和分类归档。为了能够在研究中连续获得资料,检查研究过程的准确性以及验证结论,本研究保留一切可能的资料收集路径。

二、问卷调查法

只有准确定位中国体育及中国乒乓球运动的外部认知,深入了解中国乒乓球运动发展的优势及瓶颈,才能客观实际地挖掘我国乒乓球历史文化资源,树立我国乒乓球文化多元共享的国际理念,构建科学的"区域推进"发展战略,建立立体的发展体系。通过问卷星等工具,对参加高级别的乒乓球工作会议人员以及乒乓球运动发展学术报告会的相关人员展开相应调查,重点从乒乓球发展现状的角度,调查当前世界和我国乒乓球运动实际面临的一些问题,同时结合开放式访谈的方法,进一步印证调查的结果,问卷事先均需要信度与效度检验。本项目将充分利用网络平台,进行网络问卷调查,为正文定量分析提供实证依据,保证研究的可用性。

三、深度访谈与实地观察法

对知名老一辈乒乓球运动员进行多次深入访谈,结合照片、日记、札记、乒乓球历史物品等,了解当时中国乒乓球运动发展的整体水平、国内外比较情况、社会环境及体育体制及媒体反映等,类似于口述史的研究方法。同时本研究要将中国乒乓球运动的发展放到中国社会历史的大环境中进行研究,需要尽可能还原当时的发展背景,而且对中国乒乓球运动的理论研究不能与实践相分离,来自一线的比如国际乒联博物馆、中国乒乓球博物馆、中国乒乓球学院、国际乒联、中国乒乓球协会等相应的官员、运动员、教练员,他们对乒乓球运动的过去及现状有更直观的观察和思考,他们对行业的未来发展也有自己独特的认识。

四、理论分析法

综合运用体育学、历史学、传播学、文化学、社会学等的基本理论与分析模式,研究我国乒乓球运动发展与我国社会总体发展之间多种具有规律性意义的显性与隐性联系,为中国乒乓球运动的可持续发展提供科学参考。

第二节 近三十年关于乒乓球运动的相关研究综述

一、数据来源及研究方法

(一)数据来源

研究资料所需的文献样本是从中国学术期刊网络出版总库(CNKI)及(Web of Science)获得。在 CNKI 中选择"期刊"进入"高级检索",以主题词"乒乓球"或篇名"乒乓球"或关键词"乒乓球"并摘要"乒乓球"的格式进行检索,并点击"核心期刊"与"CSSCI"为来源类别进行检索,通过多个关键词搜索,关键词与主题甄别,对不相关文献进行了剔除,最终获得文献1081篇。进入 WOS 核心合集,以"table tennis"为检索标题词,选择语言为 English,类型为 Article,共筛选出 346 篇文献。将文献的全部信息下载并以纯文本的形式保存,文献检索的时间跨度为 1988 年 1 月 1 日—2018 年 12 月 31 日(表 1-1)。

表 1-1 本研究数据来源一览表

	国内	国外
数据来源	中国知网数据库	Web of Science 数据库(包含 SCI、SSCI、A&HCI、CPCI-S、ESCI)
检索格式	CNKI(主题"乒乓球"或篇名"乒乓球"或关键词"乒乓球"并摘要"乒乓球")	WOS(标题"table tennis")
时间跨度	1988 年 1 月 1 日—2018 年 12 月 31 日	1988 年 1 月 1 日—2018 年 12 月 31 日
文献语种	中文	英文

续表

	国内	国外
文献类型	中国知网中的核心期刊	Web of Science 核心合集
文献总量	1081篇中文文献	346篇英文文献

（二）研究工具

利用美国德克赛尔大学陈超美博士开发的Cite Space V（软件版本选择最新5.0.R.7.SE）以多元、分时与动态的方式绘制出CNKI与Web of Science中乒乓球运动发展的趋势及动态。升级软件能集技术与功能的优势较为全面地展现乒乓球研究领域的全貌，对乒乓球运动的未来发展有积极意义。

本研究主要采用最小树法（Minimum Spanning Tree）与关键路径算法（Pathfinder）对收集到的文献进行作者、机构、关键词、学科等方面的对比分析，将两类数据库中的乒乓球运动学术研究文献在JAVA环境下运行Cite Space V绘制出科学知识图谱。中国知网数据库和Web of Science的时间阈值均选择2年为一个时间切片，节点类型分别选择Category、Institute、Country、Keyword。学科类别、单位、国家和关键词选取范围均为TOP100％，另外，Pruning选择修剪切网络（Pruning sliced networks）和修剪合并网络（Pruning the merged network），其他为系统默认，图1-1为研究的流程图。

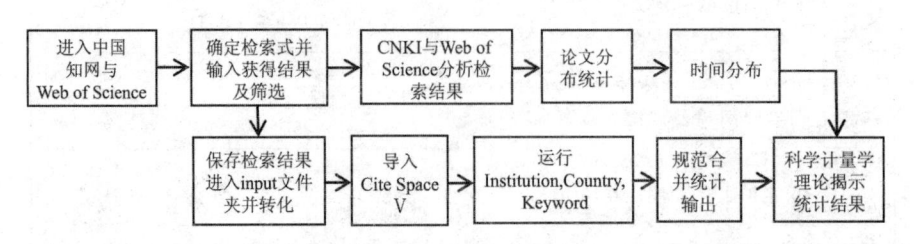

图1-1 研究的数据采集、筛选、统计、分析流程图

(三)研究程序

研究程序主要包括明确主题、准备数据、项目设置和可视化4部分。

(1)明确主题。本研究的主题为乒乓球运动,因此 CNKI 中广泛选取检索词为"乒乓球"、"乒乓球运动"、"国球"、"乒乓"等,WOS 中选择"table tennis"、"ping pong"同时选取复合检索方式,如"乒乓球"或者"乒乓球运动"、"乒乓球"或者"国球"、"table tennis" or "ping pong"等,经过反复配对与比较研究,最终确定的研究主题词为"乒乓球"与"table tennis"。

(2)准备数据。使用 CNKI 与 WOS 核心合集数据库进行检索,检索到中文文献 1081 篇,英文文献 346 篇,文件以 download_** 形式命名并导入到"input"文件中。

(3)项目设置。通过对"input"数据的提取后,分别对 CNKI 与 WOS 来源数据建立新的项目(projects),再对 Cite Space V 界面进行系列操作,如时间段选取、切片划分、时空分割、算法设定等。本研究时间段设置为 1988—2018 年,时间切片为 2 年,通过合并同义词等处理,单击 Go 按键生成可视化图。

(4)可视化。每得到一个图谱,能看到许多信息,如有淡黄色外圈的节点、红色中圈的节点,有淡蓝色聚类化的模块等,各个年轮的颜色充分反映了中心性的大小、频次的高低、聚类的显著性等,能够给读者以清晰感觉。

二、结果与分析

(一)年度分布

乒乓球运动学术论文的年度发表数量随着时间推移所呈现的变化趋势对回顾该领域过去的发展、评价当下现状及预测未来趋势具有重要意义。图 1-2 为中国知网与 Web of Science 两类数据库中乒乓球学术论文的年度分布情况。

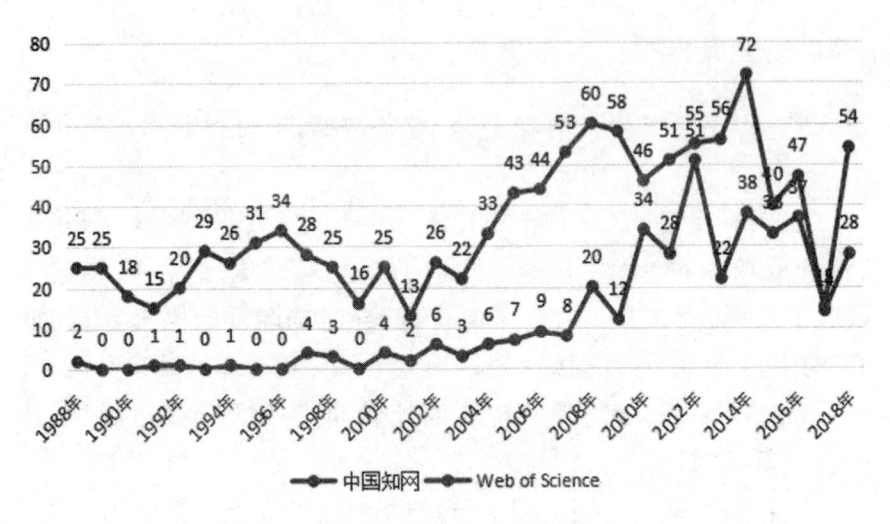

图 1-2　乒乓球研究论文数量年度分布

图 1-2 显示,国内外乒乓球文献量在不同时期差异较大。从国内看,1988—1991 年文献成线性递减趋势,进入第一个低谷;1992—1996 年为线性递增趋势,1996 年达到 10 年来第一个峰值,这一年正值亚特兰大奥运会成功举办,伴随着中国乒乓球队夺得男单、女单、男双、女双全部金牌后,乒乓球成为学术界关注的焦点,发文量增多;1997—2001 年,文献量又逐步进入低谷期;2002—2008 年,乒乓球文献量呈快速增长阶段,2008 年随着北京奥运会的举办,文献量达到历史第二高峰;2009 年至今,除 2014 年升至最高峰以外,其余均呈现出不规则变化。从国外看,1988—2007 年,Web of Science 中乒乓球发文较少,处于萌芽阶段;2008—2012 年,文献量呈折线式上升变化趋势,为快速增长期;2013 年至今出现不规则变化,乒乓球运动研究较为成熟。从发展趋势看,今后中国知网数据库核心期刊与 Web of Science 核心合集乒乓球发表量存在递减态势。

(二)国内外乒乓球学术研究的国家与地区分布

通过 Cite Space V 分析软件,对中国知网中的数据选择"Institute"(机构),对 WOS 核心合集中的数据选择"Country"(国家),运行得到乒乓球学术研究的国内机构与国外国家贡献图谱。其中每个节点代表一个机构或者一个国家,其中的连线作为与其他机构与国家节点沟通的纽带。①

从整体分析看(表 1-2、图 1-3、图 1-4),在 1081 篇中文文献中,北京体育大学发文量最多,为 116 篇,上海体育学院的发文量紧随其后,为 73 篇。国家体育总局、沈阳体育学院、武汉体育学院、天津体育学院、辽宁师范大学体育学院、广州体育学院、中国乒乓球队、成都体育学院分列其后,发文量分别为 35、33、28、14、12、11、7、7。从机构的中心性分析看,上海体育学院以 0.46 位居第一,北京体育大学以 0.35 位列第二,国家体育总局(0.28)、天津体育学院(0.21)、武汉体育学院(0.16)、中国乒乓球队(0.15)分列其后。从地区分布看,国内乒乓球研究聚集在北京、上海、沈阳、武汉等大城市。

表 1-2　中外乒乓球学术研究高频机构及国家分布一览表

CNKI				Web of Science			
单位	频次	中心性	地区	国家	频次	中心性	地理区域
北京体育大学	116	0.35	北京	PEOPLES R CHINA	134	0.11	亚洲
上海体育学院	73	0.46	上海	GERMANY	30	0.17	欧洲中部
国家体育总局	35	0.28	北京	FRANCE	23	0.44	欧洲西部
沈阳体育学院	33	0.07	沈阳	JAPAN	23	0.06	亚洲
武汉体育学院	28	0.16	武汉	ENGLAND	17	0.40	欧洲西部
天津体育学院	14	0.21	天津	USA	17	0.36	北美洲
辽宁师范大学体育学院	12	0.09	大连	BRAZIL	15	0.34	南美洲
广州体育学院	11	0.02	广州	CANADA	10	0.21	北美洲
中国乒乓球队	7	0.15	北京	SWITZERLAND	10	0.61	欧洲中部
成都体育学院	7	0.05	成都	SLOVENIA	9	0.44	欧洲中部

---

① 刘则渊,陈悦,侯海燕.科学知识图谱:方法与应用[M].北京:人民出版社,2008.

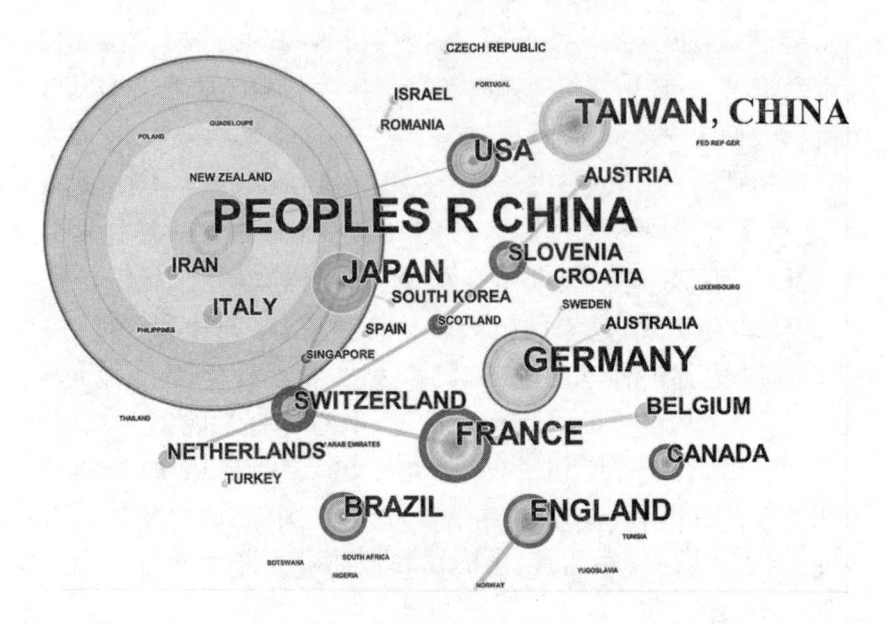

图 1-3 Web of Science 乒乓球学术研究的国家及地区分布图

图 1-4 中国知网乒乓球学术研究的机构分布图

在乒乓球运动学术研究的 346 篇英文文献来自 46 个国家，其中中国的发文量最多，高达 134 篇，成为 WOS 中发文量最多的国家。德国、法国、日本分列第二、第三、第四位,发文量依次为30、23、23。另外,英国、美国、巴西、加拿大等国也发文较多。从中心性看,瑞士以 0.61 居于首位,法国、斯洛文尼亚以 0.44 位列第二、第三位,英国、美国、巴西分别以 0.40、0.36、0.34 的中心性成为 WOS 中较为核心的研究国家。从地理区域看,亚洲、欧洲东部、欧洲西部、北美洲成为聚焦的区域。

综上所述,这些中心性较高的国家和地区在国内外乒乓球研究中具有重要地位,尤其像瑞士、斯洛文尼亚、巴西和美国这样的国家,发文量虽然较中国、德国少,但中心性高,在 Web of Science 中的连接作用大。与此同时,就文献的突增性(表示发文量突增的最大爆发值)看:北京体育大学小球教研室(1995,突增性为 6.4257)、上海体育学院中国乒乓球学院(2012,突增性为 6.9032)、沈阳体育学院运动训练系(2004,突增性为 5.6405)、上海体育学院运动科学学院(2013,突增性为 4.2772)等单位分别在 1995 年、2012 年、2004 年、2013 年出现了发文量的大幅度提升趋势。而英国(1989,突增性为 3.2698)、法国(2003,突增性为 2.6961)、加拿大(1998,突增性为 2.3909)、意大利(2014,突增性为 2.2661)等国分别在 1989 年、2003 年、1998 年、2014 年发文量出现激增现象。

(三)乒乓球学术研究演化分析

研究演化是对一个研究领域内研究成果呈模块化分类的高度概括,能够清晰地反映出乒乓球研究领域的拓展变化情况,同时可以清晰地了解乒乓球领域中研究的热点。首先,运行 Cite Space V,选择关键词(Keyword),时区分割设置为 2(Time Slice Length=2),可视化关键词显示在 1 次及以上。阈值选择"Top 100%",选择最小树法(Minimum Spanning Tree),点击运行;其次,选择"Find Clusters"可视化聚类方式,选择"Keyword"的提取聚类簇的方式,并选择"LLR"的聚类计算方法;最后选择"Show the largest connected components only"(显示最大聚类)得到乒乓球运动学术研究的关键词及主题共现图谱（图1-6和图1-7），图中#红色名称为聚类名称，虚线圆圈圈定范围为聚类模块。将意义表达相同的或近似的关键词进行合并处理，如"国家乒乓球队"和"中国乒乓球队"为同一意义的关键词，并通过表1-3与表1-4表示出中外高频关键词分类情况。

表1-3 中国知网中乒乓球学术论文高频关键词与高中心性关键词一览表

	高频关键词	频次	高中心性关键词	中心性
1	运动员	105	动力定型	0.91
2	技战术	64	国际乒联	0.87
3	竞技体育	46	得分率	0.84
4	乒乓球比赛	44	中国乒乓球队	0.78
5	中国乒乓球队	39	多球训练	0.78
6	乒乓球训练	33	训练方法	0.73
7	发球抢攻	29	世界大赛	0.73
8	国际乒联	27	技术水平	0.72
9	身体素质	23	乒乓球项目	0.47
10	瓦尔德内尔	22	左推右攻	0.46
11	训练方法	19	技术组合	0.45
12	主力队员	18	发球抢攻	0.43
13	乒乓球教学	18	刘国梁	0.34
14	国家体委	16	竞技状态	0.21
15	大学生	15	瓦尔德内尔	0.19
16	蔡振华	14	蔡振华	0.19
17	左推右攻	14	上旋球	0.19
18	击球动作	13	身体素质	0.16
19	打乒乓球	13	青少年	0.16
20	运动项目	12	运动负荷	0.14

表 1-4　Web of Science 中乒乓球学术论文
高频关键词与高中心性一览表

	关键词	频次	关键词	中心性
1	sport(运动)	34	age(年龄)	0.93
2	performance(表现)	29	sport(运动)	0.67
3	player(运动员)	24	performance(表现)	0.63
4	skill(技能)	15	arousal(唤醒)	0.57
5	exercise(练习)	9	accuracy(精确性)	0.47
6	physical education(体育教育)	7	oxygen uptake(耗氧量)	0.43
7	children(儿童)	6	anticipation(预测)	0.4
8	table tennis robot(乒乓球机器人)	6	anaerobic threshold(无氧域)	0.37
9	ball(球)	6	attention(注意力)	0.31
10	anxiety(焦虑)	6	skill(技能)	0.3
11	prediction(预测)	5	ball(球)	0.3
12	competition(竞争)	4	blood lactate(血乳酸)	0.3
13	model(模型)	4	player(运动员)	0.26
14	validation(验证)	4	anticipation skill(预判能力)	0.25
15	blood lactate(血乳酸)	4	reaction time(反应时)	0.23
16	ability(能力)	4	velocity(速率)	0.21
17	motor skill(运动技能)	4	attitude(态度)	0.17
18	racket sport(球类运动)	4	physical education(体育教育)	0.15
19	perception(感知觉)	4	prediction(预测)	0.13
20	trajectory prediction(轨迹预测)	4	joint torque(关节力矩)	0.13

1. 乒乓球运动学术研究高频关键词及中心性分析

表 1-3、表 1-4 显示,在高频关键词方面,国内主要围绕"竞技体育""乒乓球比赛"展开研究,在单位属性上,"中国乒乓球

队""国际乒联"始终受到学者的重点关注。在研究人群上看，国内高频关键词主要有"运动员""瓦尔德内尔""主力队员""大学生""蔡振华"，国外主要关注人群有"player""children"，聚焦人群存在交集，也有差别；从研究主题看，国内高频关键词主要有"技战术""乒乓球训练""身体素质""乒乓球教学"等，国内学者在这些主题上研究成果丰硕，而国外主要关注"skill""physical education""table tennis robot"；从细微研究角度看，国内高频关键词有"发球抢攻""训练方法""左推右攻""击球动作"等，国外主要有"performance""exercise""anxiety""prediction""model""blood lactate"，国内多集中于单个技术、组合战术、训练方法的微观研究，这也正是中国乒乓球队长盛不衰的重要因素之一，国外则多聚焦于运动员比赛心理、生理生化指标变化等的研究。

图1-5 国内乒乓球运动学术研究共现图谱

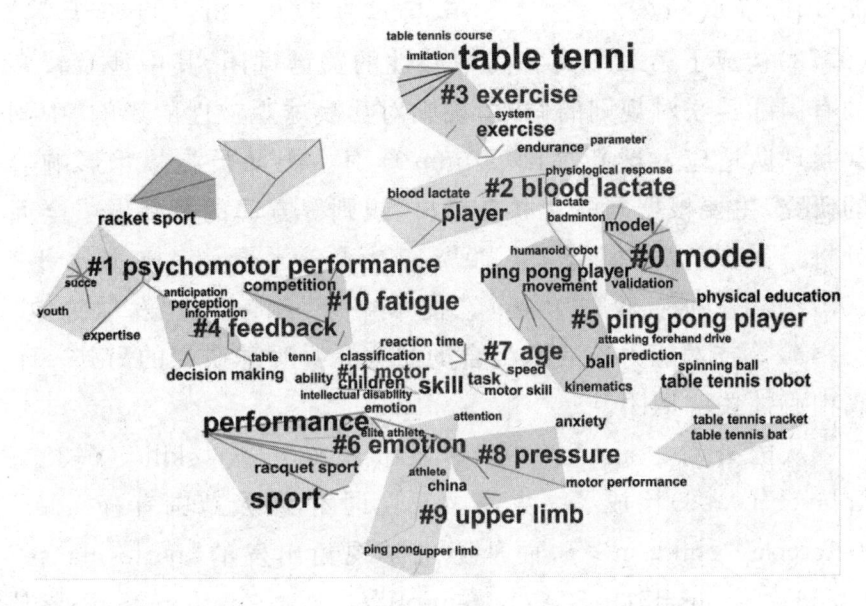

图 1-6　国外乒乓球运动学术研究共现图谱

在高中心性关键词方面,就国内看,"动力定型"(0.91)、"多球训练"(0.78)、"训练方法"(0.73)分别居于第一、第五、第六位,三者联系紧密,构成一个统一的有机体。早在 1993 年就有学者探讨了两种多球训练方法对乒乓球技术动作动力定型的效果,并认为"一球多击"的训练方法在强度适中的情况下对巩固和改进技术动作有显著功效,而高强度的"一球多击"训练方式对已形成的动力定型具有破坏作用。后来,诸多学者从乒乓球击球节奏与技能、乒乓球直拍反手慢搓错误技术纠正[①]等角度解析了动力定型的过程与效果。近期,有学者从乒乓球运动条件反射的角度(即球—眼—视觉中枢—运动中枢—肌肉的顺序)深入阐述了动力定型的建立程序及实现部位,认为动力定型是靠大脑皮质的有效分析实现的,并解析了乒乓球动力定型的类型及相互关联[②]。

---

① 李林.乒乓球直拍反手慢搓错误技术纠正[J].成都体育学院学报,1999,25(2):25-28.

② 李兆伟,潘华山,张晓蓬.浅析动力定型理论在乒乓球运动中的应用[J].沈阳体育学院学报,2012,31(4):143-144.

而"国际乒联"(0.87)、"中国乒乓球队"(0.78)、"世界大赛"(0.73)构成了第二个具有高中心性的关键词团,其中涉及较多的有国际乒联对规则的修改、规则对乒乓球观赏性的影响、中国乒乓球队适应发球新规则、40mm球对主力队员技战术影响等的研究,主要根据国际乒联在器材、规则等方面的革新做了全面分析。另外,以"得分率"(0.84)为要素,聚焦"技术水平"(0.72)、"左推右攻"(0.46)、"技术组合"(0.45)、"发球抢攻"(0.43)等技术能力与战术组合的研究是乒乓球研究的另外一个高中心性关键词团。

从国外看,"age"(0.93)、"sport"(0.67)、"skill"(0.30)、"player"(0.26)构成了一大高中心性词团,涉及范围有"gender""exercise""childern"等;而从心理学视角出发的"performance"(0.63)、"arousal"(0.57)、"attention"(0.31)、"anticipation skill"(0.25)、"attitude"(0.17)成为第二大高中心性词团;另外,有关生理学方面的"oxygen uptake"(0.43)、"anaerobic threshold"(0.37)、"blood lactate"(0.30)在高中心性关键词中也占有一定地位。

2. 基于共现图谱的国内外乒乓球运动学术研究主题分析

(1)国内乒乓球运动学术研究演化分析

从图1-5可见,国内乒乓球运动研究的主要聚类有22个:乒乓球、乒乓球教学、击球动作、技战术、汉城奥运会、乒乓球运动员、竞技体育、国家体委、张燮林、训练年限、世界锦标赛、打乒乓球、尼克松总统、体育人才、乒乓球机器人、体育教育专业、体育项目、乒乓球比赛、孔令辉、国际乒联、体育教学、乒乓球拍。

"乒乓球"这一聚类构成了国内乒乓球学术研究的最大聚类模块,这一模块以乒乓球项目为中心展开了系统研究,共涉及3个小型聚类:

1)"运动学"。关于运动学的研究始终与人体、球拍密切相关,并以各种技术作为参考因素。国内乒乓球运动学的研究已持续十余年,早在2008年,有学者对正手快攻和弧圈球技术下的球拍运动学特征进行了研究,认为不同技术下球拍的速度、时间与空间特征均存在较大差异。同年,研究范围逐步扩大,增设了许多辅助器材,如第一套步法垫测试系统研制出来,并运用到运动员步法实验测试中,实验测出运动员有50%的时间处于移动状态,步法移动以单脚为主,实验对象运动员每场比赛移动次数维持在1437次左右,移动距离约为115.54m,右脚移动距离大于左脚。又如,鉴于颈椎损伤在优秀运动员中的多发状况,为测得乒乓球击球过程中正手快攻等技术动作各阶段颈椎扭转度数的运动学参数,运用了英国的Vicon-MX13三维动作分析系统对部分运动技术的挥拍过程进行了测试,认为乒乓球是一种不平衡类运动,单一技术动作在完成的各个阶段颈椎轴在最大角速度、扭转角度上都存在很大差异,容易引起肩颈损伤[1]。之后关于乒乓球运动员上肢与下肢的运动学特征、横拍不同台内技术的运动学特征的研究逐渐深入[2]。

2)"应对策略"。随着新赛制的出台、主要对手的涌现以及对乒乓球传播现状的考量,诸多研究应运而生。2005年12月,乒乓球男女双打项目退出奥运舞台,新增团体赛赛制,并采用五场三胜,五局三胜,11分制比赛。赛制呈现出以下特点:①团体赛双打可变性强,充分考验教练员的魄力;②比赛节奏紧凑,强调全队整体水平;③比赛竞争性强,观赏性高,悬念大。有学者认为,为顺应改革趋势,需在训练方法、技战术能力、心理抗压能力、控制比赛能力和掌握双打比赛规律等方面统筹规划,制订全方位的训练计划。2004年柳承敏一鸣惊人,爆冷夺得雅典奥运会男单金牌,正式成为中国队主要竞争对手之一,有学者采用传统三段指标法等方法对柳承敏雅典奥运会男单半决赛与决赛技战术进行了分

---

[1] 厉彦虎,肖丹丹,付涛,周敬滨,陶羽羽,尚学东,国平.优秀乒乓球运动员颈椎轴向扭转的运动学分析[J].中国运动医学杂志,2008,27(6):754-755.

[2] 肖丹丹,吴敬平.三种乒乓球横板台内进攻技术的运动学特征对比研究[J].天津体育学院学报,2016,31(6):515-518.

析,认为其在发球、正手位拉斜线及侧身位拉斜线能力方面十分突出,正手相持及左手防守是弱势技术[①]。2007年乒乓球世界杯上,柳承敏战胜王励勤、马琳进入决赛,同年的国际乒联巡回赛法国站中,萨姆索洛夫战胜王励勤、马琳进入半决赛,这无疑给我们敲响了警钟,为备战2008年北京奥运会,有学者对这些国外超一流选手进行了技术诊断,并依据不同选手制定了应对策略。自北京奥运会后,中国乒乓球队在国际赛场开始呈现"一枝独秀"的局面,开始出现了强者愈强,弱者愈弱的"马太效应",对项目的发展造成了极大威胁,国际乒联频繁通过修改规则等措施来促进乒乓球项目推广,收效甚微,部分学者认为,最初作为游戏的乒乓球运动应淡化金牌意识,提升乒超联赛的国际地位,提高"养狼计划"实施效率,提高赛事观赛性[②]。在乒乓球技战术、教学与训练等主流研究之下,乒乓球传播研究受到了关注,最初研究主要聚焦在传媒传播路径方面,例如人际与组织传播、网络媒体传播、电视和电影媒体传播、广播媒体传播、报刊与杂志传播等,从目前来看,作为一项产品的乒乓球赛事,在后期传播上需调查受众需求,考察受众群体文化背景,以制定出切实有效的传播策略[③]。

3)"体育史"。脱胎于草地网球的乒乓球运动自近代传入中国后获得了空前的发展,近年来关于乒乓球项目历史及发展的研究逐渐展开。研究主要聚焦乒乓球运动的萌芽与发展、近代在中国的发展、乒乓球名称的历史钩沉、砂板乒乓球运动的发展历程等,具体来说,早期的乒乓球传播主要有以下形式:①早期的插图乒乓球广告;②乒乓球专利与商标;③带有舞曲与歌曲的乒乓球音乐;④乒乓球报纸,如《每日镜报》《泰晤士报》等;⑤乒乓球邮票、明信片与贺卡。这些形式的传播极大地推动了乒乓球运动在

---

① 郝哲,蔡学玲,郝玉娇,张晶晶,郝满良.第28届奥运会乒乓球男单决赛半决赛柳承敏技战术分析[J].北京体育大学学报,2007,30(2):258-260.
② 马孝志.乒乓球"马太效应"及应对策略研究[J].沈阳体育学院学报,2013,32(2):107-110.
③ 李颖,叶明辉.乒乓球运动传媒路径分析与整体化传播战略[J].河北学刊,2014,34(5):250-253.

英国社会的迅速传播①。而自1906年左右乒乓球传入中国后,乒乓球组织逐步建立起来,女子乒乓球运动也日益兴盛,规则日臻完善,赛事频繁举办,由此乒乓球运动开启了在中国广泛传播的局面。不同国家、地区在乒乓球称谓上有所差异,现在主要形式以"Table Tennis"与"Ping Pong"为主,由于商业利益渗透的缘故,国际乒联于1926年后一直使用"Table Tennis"②。当前,衍生于现代胶板乒乓球运动的砂板乒乓球风靡英美,自2012年起,已举办了5届砂板乒乓球世界锦标赛,其复古与求新的赛事理念,资本+媒介的推广策略,竞争和娱乐的完美结合使得乒乓球运动显现出品牌化、生活化的发展热潮③。

"乒乓球教学、击球动作、体育教育专业、体育项目、体育教学"四个知识聚类簇被囊括在教学的宏观角度之中。

"乒乓球教学""体育教学""体育教育专业""体育项目"显示,从教学对象看,高校乒乓球选项课学生成为主要对象。从研究方式看,采用实验型研究成为主流研究范式。从教学方法看,程序教学法、"布卢姆式掌握学习策略"法、GIF动画法、多球训练法等训练方法被引入乒乓球教学④。在不同教学方法下,目标定向及目标设置理论贯穿始终,因乒乓球教学中学生水平参差不齐,在制定目标上需因人而异,在目标设置上需难度适中⑤。

"击球动作"是一个涵盖各类技术、击球意识与节奏等的综合聚类簇团。从技术分析层面看,早在1992年就有学者运用技术时空分析法自定位时间与空间上展开,结合SMC-70GP计算机描

---

① 李荣芝,肖焕禹.乒乓球运动的萌芽及传播研究[J].体育文化导刊,2012(3):137-139.

② 李荣芝,钟飞.乒乓球运动名称的历史钩沉[J].体育文化导刊,2016(12):170-173.

③ 李景繁,叶松东.砂板乒乓球运动的发展历程与趋势研究[J].体育文化导刊,2018(4):187-191.

④ 王道平.GIF动画在乒乓球教学中的应用[J].体育文化导刊,2010(10):107-109.

⑤ 辛宪军.目标定向及目标设置理论在乒乓球教学中的应用研究[J].广州体育学院学报,2010,30(2):94-98.

绘出击球动作的方向、幅度、各关节空间运行轨迹及角度。之后，为比较不同国家间乒乓球理论异同，唐建军选取当时欧洲乒乓球理论研究最具代表性的英国与中国对比，发现中英两国在击球动作的构成要素划分上各异，中国侧重于发力动作的综合，英国则强调分解，各有优点①。随着乒乓球运动的发展，新兴击球动作不断涌现，20世纪90年代出现了以弹、撇、挑、抹、点、兜等为主的新兴技术，进入21世纪后，快带、反撕、翻挑等创新技术加速了乒乓球运动的发展②。

乒乓球运动技术的完备除击球动作的规范化以外，更为重要的是打球的节奏感、意识的跟进，这些能力大多形成于少儿时期，20世纪90年代部分学者运用各类方法培养少儿击球的节奏感，例如，动作相似、用力大小不同的同类技术组合练习，不同类技术组合练习，又如实战比赛型练习等，对少儿运动员后期综合能力的提升起到了积极作用③。关于乒乓球意识的研究主要围绕两个方面，一是意识内容：如判断意识、盯球意识、移步意识、打摩结合意识、手指手腕调节意识、战术意识等；二是意识状态，如注意力高度集中的上佳状态、一般状态和低劣状态。乒乓球意识的培养需要以理论为支撑，以训练为积累，以比赛为验证。

"技战术、训练年限、乒乓球拍"形成了以球拍为装备，以训练年限为基础，以技战术能力为表征的知识聚类。

"乒乓球拍"显示，球之所动，始于其器，任何高超技战术的执行需以球拍为载体。关于球拍的研究主要包含三个方面：一是关于乒乓球拍的形质分析，如采用概率函数分析方法研究球拍大小与形状对击球概率的影响，再如，从球拍拍柄和拍面的结构关系出发，在"顺握式"球拍、"苏式"球拍等的基础上，设计了"拍柄活

---

① 唐建军. 中英两国乒乓球理论中击球动作构成要素的比较分析[J]. 北京体育大学学报,1996,19(1):82-85.

② 屈子圆. 中国优秀乒乓球女单选手"先变线"的技战术分析[J]. 北京体育大学学报,2016,39(5):93-95.

③ 陈小华,黄莉芹. 乒乓球击球节奏与技能[J]. 武汉体育学院学报,1999,33(4):43-44.

行评估①。之后,为全面考察比赛中运动员的生理反应,有学者通过比较了不同运动水平运动员比赛后的血乳酸浓度、心率等21个生理指标,认为有氧供能是最主要的方式,同时磷酸原供能也是主要方式之一②。关于乒乓球比赛后的心肺与代谢分析也有研究,以德国国家青年队15岁左右运动员为实验案例,采用便携式气体分析仪器连续测量后认为,心肺与代谢功率维持在较低水平③。

在机器人研究方面,国外研究已持续30多年,重点关注在三块领域,分别为视觉系统、决策系统与执行系统。早在2003年,拉古纳大学的Acosta教授率先发明单目视觉乒乓球机器人,用于获得乒乓球移动时的信息,后期关于机器人研究逐渐深入,如机器人系统对击球中球拍轨迹的视觉测量④、采用视觉反馈的乒乓球拦截机器人的研制、仿人机器人BHR-5的设计与开发⑤、采用神经网络法对乒乓球机器人击球过程进行建模等⑥。

"emotion、pressure、upper limb"聚类簇主要是从心理学与运动学视角进行的相关研究。

---

① Agitato Alessandro M., Papoti Marcelo, Gobatto Claudio A.. Anaerobic Capacity May Not Be Determined by Critical Power Model in Elite Table Tennis Players[J]. Journal of Sports Science and Medicine,2008,7(1):54-59.

② Zagatto Alessandro M., Morel Erika A., Gobatto Claudio A.. Physiological Responses and Characteristics of Table Tennis Matchesdetermined in Official Tournaments[J]. Journal of Strength and Conditioning Research,2010,24(4):942-949.

③ Martin C., Favier-Ambrosini B., Mousset K.. Influence of Playing Style on the Physiological Responses of Offensive Players in Table Tennis[J]. Journal of Sports Medicine and Physical Fitness,2015,55(12):1517-1523.

④ Chen G. D., Xu D., Fang Z. J. Visual Measurement of the Racket Trajectory in Spinning Ball Striking for Table Tennis Player[J]. Ieee Transactions on Instrumentation and Measurement,2013,62(11):2901-2911.

⑤ Chen X. P., Huang Q, Wan W. W. A Robust Vision Module for Humanoid Robotic Ping-pong Game[J]. International Journal of Advanced Robotic Systems,2015,12(4):356-371.

⑥ Chen Guodong, Xu De, Fang Zaojun. Visual Measurement of the Racket Trajectory in Spinning Ball Striking for Table Tennis Player[J]. Ieee Transactions on Instrumentation and Measurement,2013,62(11):2901-2911.

在心理学研究方面,国外已有较多成果。其中关注较多的有不同运动水平乒乓球运动员的手指反应时、眼动特征,乒乓球运动员的手、眼、臂协调能力,这些研究充分了解运动员在感知和行动受时间约束之后的功能耦合特性[1]。还有学者研究在高奖金的乒乓球比赛中运动员的语言、表情的特征,结合双方对抗数据的变化识别情绪变更的过程,后来,研究焦点多关注于赛前的情绪[2]。近期,有学者通过跟踪研究1998—2013年参加U13、U15、U18乒乓球比赛的少年,采取样本为1191名青少年,通过感知运动技能评估法测试他们在"冲刺""灵敏""运球速度""投掷球"方面的能力后获得数据,分析认为"冲刺""运球速度"与"投掷球"能力对乒乓球将来成绩有显著影响,并能评估手眼协调能力[3]。另外,也有对残奥会智能障碍乒乓球运动员赛中认知表现的研究,认为反应时、处理速度、决策速度、空间视觉、记忆等8个指标能评估运动员的认知能力。有学者基于乒乓球和游泳比赛的电视回放,采用定性的方法探讨了随时间推移运动员动态心理动量的触发过程、内容及其发展。如心理动量由怕输、生理机制失调等因素触发,提出了保持积极心理动量,克服消极心理动量的对策[4]。

在运动学研究方面,击球轨迹、击球速率、能量传递等是研究的重点,具体分析不同质量球拍对反手上旋及高球击球命中率及

---

[1] Lenoir M., Crevits L., Goethals M.. Saccadic Eye Movements and Finger Reaction Times of Table Tennis Players of Different Levels[J]. Neuro-ophthalmology,2000,24(2):335-338.

[2] Seve Carole, Ria Luc, Poizat Germain. Performance-induced Emotions Experienced During High-stakes Table Tennis Matches[J]. Psychology of Sport and Exercise, 2007,8(1):24-46.

[3] Faber Irene R., Elferink-Gemser Marije T., Oosterveld Frits G. J. Can An Early Perceptuo-motor Skills Assessment Predict Future Performance in Youth Table Tennis Players? An Observational Study(1998—2013)[J]. Journal of Sports Sciences,2018,35(6):593-601.

[4] Briki W., Den H. R. J. R., Hauw D.. A Qualitative Exploration of the Psychological Contents and Dynamics of Momentum in Sport[J]. International Journal of Sport Psychology, 2012,43(5):365-384.

速率的影响,认为球拍质量对击球命中率无显著影响,而击球速度越快,高球命中率越低①。选取不同水平的运动员进行正手击球动作对下肢运动学特征影响的分析显示,高水平运动员凸显出更大的髋关节屈曲和膝关节外旋角度。此外,高水平运动员在关节角度变化率及向前摆动幅度上较中等水平运动员大,下肢驱动能力强②。在能量传递研究中,多关注反手位击球过程中能量的产生、转移,及传递至手臂、手腕、手指,并作用于球体的全过程,认为肩部向上的推力及停顿时的轴向旋转加速度是反手上旋击球的重要因素③。

"exercise、ping pong player、age"聚类簇重点关注残疾人群乒乓球运动及乒乓球运动员身体形态特征。

残疾人群体育锻炼持续受到社会关注,作为运动风险较低的运动项目,截肢、智障人员参加乒乓球练习的人数日益增多,有研究表明,选取25名智障及肢体残疾的青少年乒乓球训练实验,一方面乒乓球练习提高了反应、速度、协调等能力,另一方面凸显出一定的抗抑郁作用④。由于乒乓球运动项目的缘故,长时间乒乓球训练,运动员在身体形态上会有特定属性,国外研究主要采用CQ电子设备建立基于莫尔现象的摄影测量方法,用于评估优秀运动员身体姿势,发现乒乓球运动员普遍存在躯干侧与横平面体位不对称的现象,肩线的倾斜角度极不对称⑤。

---

① Qian J. Y., Zhang Y., Baker J. S. Effects of Performance Level on Lower Limb Kinematics During Table Tennis Forehand Loop[J]. Acta of Bioengineering and Biomechanics,2016,18(3):149-155.

② 同上.

③ Iino Y., Ko J. T. Mechanical Energy Generation and Transfer in the Racket Arm During Table Tennis Topspin Backhands[J]. Sports Biomechanics,2016,15(2):180-197.

④ Nagel-Albustin K., Crevenna R. Table Tennis for the Disabled[J]. Physikalische Medizin Rehabilitationsmedizin Kurortmedizin,2008,18(3):150-154.

⑤ Barczyk-Pawelec K.,Bankosz Z.,Derlich M. Body Postures And Asymmetries In Frontal and Transverse Planes In The Trunk Area In Table Tennis Players[J]. Biology of Sport,2012,29(2):129-134.

三、小结

以上是本研究使用科学文献可视化分析软件 Cite Space 对国内外近30年来有关乒乓球运动研究进行可视化分析,从而揭示乒乓球运动的研究热点及发展趋势。1988年乒乓球进入奥运会,这是乒乓球运动史上划时代的大事,因此也是本研究的起点。从研究结果可知,乒乓球运动的相应研究与国际乒乓球运动的竞技格局密不可分,从19世纪末乒乓球游戏的诞生到现代乒乓球运动的全世界传播,历经百年的世界乒乓球运动经历了不同的历史发展阶段,相应的研究也具有鲜明的阶段性及时代性特征。世界乒乓球运动的相关研究,在国外主要集中于三个阶段。第一阶段在1900—1903年,期间大约有25本有关乒乓球介绍性的册子问世,如《Ping Pong or Table Tennis》(Walter Harrison,1901)、《Ping Pong》(Arnold Parker,1902)、《Ping Pong,The Game and How to Play it》(Arnold Parker,1902)等;第二阶段在1923—1949年,有将近40本关于乒乓球的著作,如《The Science and Art of Table-Lawn-Tennis》(F. W. Last,1923)、《Table Tennis Today》(Ivor Montagu,1924)、《Ping Pong》(Houghton-Mifflin,1930)、《How to Play Table Tennis》(Coleman Clark,1940)、《TT Comes of Age》(Rich and Cowan,1949)等;第三阶段在1950—1979年,这是乒乓球运动的黄金阶段,研究成果颇丰,大约有90本著作,如《21-Up》(Richard Mann,1950)、《Bordtennis Kalendern,1956—1957》(Swedish Table Tennis Federation,1957)、《Modern Table Tennis》(Jack Carrington,1965)、《Know the Game—Table Tennis》(English TT Association,1970)等,从20世纪80年代起,乒乓球的优势转入中国后,国外对乒乓球的研究热情逐渐衰退。中国乒乓球运动的研究,可分为解放前后两个阶段。①在乒乓球始传入的民国时期,乒乓球的发展规模和水平逐步提高,为新中国乒乓球事业的发展打下了较为深厚的群众基础。此阶段的相关研究,在书籍方面,主要有《乒乓指南》(吴茂卿,1929)、《星洲十年》(星洲日报社,1930)、《乒乓球新规》(中华全国乒乓联合会,1930)、《最新注释乒乓球规则》(中国体育社,1932)、《乒乓球》(曾廼敦,1933)、《教育大辞书》(商务印书馆,1938)、《上海年鉴》(华东通讯社,1947)、《乒乓球》(马治奎,1948)、《乒乓球训练法》(俞斌祺,1949)等大约20本书籍;在期刊方面,主要有《乒乓世界》《国民体育季刊》《体育》《体育丛刊》《中国体育》《中华体育》《保定青年》《北平邮工》《大夏年刊》《民众旬刊》等大约30种期刊;除此之外,还有大约320条关于乒乓球的一些杂文或消息散见于当时的主要报纸,如《申报》《大公报》《益世报》《民国日报》等,都对乒乓球给予了及时报道。②新中国成立后,星光灿烂六十年的"乒乓运动""乒乓外交""乒乓球技战术"自然成为中国乒乓球运动的研究重点。

近30年来,世界乒坛呈现"亚洲是重心,东亚是轴心,中国是核心"的竞技格局,因此本阶段相应研究也主要集中于亚洲的中国、日本,但欧洲中西部也有涉足此领域。目前乒乓球运动的体能、心理、康复等主题的探讨相应增多,但技战术主题研究依然是主流,尤其在现代的亚洲中国、日本两国,随着东京奥运会的临近,技战术研究热度快速上升。目前从世界范围来看,世界各国或地区包括各机构的联系与合作并不紧密,还没有形成较为完善的研究中心,研究人员多来源于高校及部分研究所。中外的研究存在明显的区域差异特征,在研究方法及研究主题方面,中国呈现逐渐多元化发展趋势,国外的研究方法大多较为严谨,在生理、心理方面的研究居多,这些为我国的乒乓球运动研究深入提供了较好的思路与借鉴。随着国际合作及交往的加强,乒乓球运动在世界范围的影响逐步扩大,中国的国际研究数量、层次及质量都不断提高。

总之,国外几乎没有关于中国乒乓球的研究,国内的研究主要存在以下明显的不足:①绝大部分聚焦于乒乓球技战术研究,关于乒乓球历史方面研究相对非常稀少,对中国乒乓球的历史起源与演进发展缺乏深描和细叙,似乎成为现时我国乒乓球运动研究的盲点;②缺乏乒乓球运动史料整理,包括国内外史料文献整理,同时在文献注释、引用方面的学术研究欠规范,人才培养明显不足;③少有学者把我国乒乓球运动纳入历史学的整体框架和视野中来做一次较为完整全面的梳理和审视,也未见从传统历史文化的角度来诠释与探索我国乒乓球运动的可持续传播与发展,乒乓球运动历史研究指导实践的能力明显不足,这也直接导致了对近代中国60多年来赋予我国政治使命与外交成功的乒乓球运动未来发展思考的欠缺和迷茫。

第二章　民国期间的乒乓球运动

我国第一次社会转型开始于辛亥革命到新中国成立,在这个历史阶段,结束了半殖民地半封建的社会经济形态,建立了社会主义新中国,实现了由新民主主义向社会主义的转变,社会主义制度在我国初步确立与实现,此阶段也被称为革命救国时代。在此阶段,由于长期受到帝国主义在政治、经济、军事及文化教育方面的控制,近代体育虽然被极大束缚但还是有一定的发展,具体表现在近代体育逐步深入人心,学校、社会的体育活动与运动竞赛开始以近代体育项目为主,就国民政府而言,设立了专门领导体育的机构,订立了一些体育制度和法规,各地区、各省、市修建了一些不同规模的体育场馆,还建立了中华全国体育协进会的全国民间体育组织,培养了一批具有较高水平的运动员,走出国门开展了国际体育交流,参与了国际上的部分体育赛事,建立了培养体育专业人才的学校。近代体育在国内的开展,就地域看,是先沿海地区和大城市;按地区划分,则是先华北后华东、华南而后其他;就范围来看是先学校,后社会;就项目来看先兵操(含体操)、球类而后田径、游泳。在20世纪30年代,近代体育在民国期间达到最高潮,随着抗日战争的进行及后期国民政府的全面溃败,近代体育在中国的发展跌入低谷。但在广大农村及边远地区,中国的民族传统体育项目,如武术及其他民间体育活动,依然是广大群众健身娱乐的主要项目[①]。

---

① 全国高师体育系《体育史》编写组. 体育史(试用)[M]. 北京:北京体育师范学院,1983:150.

19世纪末,乒乓球游戏在英国诞生后,迅速被引入中国。在革命救国这样的特殊历史背景下,乒乓球引入后主要在沿海港口城市传播开来,可谓是西方传入中国最快的近代体育运动项目之一。随着乒乓球游戏的快速传播,学校率先接纳,大力开展,同时相应组织纷纷在不同城市成立,比赛与交流逐步扩大,推动着乒乓球运动不断在国内普及开展,使得民国期间的乒乓球运动在学校活动、乒乓球的组织、比赛、规则、女子乒乓球等方面获得了一定程度的进步。

第一节　乒乓球游戏的引入

追溯乒乓球传入中国的具体时间与地点,我国相应的史籍并没有详细的文本资料记载。查阅19世纪末及20世纪初的报纸及期刊,大约有10443条与"乒乓"相关的主题内容,其中最早的说法显示:1904年一个叫王道平的商人从日本购进几副乒乓球器材,在上海的四马路示范打乒乓球,导致中国乒乓球运动的产生,然而却难以在多个文本中得到查证。2007年国际乒联官方网站刊登了时任国际乒联乒乓球博物馆馆长洽克·霍伊先生的一篇论文:"Evidence Found: Table Tennis in China 1901",其文中提到了中国乒乓球起源的具体时间,最为直接的证据就是一张明信片。这张明信片正面的左侧,是一位吸食土烟身穿长袍的晚清中国男士,右侧是用几行外国文字记载了一些内容;明信片的背面,用外国文字写明了邮寄人信息和收信人信息,贴了两张邮票并加盖了邮戳,而在中央位置,则用繁体字写着"万国邮便联合端书"的字样。此明信片显示是1902年1月25日通过挂号信的形式从中国的天津寄往比利时的布鲁塞尔。另在正面用一段法语写着,译文如下:"1902年1月22日,天津。亲爱的爱德华,在这里的每个欧洲家庭里,我们都会玩一种类似室内网球的游戏,相当有趣。它包括一张固定在大桌上的球网,两支鼓状皮面球拍和赛

第二章 民国期间的乒乓球运动

璐珞球,尽管球桌多少会限制游戏,但人们照常和在室外一样玩。球员站在球桌两端。这个游戏可谓是家喻户晓……布鲁塞尔的玩具店也应该出售这样的器材。爱你的,柏宋上"。

1860年开始在中国出现"租界"一说,是帝国主义国家胁迫半殖民地国家划出的作为外侨居留和经商的一定地区或势力范围,它一般分布在沿海、沿河等通商口岸或便于贸易活动的城市中,交通便利,城市经济比较活跃。第一次鸦片战争后,英国即在中国一些通商口岸强行划租界地,筑路建屋,而后甚至在界内取得了"管理权"。其他资本主义国家也争相效尤。旧中国租界共分两种:一种是由某一外国单独管理的,称某国租界;另一种是由几个国家共同管理的,称公共租界。外国侵略者在租界内实行完全独立于中国的行政和法律之外的另一套统治制度,以致逐渐成为"国中之国"[1]。由于租界的特点,外国人多愿意在租界投资办厂或从事贸易活动,此外也建立教堂进行传教、开办具有本国特点的学校、医院、坟地等附属设施,因而租界的经济文化繁荣程度往往远高于其周围的地区,因此租界一般是该城市的商业中心,并具有浓厚的外国特色[2]。1845年11月15日英国在我国最先设立租界。天津作为民国期间我国的一座重要的商业和铁路枢纽城市,当时西方列强的一些国家在天津建立了商业和军事租界及一些居住区,这些国家有:意大利、英国、法国、德国、比利时、日本、美国、俄罗斯、奥匈帝国。

1902年,天津正由某个国际委员会掌管,从租界寄出的邮件使用的正是租界某国的邮票,因此才有了明信片上的德国邮票。之前仅仅是猜测,大概海外乒乓球是如何以及何时抵达中国,没有可信证据证明中国乒乓球传入的具体时间,结合义和团运动发生的时间,考虑到欧洲定期邮件运输受到义和团运动的干扰,以及结合明信片的具体日期,可以说此明信片是乒乓球进入中国最

---

[1] 朱立春.不可不知的中国历史常识[M].北京:中国华侨出版社,2011:323.
[2] 进东,郑维明.鹭岛的沧桑往事:八世纪至二十世纪中叶[M].福州:福建美术出版社,2011:148.

早最为确凿的证据,证实乒乓球游戏至少在1901年已经传入中国,地点是在中国的天津①。

第二节 乒乓球游戏在学校的率先兴起

乒乓球从国外引入后,在中国沉寂了很长一段时间,甚至在十余年的时间里,中国人对外国人打乒乓球的热情还抱有怀疑和嘲笑的态度。起初阶段,在上海、广州、天津等沿海城市,一些外国人控制的政治、经济、文化机构,在这些机构里工作的一些外国人和极少数的中国人开展打乒乓球的娱乐活动②。1904年后,上海的部分教会学校才有学生开始打乒乓球;1906年,广州的南武公学校长何剑吴开始提倡课外活动中要"积极开展乒乓球等项活动",随后广东的"真光"、"培英"、"培正"书院也开始开展乒乓球运动。经过简单有力的学校推广,此后乒乓球开始在全国的学校逐步流行开来。1916年,湖北武昌荆南中学就已经有了乒乓球校内赛事。1918年,无锡成立以学校球队为主的乒乓球队。1919年,陕西省咸阳市三原县教会学校——崇美中学开始推行乒乓球活动③,同年,昆明育贤女子学校,杭州的"之江大学"、"惠兰中学"等其他地方的学校也出现了乒乓球活动④。1919年的少年中国学会第一次集会的室内就有乒乓球台一张,《少年中国》这样描述到"沈君和一个小孩子打得乒乓球很高兴。球台的左边放着一张圆桌⑤"。

为"锻炼心身,养成坚实之国民",1919年,北洋政府教育部针对民众体育发展公布《推广体育计划案》,要求"需要发动全国各

---

① 李荣芝,肖焕禹.乒乓球在近代中国的传入及发展[J].成都体育学院学报,2012,38(5):1-6.

② 国家体委体育文史工作委员会,中国体育史学会.中国近代体育史[M].北京:北京体育学院出版社,1989.

③ 刘耀武.咸阳市体育志[M].西安:西北大学出版社,1994.

④ 浙江省体育志编纂委员会.浙江省体育志[M].北京:方志出版社,2003:207.

⑤ 少年中国学会消息[N].申报报刊,1919-8-15(1).

第二章 民国期间的乒乓球运动

地教育机关,必须认真组织社会体育[①]"。这份《推广体育计划案》对学校体育与社会体育互动、推动乒乓球运动在学校的继续普及与提高具有积极的指导性意义。1921年4月23日,沈阳师范高等学校的游艺部举行乒乓球比赛,5月拟举行决赛[②]。1925年,北京孔德学校与北京师范比赛乒乓球[③]。1926年,广东开平县135家私立完全小学、54家公立初级小学均设有乒乓球台等设备。20年代乒乓球传入澄海县的一批中小学。该县苏南的篮花乡青年还成立了"芒星三球(篮、排、乒乓球)"组织。民国25年(1936年),澄城石狮祠、陈厝祠先后成立了"航空乒乓球队"、"抱邑乒乓球队",队员多以学生为主。香港在1920年有了乒乓球活动。1923年,天津基督教青年会在该会的少年游戏室设了一张乒乓球台[④]。1928年,北京市立飞虹学校组织乒乓球锦标赛,加入者计有甲乙二组。甲组共有二级,乙组计有四级[⑤]。1929年,江苏的镇江体育场学校举行教职员联合乒乓比赛,要求"凡现任学校职教员除体育教员外,均可报名参加[⑥]"。在30年代期间,乒乓球在广州、上海、天津、无锡、杭州、武汉等学校盛行,河北、河南、山西、湖南、安徽等地的教会学校也尤为提倡[⑦],乒乓球成为当时与篮球、网球齐名的体育运动[⑧]。1941年2月16日,《大美周报》报道"大后方里军民打成一片:军民乒乓比赛,参加者均为年轻士兵,他们都来自外省之中学校"[⑨]。

---

① 国家体委体育文史工作委员会.中国近代体育议决案选编[M].北京:人民体育出版社,1990:6-8.
② 厦.游艺部乒乓决赛[J].沈阳高等师范学校周刊,1921(18):2.
③ 体育部报告[J].北京孔德学校旬刊,1925(20):15.
④ 广东省地方史志编纂委员会.广东省志·体育志[M].广州:广东人民出版社,2002.
⑤ 飞虹学校之级际乒乓赛[N].民国日报,1928-6-22(0008).
⑥ 男童举行小足球锦标赛,女童将举行排球锦标赛,学校教职员乒乓锦标赛[N].民国日报,1929-11-20(0008).
⑦ 中法等三教会学校举行篮球乒乓锦标赛[N].新闻报,1935-11-2(0016).
⑧ 省教育会主办省市各小学校乒乓球比赛,于十一月廿二日仍假第一师范举行[J].山西通讯,1940(34):29-31.
⑨ 大后方里军民打成一片[N].大美周报,1941-2-16(2).

早期的乒乓球活动传入国内后,沉寂一段时间后率先在学校开展,以基督教等教会学校的活动居多,最初主要散见于当时一些开明城市及港口发达城市,如上海、广州、天津及江浙一带的经济活跃区域。随着影响的扩大,全国的学校体育慢慢出现了乒乓球活动的声影。20世纪20年代左右,学校乒乓球活动大多仅是一种娱乐游戏,还谈不上严格意义的体育运动,游戏方法大多参照网球,器材简陋,以台面上推来挡去作为主要技战术手段。

南京国民政府时任教育部长王世杰认为:"今日国民健康之低劣,与民族精神之萎靡,欲延续民族生命免于自然淘汰,尤非普及国民体育不为功。是以近来体育科学化与大众化运动,已渐为国人所重视"[①]。1929年4月16日,南京国民政府颁布近代中国最早,也是层次最高的体育法令——《国民体育法》。《国民体育法》确立了国家体育政策,也明示了学校体育和军事体育课程在学校体育目标上的地位[②]。随着学校体育被重视,到20世纪30年代,乒乓球游戏逐步深入,参加活动人数增多,比赛的呼声越来越高。因此,规则也逐步正规化,预选赛、淘汰赛赛制也被运用到比赛中来并严格执行。学校乒乓球活动的开展与社会乒乓球活动相得益彰,学校与社会互动开始变得频繁,校级之间的交流尤其是常态。如1925年,北京孔德学校体育部报告本校十年级与北京师范比赛乒乓球,参加者20余人众;1935年,上海中等学校球类的女子乒乓球三项,参加者有九校[③],安徽的天主教学校举行公教学校联运会乒乓球比赛,加入者有中法震旦圣芳等三校[④],河南大学农学院乒乓球赛完结后,前往各学院挑战[⑤]"。

---

① 王世杰.勤奋体育月报[N].1933-1-1(1).
② 杨洪志.普通高等学校实施《国家学生体质健康标准》的理论与实践[M].北京:北京体育大学出版社,2012.
③ 中等学校球类竞赛四日开火,分男女篮排小球乒乓等项参加男子十一校女子九校[N].时报,1935-11-30(0006).
④ 中法等三教会学校举行篮球乒乓锦标赛[N].新闻报,1935-11-2(0016).
⑤ 农学院乒乓球赛开始[J].河南大学校刊,1934(39):2.

第三节 乒乓运动价值的认识和组织推进

"吾国若欲求普及体育,以造成优秀人民,锻炼健康体魄,尤宜有赖于乒乓;只须当局多所倡道,每家每户,均能自置练习,人选,经济皆可咄嗟立办,无阻于事。是乒乓之有益于体育,可知其重大矣①"。"按乒乓运动,仅以九尺之桌,惟其陶冶性情,又可强健身体,经济轻、有益无损,各种运动所不及,无异国技中只太极拳,希望吾国乒乓届勤奋练习,早就良好成绩②。"

当国人最初认识乒乓时,因为台子的大小、高低、色泽和其他一切用具的不合规,所以练的人很少。"夫队伍之成立,端赖人才之培植,技术之超越,全来组织之得当。故队伍组织法,犹国家之法律"③。虽然当时社会大众还没有完全认识乒乓球组织的重要性,但已不乏有志之士深知我国乒乓球运动的持续发展需要完备的组织和领导。佟振家认为"欲身体强健,有美满的体育效果,必须妥善的组织"④。王心景认为"检讨说到我国乒乓界今后应趋的路径,攻守并重为图强唯一要着,全国联会的组织不容再缓"⑤。因此后来经国人的慢慢提倡,逐渐地改良——多方比赛,成立乒乓联合会,"它便一蹴而就成为高尚的运动兼娱乐品了⑥"。

乒乓球游戏开始兴起后,除少数学校外再难觅到乒乓球的踪

---

① 王云五,曾廼敦.万有文库第一集——千种乒乓[M].北京:商务印书馆,1933:12.
② 吴茂卿.纽约各俱乐部最近乒乓赛之革新,社会间顿添一种新运动嗜好[N].时报,1930-5-9(005).
③ 俞斌祺.乒乓球训练法[M].上海:勤奋书局,1949:18-22.
④ 佟振家.体育组织与实施[M].天津:白城书局,1930:1-3.
⑤ 王心景.由立教队实力的检讨说到我国乒乓界今后应趋的路径[J].乒乓周报,1935(3):9-10.
⑥ 微心.乒乓运动的价值和推进[J].乒乓世界,1935(23):394-396.

迹。虽然后来逐步推广,但在社会活动方面进展一直缓慢。直到1916年(民国5年),由坐落在上海市四川中路599号的上海中华基督教青年会的童子部干事美人克拉克氏(J. C. Cleak)与国人童星门氏、赵士瀛氏三君首创而购置乒乓球桌多只,设置于青年会童子部内,供给会员们正当娱乐,从此表明我国乒乓比赛的开始,也是中国乒乓球组织化的发轫和开端。适至1918年,乒乓球的传播于全国,就在这一年推广到不少的地方。参加的人更是拥挤,练习乒乓球的人一天一天地多了起来。1918年,上海率先成立全市的乒乓球联合会和其他一些组织,不少球队纷纷建立[①]。1918年,上海圣约翰大学乒乓会代表林泽苍偕同青年会同学乒乓球会发起组织上海市乒乓球联合会,林泽苍以代表圣约翰,胡铁吾以代表桌球联合会,许多以代表青年会日校之资格出席会议,共襄盛举。当时即推选林泽苍时任第一届会长,之后俞斌祺以代表青年会夜校资格,参加该会。上海乒乓联合会的组织,是以提倡乒乓球运动为宗旨,从此,一切比赛事宜均由该会出面办理[②]。上海的社会各界乒乓球社会组织于1923年首次举办了比赛。比赛采取对抗方式,11人参赛,先胜六盘者为赢[③]。1924年,上海俭德本会一直备有乒乓桌球,仅为会员遣兴游戏而设,后由于各团体来函促成比赛,因而乒乓球组织正式成立,推举黄君澄宇担任队长。成立后,开始于六月二日举行乒乓队比赛[④]。至1924年的时候,国内的乒乓球团体组织日渐增多,人才辈出。南洋大学乒乓球队、精武队、新青社乒乓队、岭南队、广东队等,都在这一年相继组织成立。1925年,沪上最著名的乒乓球队大都出自青年会,如华一乒乓球队、梦社、南洋大学、光华大学、同志乒乓球队等,皆各有所长。"现在玩的人很多,上自大学生下至小学生,差不多都

---

① 朱杰,王晓霞. 现代乒乓球运动[M]. 兰州:兰州大学出版社,2010.
② 沙敏. 乒乓回忆录——我国乒乓初期史[N]. 繁华报,1945-7-28(1).
③ 谢孟瑶. 现代球类运动文化建设与技战术学练指导[M]. 长春:吉林大学出版社,2017.
④ 会务:乒乓队组织记[J]. 俭德储蓄会会刊,1924,5(2):91.

第二章 民国期间的乒乓球运动

有这个玩意儿的设备,因为它所占的地位无双,且一年四季、男女老少,无不适宜。普通没有标准的台子,便把吃饭桌三只拼成,比较标准的较长较狭,至于二只、四只、六只桌子戏的,也由三只变化而来的。"①

到了民国十五六年(1926—1927),香港各地也有乒乓球队组成联合会的举动。1927年,香港乒乓总会的前身香港乒乓球联合会正式成立,同年举行了首届全港联赛。杭州青年会的乒乓球队、苏州东吴大学的乒乓队也在这年应运而生。还有南京、镇江、无锡、北平、天津等地方都发起成立乒乓球队,分队也实属不少。民国十六年(1927)的时候,适值第八届远东运动会开会的事情,乒乓球也在会外表演,我国球队成绩斐然,轰动全国。从此国内各机关都兴高采烈地组织乒乓球队,尤以沪地为最盛,像金叶交易所、纱布交易所、南洋兄弟烟草公司、东亚银行、通易公司、跑马总会等,大都组织了乒乓球队参加比赛,可说极一时之盛了。甚至在1928年,上海开始出现女子乒乓运动。两江女子体育专科学校乒乓队是最早的女子团体组织,这支队伍曾经参加过第六届通商杯并豪夺锦标,精神极佳,成绩不错。这是上海女子乒乓球赛的"第一声"②。次年,粤侨女子乒乓学界所组织广东女子乒乓队,主力队员共有十二人,友谊赛、香槟杯夺标赛都积极报名参加。1932年,上海务本女校学生组织乒乓球队③。1934年,南汇也组织了女子乒乓球队④。

民国二十四年(1935)初,全国乒乓球运动风起云涌,范围日渐广泛,传播到全国不少地方。在此背景下,应社会各界一再恳求及千呼万唤,"中华全国乒乓球协会"终于在上海正式成立。全国乒乓联合会的成立是我国乒乓球运动发展史上的里程碑,它标志着乒乓球运动作为一项正式的体育运动项目登上中国体

---

① 刘天雁. 说乒乓球[N]. 申报(本埠增刊),1925-12-11(增刊).
② 谢志理. 女子乒乓球:今代妇女[M]. 上海:良友图书印刷公司,1930:37.
③ 上海务本女校学生组织之乒乓队员[J]. 天津商报画刊,1932,5(36):2.
④ 季维璋. 南汇组织女子乒乓队[J]. 乒乓世界·连环两周刊(合刊),1934(12):195.

坛,这也成为近代中国乒乓球界正式对外联络的组织①,从而也使我国乒乓球在日益频繁的相互交流过程中技战术得到了更快的发展。

1935年,天津乒乓球联合会成立,报名参加者共76人,男子共60人,女子16人。当由大家选出委员,毛俊民、钱万和、何子豫、刘鹤系、郭予重、张鑫华、梅宝昌、谢文碧、邓婉珠、唐华、王瑞贞等11人组成委员会,推荐毛俊民为主席,暨钱万和、何子豫、刘鹤系、谢文碧为联合会章程起草委员会,并召开组委会,讨论章程草案,及组织大纲。自先后举办大陆杯、宝喧杯、兆年杯等团体赛以来,无锡乒乓运动活跃非凡。每届球赛,公园内,球迷纷集,盛况罕见。1936年,经"爱由""粤华""公馀""公光""市民""晋陵"等队发起组织无锡乒乓联合会,通过联合会章程,并选举执行委员,制定了具体章程。② 1936年,汕头乒乓同志郑云山君等,为发展汕头乒乓运动,发起组织"汕头乒乓研究会"③。

20世纪30年代,港、澳、穗的乒乓球交往日渐频繁。1931年,香港举行了首届省港澳埠际赛。其时香港的乒乓球水准已相当高,这里且援引一例。1938年3月,号称"世界球王"的匈牙利人萨巴多什,挟世界冠军的威名访港。竟以1∶2败于小将潘世安手下。年仅17岁的潘世安手执木板横拍,以攻为主,他是第一个战胜乒乓球世界冠军的中国人。20世纪40年代港沪乒乓球队经常互访。当时的上海队全国最强,港队则在华南地区称雄。1947年3月,由"上海三剑侠"王友信、傅其芳、薛绪初等组成的沪星队访港,战绩二胜一负。

乒乓球属室内运动,早期的乒乓选手,大多产自沪滨。④ 国内重要地如南京、广州、北平、天津、杭州、香港等地,每年均有夺标赛举行,尤以沪滨为集中要地。自从第九届远东乒乓球表演赛、

---

① 赵修琴.中国乒乓球技战全书[M].北京:中国物资出版社,1999.
② 丰.无锡乒乓联合会成立[J].乒乓世界,1936,2(2):28-29.
③ 汕头组织乒乓研究会[J].乒乓世界,1936,2(7):110.
④ 野燕.我国乒乓球将谈[J].克庯伯,1933(5):18.

秋山杯、通商杯等夺标赛后,乒乓球提倡热烈不亚于足球。仅上海团体组织统计在册的就上百以上,人才济济,球艺高超,可谓全国之冠。喜欢运动的同胞,习之既勤,艺术日进,实为近代体育界最佳的现象。

第四节　乒乓球赛事的交流与扩展

一、国内赛事开展的扩大

虽然民间赛事组织得还不错,但乒乓并没有在全国性的赛场上占据一席之地。"民国初年,吾国方见于上海青年会,自是以还,各地练习虽众,然终不及普及,盖因社会人士视乒乓为运动中之小道,故各地行政当局每举行运动会,乒乓球之被摒弃于节目之外,至为显明也。"[①]

上海乒乓联合会 1918 年成立后,开始组织乒乓球团体比赛。继上海乒乓球组织成立以来,全国各地纷纷仿效,不再局限于单项比赛,而开始组织参与人数更多,影响更广的团体、单项等不同性质的赛事,城际之间的交流也慢慢过渡到不同城市乃至多个城市的交流。

上海的乒乓球运动,向来极为发达,一直引领全国的乒乓球运动发展,朝着普通大众传播及开展。1923 年,"上海乒乓联合会"进一步扩大会务,组成了"中国台球研究会"。同年春,青年会日校、南洋大学和日本青年会等举行了一次联赛,成为上海乒乓球赛的先声。1924 年夏,多支队伍参加了上海市第一届乒乓球锦标赛。至 1925 年,上海的乒乓球团体持续增加,成员已由协会成员扩展至工人、学生等,银行赛、大学赛、分区赛等层出不穷。

---

① 曾廼敦.乒乓[M].上海:商务印书馆,1933:1.

1926年，精武体育会乒乓队应东吴大学之约，赴苏州在苏青年会乒乓房比赛作"友谊赛"，两站皆胜。① 1928年，上海精武体育会自得本届上海乒乓联合会锦标后，赴无锡连败日本青年会及日本金陵桌球会联队②，声名大振。到1930年，各种乒乓球竞赛接连不断，许多杯赛由乒乓球团体发起，奖品由机关或商店捐赠。尽管这些比赛大多为资本家做广告宣传，但同时也推动了乒乓球运动的开展。许多单位为了应付比赛，都组织球队进行比赛。当时全市知名的球队有华一队、圣约翰大学队、中国台球研究会队等。以后又出现了由各单位较高水平运动员组成的混合队，如天马队、精武队、琅琊队、广东同乡会队等。③ 仅1936年间，上海就有市一体育场业余比赛、上海交部体联乒乓赛、上联会办十平杯、银行杯赛、上海乒乓团体均得就近参加锦标的分区赛、上海各大学乒乓联合会举办的大学杯赛、小学华光杯赛，甚至在自大学锦标赛规定中学部同学不得参加后，有人呼吁"中学生如果也另办一种锦标赛，似乎比附属在大学队里更有意思。现在大学有了，小学也有了，中学更可以来试试"④。

拥有美丽西子湖之杭州，最初具有乒乓器材的仅省立民众教育馆与青年会两处，且尚未能合乎标准，团体少见。1929年秋，青年会发起全城乒乓个人锦标赛，这也是杭州最早的乒乓比赛。本年上海交大乒乓队来杭交流，青年会成军出战，郭福海主持该队，其老谋深算，结果以四比三绝杀上海交大。1931年春，省立民众教育馆举办第一届公开团体锦标赛，参加者共五队。1932年春，民众俱乐部举办第一届个人赛，此次比赛除少数职业界外，大多数为学界中人，秩序极佳，给予观众良好之形象。1934年春，浙江省体育局举办第一届个人锦标赛，分组角逐，此后，银行钱业界中先后成队，相互对抗，至此，已渐越普遍。举办的重要赛事包括青

---

① 精武体育会乒乓队赴苏州比赛[N]. 新闻报，1926-12-15(0016).
② 精武将赴无锡比赛乒乓[N]. 时报，1928-1-13(0006).
③ 郑秀桂，国荣洲. 天津体坛[M]. 天津：天津社会科学院出版社，1996.
④ 蓬蓬勃勃上海的乒乓运动[J]. 乒乓世界，1936，2(3)：39-41.

年会主办市长杯比赛、民众实验学校举办公开个人锦标赛、民众俱乐部团体锦标赛、青年会少年科发起的新中国成立盾全市小学团体赛、民众俱乐部个人锦标赛等赛事层出不穷。由于地理位置接近的缘故,杭州与上海的交流较为频繁,吴淞同济大学乒乓队、上海浙江实业银行、精武乒乓球队等强队都经常来杭比赛[①]。

无锡乒乓运动早在1908年就开始兴起,且在公共体育场举办了第一届全锡乒乓个人锦标赛。此后公共体育场年年举行全锡乒乓个人锦标赛,且组混合队出征捷成、叶华、东吴大学、梧州青年会等乒乓队,结果连战皆捷,成绩十分完美。1924年又组战混合队远征沪,那时的上海乒乓团体,仅有青年会、滇南、光华、华一等乒乓队,锡队四战四胜,所向无敌,威名广播申地。每逢国际比赛,如中日大连盾、中日秋日杯、远东中日表演,皆有无锡乒乓队加入[②]。

号称全国文化中心的北京市,乒乓球在20世纪20年代尚不为一般人所重视,处在"萌芽时期"。1930年首创全市乒乓个人赛,本届参加者有60余人,采取淘汰法。1932年,青年会继续举办及提倡,球技大进,参加者200余人,北京市乒乓运动进入"兴盛初期"。当时乒乓界主要分为青年会和孔德学院两派。1933—1934年,名手均云集北京市,且各自组队,故战来场场精彩,北京市乒乓球进入"兴盛期"。1935年北京市乒乓联合会成立,并开始与上海的中华全国乒乓联合会及中国乒乓研究会取得联系。本年度除全市乒乓赛外,有五大学及市小学乒乓赛以及上海邮工队征京等[③]。

20世纪20年代初的江苏省苏州市,除东吴大学有乒乓队外,其他无团体组建。1929年春,宫巷乐华社发起全苏个人锦标赛,分甲乙两组,轰动全城,之后多个团体组建,相继成立,有"虎贲""铁锚""晋益""白猫联欢"等十余队,尤以苏星队较为著名,曾一

---

① 陈建中. 杭州乒乓史[J]. 乒乓世界,1936,2(7):104-107.
② 梁溪客. 乒乓在无锡概况[J]. 乒乓,1934(2):14-15.
③ 胡仁源. 北京乒乓史略[J]. 立言画刊,1939(59):28.

度与上海名队及无锡晋陵等队周旋。而外地慕名来苏交流有上海之"星光""南星""广枝""大同""宝山城星""吴淞同济""武进关陵""常熟青光"等强队,苏各队皆能以优良之成绩应付裕如。1934年,成立苏州女子乒乓队,加入者颇多,先后与各队作友谊赛,成绩斐然①。1934年6月16日,江苏的镇江乒乓队还赴京比赛,结果惨败②。1937年1月31日,南京公馀乒乓球队赴锡远征,共赛四场,一日战"金陵""粤华",二日战"混合""联合",二日晚返京③。

青岛的乒乓团体赛第一次在1931年冬季举行,当时加入的共有五队,由于比赛水平强弱悬殊,精彩甚少。第二次扩大组织,比赛特意选在民众教育馆举行,但最终报名仍不过五队。1932年开始举行青岛市个人赛。1933年第三次青岛团体赛在秋季举行,共有七队参加,此后青岛乒乓球各种赛事活动开始增多。

台湾体育界活跃,乒乓队远征比赛。台湾本市讯:"本市体育分会乒乓球部,自得上海乒乓冠军,王友信莅部指导以来,活跃异常,上月二十七日曾远征竹市获胜而归,日前完成南征嘉义、台南、高雄三市准备工作,定于九日首赴嘉义,十日至台南,十一日抵高雄,也已分别函致三方之体育分会,而四日又特派干事林逢源往访各该地体育分会当局接洽商讨比赛事项,又闻南征完毕后将转北征台北基隆云。"④

自从1927年后,广州、香港、澳门等地之间经常举行乒乓球比赛,天津、北京都已出现一些实力较强的乒乓球球队,并且在两地之间经常举办友谊赛。青岛、济南等一些华北的中等城市也组织过规模较大的乒乓球比赛,其他地方,如杭州、无锡、苏州、南京、镇江等处也开始举行乒乓比赛。自此,乒乓球相关比赛在社

---

① 汤祥麟. 苏州乒乓今昔之概况[J]. 乒乓世界,1935(17):286-288.
② 袁宗泽. 镇江乒乓队赴京比赛之经过及其惨败原因[J]. 体育研究与通讯,1934,2(2):98-102.
③ 京公馀乒乓队昨赴锡远征[N]. 新闻报,1937-1-1(0030).
④ 台湾体育界活跃乒乓队远征比赛[N]. 前线日报,1947-8-8(0006).

会各界获得广泛呼应,乒乓球活动从学校逐步扩展到社会各界、各行业和省市地区的比赛逐渐如火如荼地开展起来了,国人对乒乓球的热情达到了空前的高度。1924年,经乒乓球界热心人士几度努力,终于将乒乓球列为全运会的表演项目,但未取得应有的效果。1935年,第六届全国运动会上举行了第一届全国乒乓球比赛,地点设在上海四川路横滨桥中央大会堂[①],乃由上海乒乓联合会发起全国竞赛大会,各省市纷起响应,"惟因限于经费,有数处不克赴会参加"。1948年,在上海江湾体育场举行的第七届全运会,参赛单位有32个省、市,陆、海、空三军、联勤、警察,香港以及檀香山、暹逻、菲律宾、马来西亚、西贡、仰光等地华侨共58个代表队,2670人,是国民党政府在大陆组织举办的最后一场全国运动会,也是乒乓球运动第二次出现在民国全运会上赛场上,但本次参加的单位也不多,西南、西北、华北的许多省市都没有参加,而且乒乓锦标赛只设单打比赛[②]。

二、竞赛盛行,走向国际

自经上海乒乓联合会(以下简称"上联会")极力倡导之下,各学校机构对于此项轻易的运动,都开始感到了兴趣。中日青年会及圣约翰、南洋大学虽然早已成军,但是并没有对外正式比赛过。况且上联会修订乒乓球规则后,四团体(中、日青年会及圣约翰、南洋)均跃跃欲试,于是发起四团体锦标赛,结果中国青年会获得冠军,此乃是我国乒乓史上第一次正式比赛。

上联会成立后,规定每年举行一次全沪团体锦标赛。首届始于1924年夏,先分组淘汰后,获得决赛权的为桌球研究会和华一乒乓球会。决赛地点在北四川路白保路广东浸信会球房举行,情况相当热烈,观者颇为踊跃,桌球会以球艺略胜一筹得锦标冠军,

---

① 周建军. 怎样打乒乓球[M]. 苏州:苏州大学出版社,1996.
② 民国乒乓规则[N]. 泰州晚报,2009-10-14(1).

华一届居亚军,辛酉学社第三。

  1925年2月,青年会也发起举办邀请赛。受邀者有青年会日校、青年会夜校、岭南体育会及日本青年会四团体,参加单循环制,各队出席九组,以获得五分以上者优胜。经月余之角逐,青年会日校终于以三战全胜荣获第一名,日本青年会以二战一负获亚军,青年会夜校第三名,岭北会垫底。此风一开,沪上对练习乒乓球之兴趣益浓,均纷纷招兵买马,组织成军,准备多参加杯赛一展身手。于是银行机关、学校团体大多都有此项运动之设备,银行职员及学生们都于业余作此正当"娱乐",修身养性,锻炼体格。中国乒乓球队,组织既经完善,球艺大增,突飞猛进,声名远播,已达中外。

  1924年7月12日,上海的公共体育场第一乒乓球队与日人俱乐部第一乒乓球队首次较量,日本6:5获胜。第二天晚上七时半,在四川路青年会童子军部再战,观者八百余人,结果中国8:3胜日本。此次比赛最大的亮点,就是中国人林泽民战胜日本乒乓运动健将城户尚夫。城户尚夫到沪三年,每战辄胜,所向无敌,已获洋银杯二只,此次为来中国后的第一次失败①。

  1925年,上海三菱洋行经理日本人秋山,亦鉴于上海中日人士于乒乓运动已逐步进入正轨,实有协助提倡之必要,故特制就大银杯一座,定名"秋山杯",邀请中日两国参加角逐,以决雌雄。该杯赛定每年竞赛两次,每国代表队连胜三次才能夺获锦标赛②。该杯赛于1925年3月7日于虹口日人俱乐部隆重开幕。经过三个半小时的热烈角逐,中华代表队9:2胜日本队,荣膺首届"秋山杯"冠军。第二届"秋山杯"于1925年秋开赛,我国代表沈金根、黄祥发替代名手孙圣章及陈国春登场,故战情益见紧张,结果中华队再以6:5力挫日本。第三届在1926年春间举行。此届比赛,日本非常重视,特遣高手由东京起程来沪参战,我国也严阵以待,在全国选拔优秀人才出战。此次战情紧张远

---

  ① 昨晚中日二国之乒乓球比赛——中国胜[N].瀚堂近代报刊,1924-7-13(4).
  ② 沙敏.我国参加第一次杯赛——秋山杯[N].繁华报,1945-7-29(1).

超往届,结果日本队 6∶5 胜中华队。后第四届、第五届、第六届中华队连续胜出,"秋山杯"则永远为我国保藏①。此次中日之间在我国本土的第一次较量,已显示出我国在乒乓球运动方面的水平。

1927年,当中日两国乒乓球专家协定了乒乓球规则以后,日本特来函,邀请我国中华队赴日进行乒乓球的比赛和交流。在赴日之前,在国内先举行个人比赛,以选拔优良,结果由张永钫、林泽民、李传书、黄祥发、金季明等代表前往出征三岛,由俞斌祺领队率众征东,居然中华队取得 6 场 4 胜的好成绩,获得荣誉而归。这一次是中国赴海外与日乒乓球队的第一次握手,也是我国乒乓球队在海外得到光荣的出发点②。

1930 年 5 月,第九届远东运动会在日本举行时,中华乒乓队亦拟参加比赛,结果未能前往。后由日本桌球会名义,邀请中华队前往作为第二次比赛,旅费中日各半。出发前,由于经费所限,不得已中华队向中国内衣公司、中国乒乓球公司、上海市教育局、跑马厅、同人俱乐部、三和公司、新利洋行等倡议捐助,共得 300 余元。赴日后,共比赛 9 次,其中两次为锦标赛,我国失败,余为友谊赛。此外再与日本群山学校比赛,结果中华队全胜。

1937 年,我国乒乓球运动员第一次同欧洲选手接触,对手是匈牙利的乒乓球选手沙巴都士和他的助手。沙巴都士在当时名列世界第四,曾获得世界单打冠军。他们于 1937 年来香港和上海做乒乓球的表演,我国运动员同他们进行过多场友谊比赛,但只胜两场。其中一场是香港选手潘世安胜沙巴都士,另一场是胜他的助手③。1937 年 4 月,上海的本市犹太游艺会,还举办国际乒乓球锦标赛,南中、青星乒乓球队、本市青年会以及犹太俱乐

---

① 沙敏. 我国参加第一次杯赛——秋山杯[N]. 繁华报,1945-7-30(1).
② 王开. 中华乒乓队赴日得胜纪念[N]. 图画时报,1927(358):2.
③ 崔乐泉. 中国体育通史第 4 卷(1927—1949)[M]. 北京:人民体育出版社,2008.

部,都积极踊跃地参加该部所组之国际乒乓赛①。

1938年2月21日,匈牙利乒乓球王、世界乒乓球之王柴勃特斯与凯伦两人来沪,沪上好手欧阳雄、陆汉俊、卢仲球分别战之,均告失败。比赛完后,柴凯两人作对表演技术,结果柴氏依然在贝当路美童公学作最后表演赛,观者如云,售票价格售卖六角、一元②。民国时期,中国没有参加过乒乓球的世界比赛。

1936年2月,国际乒乓球联合会主席蒙塔古先生以中国尚未参加该会,曾来函邀请入会及参加世界竞赛。他表示"积极欢迎中国加入为会员国",但是当时我国尚处于内战的阴影下,政治局势也不明朗,而1935年1月在上海刚刚成立的中华全国乒乓球协会又因经费窘迫,球队组织也不完善,因种种关系,即嘱去函说明:"目下尚不能派队前去参加比赛。如先入会,则可于集会时,提出讨论之。"去函时曾询及入会手续,后得到蒙塔古主席的回复:"加入世界联合会之手续,先备一信寄我,申请入会,并附一九三六年至三七年之会费英金两磅,然后提交顾问委员会讨论,而由常年大会认可。但余可保证,以中国而论,此不过形式上之讨论,而极欢迎贵国加入为会友。此种会友资格兴国际交谊,自然极为需要,姑不问距离辽远,比赛不无困难,假以时日,或能以机会兴幸运而达到也。"③1948年11月14日《真报(1947—1949)》在其第2版发文慨叹:"中国体育中以乒乓球算是最普及,可惜乒乓球没有列入世运节目。"④

---

① 参加国际乒乓球赛[N]. 益世报,1937-4-14(6).
② 匈牙利乒乓球王果名不虚传[N]. 时报,1938-2-22(0004).
③ 蒙铁柯. 世界乒乓联会来函[J]. 乒乓世界,1936,2(4):54.
④ 中国体育中以乒乓球算是最普及,可惜乒乓球没有列入世运节目[N]. 真报(1947—1949),1948-11-14(0002).

第五节　女子乒乓球比赛的兴起与初步发展

一、女子乒乓球组织的建立

乒乓球不像足球等项目,运动激烈的居多数,不合女子的体格,但乒乓球合乎女子身心特点,运动量不是很大,可在室内游戏,对于女子尤为相宜,所以女子练习乒乓球的人数很多,并且各种球艺个中人才也有许多俊者。就女子练习乒乓球,不后于男子,可是女子乒乓球的比赛,从来没人提倡,因此就不免比男子落后了,这成为近代中国女子乒乓一度落后的原因。

1924年由上海乒乓联合会特别出版的《乒乓规则》一书,其书末附有《女校亟宜提倡乒乓球戏意见书》,作者林泽苍指出中国乒乓球发展进步神速,但仅仅局限于中国男子乒乓球的发展,"女界则未闻也"。因此希望"负女学之责者",能够大力提倡,器材设备与相应规则等其他方面的一些问题,他愿与诸人鼎力解决。在其号召下,1927年(民国十六年),两江女子体育学校发起组织乒乓球队,这是女子乒乓球队中发起最早的一队。《上海女青年》与其他报刊就有关提倡女子乒乓球的重要性的报道,另一篇报道也是提倡女子乒乓球队的。"乒乓既为室内极便极良好伴侣,望女子皆能加以深切关注。"继两江女子体育学校有乒乓球组织后,粤侨女子乒乓学界组织了广东女子乒乓队,对沪上当时的友谊赛、香槟杯夺标赛都乐于参加。第三个女子乒乓团体是爱国女学,继爱国女学而成立的有秀一、慧明和飞飞女子体育会乒乓队,飞飞女乒曾经以五比二的纪录胜明星男子队。自从香槟杯、联合杯锦标赛后,上海女子乒乓发展神速[①]。

---

① 谢志理.今代妇女:女子乒乓球[M].上海:良友图书印刷公司,1930:37.

广州作为新民主主义革命的发源地之一,在1924年广州就已有女子参与到乒乓球活动中,但都以学界为单位,一共有十多个学校团体,并且每所学校有三五队之多,但是成绩最抢眼的首推广东第一女子师范学校。邻近的香港,乒乓球也较为发达,尤其是女子团体,参赛队伍都几十对以上,且年年举行女子团体比赛。全港技术高超的算南华女子体育会乒乓队,该队共有队员十多人,分为甲乙两组,甲组夺得1924年全港女子乒乓团体锦标比赛冠军,健将王瑞兰女士荣膺个人冠军。在杭州当时已有三所女校,学生们也积极投入,踊跃参加。

第九届远东运动会后,我国极力提倡女子乒乓,积极建议组建中国女子乒乓队,以作为将来与日本女子比赛之准备。中国女子乒乓队亦各处举行比赛了。同时女子乒乓球组织的队伍,日渐趋多,比如感动女子乒乓球队、爱国女子乒乓球队都是当时有名的队伍。

二、女子乒乓球赛事的开展

自女子乒乓组织以来,经热心人提倡,社会上对女子乒乓球的兴趣已日渐浓厚。1929年,女子乒乓球队逐步增多,上海广东女子乒乓队与异军突起之飞飞女子乒乓球队每星期日上午9时至下午5时,在当时的东虹江路三元里13号进行交流比赛①。1930年粤港乒乓杯赛,女子乒乓球报名甚为活跃,比赛气氛热烈,计有香港乒乓队、广东女子队、金星队、旭光及交大队等队,最终香港乒乓队击败广东女子乒乓队夺冠②。

1933年,天津市举行第三届公开乒乓球比赛,自2月1日起开始报名,参加者异常活跃,女子组为第二届比赛,亦较去年进步多多,计有个人8名。乒乓运动在武汉,年来颇有风起云涌之概。武汉市青年会为谋进一步技术之精研,特主办第一届武汉市乒乓

---

① 广东女乒乓队欢迎同志加入[N]. 时报,1930-11-18(0006).
② 粤港乒乓杯赛[N]. 申报,1930-8-31(4).

赛。内分男子甲、乙两组,女子、小学等四组。统计本届加入角逐者,计女子组有懿光、懿德两队。"每值比赛,室内围得水泄不通,后至者均无插足地。战之紧张处,全场观众莫不平心静气,鸦雀无声,待胜负已判,则鼓掌声震彻屋瓦。经月余之混战,女子组懿光独获冠军"。

在北京,燕京大学的女生除了打打"漂洋过海"来的棒球,"国球"乒乓也是不可或缺的体育运动。随着女子乒乓球的普及,不再仅仅局限于大城市,乒乓球的传布于全国,推广到不少的地方,逐渐进入普通家庭。从万县媒体的报道我们可以看到普及的程度:万县市立第三小学校该校六百多学生中,至少有半数酷爱这种运动,球台多至十余个,教室的书桌全做了球台,教师们也努力提倡,所以外边人说他们是"乒乓狂"。万县市第二届女子乒乓比赛首次为体育协进会举办各种球类银杯赛及国术比赛,特别加入了乒乓一项。女子组加入者,仅女中校、市三小、女一校三队。"比赛时精彩百出,每场观众踊跃,平均约在一千人以上"。

第六节　乒乓球规则的制定与完善

一、国内及中日规则的初制定

当乒乓球传入中国,早期开展游戏活动的时候,当时国际乒联还未成立,全世界尚未有一个统一遵照的标准,因此早期比赛的方法及规则等,均参照网球进行。"室内游戏之事,张网于长方形之桌上,其规则则与网球同,惟拍子用木板,而球则以明角等质料为之,轻而不能及远。"①

---

① 王倘等.中国教育词典[M].上海:中华书局,1933:925.

初期阶段比赛规则大多临时指定,比赛时候不但拍子的重量、大小、形状等均无规定,至于最为重要的器材——球台的长宽高低,也常因人而异,往往利用现成的桌面,球的质量也差,有所谓的"单双料"之分,每场比赛往往要打坏很多球①。我国在乒乓球进行比赛的时候就深知乒乓球规则的重要。"球类规则,非常重要,所以各种球类像足球、篮球、网球、棒球和排球等都有比赛的一定规则,体育家没有一个不是当他做金科玉律的,差不多像国家的法典一般。乒乓比赛,当然也不可没有规则。查乒乓规则的订立,各国都有,不过订立的年代还没有长久,而精密完备的乒乓规则,那还是在最近数年内方在订定的。"②有鉴于此,1923年在我国的第一个乒乓球组织——上海乒乓联合会成立大会上,会长由胡铁吾及林泽苍两君担任,扩充会务,不遗余力。通过了制订乒乓球规则的决议,同时委托会长胡铁吾、林泽苍两君以及青年会日校乒乓会代表许立卿君,三人作为起草乒乓球规则的委员。在1924年3月1日召开的上海乒乓联合会春季会上全体讨论并通过,9月1日《乒乓规则》(并附有英文版本)正式出版发行,在当时的南京路三和公司均有出售,售价二角。后面中日乒乓球比赛后,规则稍有更改③。1925年,当"秋山杯"乒乓赛得到了中日双方的响应后,中日两国还没有适当的乒乓规则,当时世界上英、美、德、法等国都有乒乓规则的订立,可是各国互异,还没有统一的规则。我国派代表胡铁吾会同城户先生编订比赛规则及各项办法,以供比赛时应用。因此,两国代表会同开始编订乒乓球比赛规则,以备比赛时候的标准参考。但这种规则还是临时性质,不过也算是我国正式的最早的乒乓球规则了。

全国除了上海已经初定乒乓球规则外,国内其他城市也开始制定相应的规则,以指导比赛的进行。1933年,青岛举行的"青岛市市长杯"男女乒乓团体赛,其规则就参照远东乒乓规则执行,但

---

① 崔乐泉.中国近代体育史话[M].北京:中华书局,1998:222.
② 中国体育社.最新注释乒乓球规则[M].上海:三民图书公司印行,1947:4-8.
③ 刘天雁.说乒乓[N].申报(本埠增刊),1925-12-11(增刊).

在具体执行时进行了如下修改:(1)凡击球高飞触及台面与天花板中间之电灯者(台面六英尺)为败球。(2)台两端各划白色线一道,发球者必须在线外发球,不得越过或触及此线,违者负一分。(3)球击碎时,由裁判员宣告停赛,此球不作胜负①。而1933年,天津乒乓球比赛的规则,划分较详细,有42条要目,其中规定"乒乓球桌面长九英尺,阔四英尺八寸;桌高二英尺七寸;桌面需用坚硬的木料为之,以标准球自离桌五尺高处下坠之台上,须有平均二尺五寸至二尺八寸之高弹力性;桌面须平滑,板之厚度在一寸半之间;桌面须涂以深绿色颜料(Dark Green)不宜加漆,并涂以四分之三寸阔之白线于桌边之四周,然漆后需不影响球之弹性;乒乓球室内之空隙,须离桌面两端各十英尺,两旁各六英尺,自桌面之天花板九英尺;发球范围平方三尺八寸,一段与阔底线相接,围绕发球范围须具下列各线……"②

上海乒乓联合会认为"乒乓规则作为比赛必须根据的法律,宜随环境的变动,而不时修订"。因此,在1936年经联会执监联席会决议,举办一次公开竞赛"十平杯"乒乓球比赛,率先使用新规则。新规则最重要的改革:首先是乒乓球台。乒乓台将规定硬球用、软球用两种,硬球台完全依照世界竞赛规则,高是二英尺六寸,阔五英尺,长九英尺;软球台仍照外国原用规则,即长九英尺,阔四英尺八寸,但高度也改为二英尺六寸。硬球台、软球台,都不用发球范围线,开球人须离球台一公尺开球。其次重要的改革就是计分的方法。计分法拟改用以先11分为胜,十平计分法乃是参酌我国原用的九平法和世界竞赛所用的二十平法新定的。十平法的优点是:与九平法相差只有一分,但世界上通用的二十平法一样。既不致因骤然改革而发生什么困难,即要改用二十平的计法,也只须添加十平就可以,根本上可以不生问题。再次,新规则重要的改革就是开球的调换。我国原用的规则,开球是在一方

---

① 刘孝推.青岛空前的乒乓大战[J].乒乓世界·连环两周刊(合刊),1934(13):218—220.

② 天津乒乓球比赛规则——一个修正案[J].天津:体育周报,1933,2(4):11-14.

得满5分时调换的。这样调法,有多开少开之嫌,而且有时相差极多,实不公平。新规则是每双方合满5分调换一次的,不但可无有多有少之弊,即需要调位的次数也较多,可以使双方的机会平均。最后新规则重要的改革是选择权的限制。旧规则的开球是规定要在裁判员右方的,因而得选择权的可以一举两得。新规则的开球并不限定地方,但选择权的只能选择一种,或开球或地位,另一种是要让对方选择的![①] 1936年新规则试用成功,全国开始流行。在郑州,郑州青年会开办新规则研究班,筹备第四次团体赛使用;在广东,比赛全用"十平"新规则,1937年该新规则正式出版发行。

二、国际规则的制定

近年来提倡乒乓者,日盛一日,而完美标志之规则,尚付缺如。随着乒乓球在国内的传播,比赛的增多,各省级、各行业及各单位交往的频繁,规则混乱导致的纷争也逐渐增加,规则的统一及标准化愈加重要。中日两国有鉴于此,1927年2月22日召集各国代表,进一步商讨乒乓规则。当时中国代表,我方为俞斌祺(中华全国乒乓联合会主席委员)、胡铁吾(中华全国乒乓联合会委员)、金季明(中华全国乒乓联合会委员)、何逸云(中华全国乒乓联合会委员)、林泽苍(中华全国乒乓联合会委员)、会议记录委员张永乃(中华全国乒乓联合会委员);日本代表委员为九岛福太郎(日本全国桌球协会干事)、仓知四郎(上海日本人桌球协会会长)、木村证司(上海日本人桌球协会理事)、城户尚夫(上海日本人桌球协会干事长)、会议记录委员福岛进藏(上海日本人桌球协会理事)、真锅宝(上海日本人桌球协会干事)、顾问前田寅治;美国代表爱格来(顾问);英国代表霍金氏(顾问)等。这许多乒乓专家,聚集一处,专门讨论乒乓规则。它包括比赛方法、比赛制度、

---

① 乒乓新规则[J]. 乒乓世界,1936,2(3):33.

比赛概括等。他们讨论的结果是十分完密的。在第八届远东运动大会乒乓球比赛,规定正副裁判员各一人,巡逻员二人,至球台设计底线 A-B 及 C-D,为四英尺八英寸,直径边线……①这是首次把这种乒乓球规则实地施用,博得了各国运动员的一致称赞。因此有人把此次制定的规则,称作中日协定标准乒乓规则,也有称它为万国乒乓规则的。其后在 1948 年,第七届全国运动会筹备委员会制定了《乒乓规则》,这本《乒乓规则》64 开,14 页,无编辑和出版单位。此《乒乓规则》一书有很强的商业色彩②。

随着乒乓球比赛规则的不断完善,不但推动了此项运动的发展,促使技术的改变和发展,同时避免了比赛时因不懂规则导致成绩不利的局面和影响,最为重要的是为我国乒乓球同世界乒乓球发展的接轨铺平了道路,指明了方向。此外,还有几个乒乓球专家曾经定过几种乒乓球规则,由于水平等其他限制,效果不甚理想,不能把它当做标准。

第七节 近代中国乒乓球运动技术的演变

一、技术演变

我国早期的乒乓球爱好者很早就认识到乒乓球技术的重要性。"勇士对于技术亦大有研究和训练的必要,技术的存在才会发生兴趣。"③整个民国时期由于与世界乒乓球存在的差距,对乒乓球技术的研究开展较少,研究也不够深入,成果不多,计有 1933 年上海商务出版社出版的《乒乓》、上海勤奋书局出版的《乒乓球训练法》及上海乒乓球研究会出版的《乒乓球世界》,可是凤毛麟

---

① 乒乓球规则[N]. 大公报,1933-1-15(8).
② 卫华. 民国乒乓球规则[N]. 泰州晚报,2009-10-14(7).
③ 林端候. 乒乓闲话[J]. 福建体育通讯,沙县:福建省立体育场编辑股,1940:52.

角,除此之外难觅其他相关研究。

《乒乓》是我国最早开展系统技术的研究成果,认为"若能本不慌、不忙、不骄、不慢之义,奋斗到底,锦标可望矣"[①]。其他早期的一些研究散见于由上海中国乒乓研究会所编我国历史上第一份单项运动杂志《乒乓世界》月刊。

《乒乓球训练法》是我国较早开展系统技术的研究成果,对球拍握法有独到之处,如"以大拇指与食指,握于拍柄中间,再以其余三指,按于板后中央。初学者二指往往用力不均,以致击出的球方向无定。此坐握板不稳之病,学者当使二指紧捏板,不致成侧式,以板面向网击球,练习既熟,自能得心应手矣"。发球"以左手大拇指、食指中指握球,靠近台端,离台面二寸(6.67厘米),右手握拍,离台端一尺二三寸(40—43厘米)。左手握球不动,板在台端外做七十五度之鞠躬式,并向球上做压击式。当球着板,即受板弹性而着台,复由台上窜至对方。此种发球,转而急,对方颇难回击,惟须注意发球时,板不能在台内。发球之强弱,以压击力为转移。重则力强而球远,轻则力弱而球近。故希望发球胜利,须视对方人站立地位如何。如站立地位甚远,则开球宜轻,使球击至对方近网处,致对方不及伸手还击;如站立地位甚近,则开球宜急,使弹力坚强,球越网之对方台端,既急又高,致对方人不及后退。此法由日本首先发明,奏效颇大,惟初学者须知开球之轻重,过轻则易致死于网内,过重则易出于台外。此须有经验而成,不可轻于尝试也"[②]。同时对挡球法、击球及左右法、知悉球性法、缩球法、推球法、转球法、削球法、抽球法、挡球抵敌法等都详尽说明,是当时练习乒乓球技术的指南。

---

① 曾廼敦.乒乓[M].上海:商务印书馆,1933:1.
② 马治奎.乒乓球[M].上海:康健书局,1948:3.

二、器材与技术的演变

1937年国际乒联为鼓励运动员进攻,增加比赛的观赏性,避免出现"蘑菇"球现象,同时也为减少来回球次数,使比赛时间不至于冗长,决定对比赛器材进行修改:将球台宽度由146.4厘米增加到152.5厘米,球网高度由16.77厘米降到15.25厘米。随着规则针对性的改革,乒乓球球台的加长以及球网的降低,乒乓球也由软球改为硬球,于是打法也由防守型转向进攻型打法,这些促进了新技术新打法的发展。所以器材与技术发展是紧密相连的,有什么样的器材,就会有相应的技术出现。我国乒乓球研究者认识到球板的优劣对技术影响极大,"我国乒乓,虽有十余年之历史,但其发达,仅有五六年。乒乓用具,需要骤增,各书局及运动器具公司,尚无完美用具之出售。所有者,仅轻薄有洞,弹力薄弱,古旧不堪之球板,联合会早已不用。然初学者,不知球板之优劣,尚纷纷购买,一般商贾,只知保守不思改良"[①]。现任全国联合主席林泽苍君,有鉴于此,于民国十二年,创设三合公司,专售合乎标准之乒乓用具。所有三夹四夹五夹板等,均按乒乓规则,乒乓板长不得过八寸,阔不得过七寸(柄不在其内),板用木制不得夹以橡皮沙布等类。同时对球网、网柱和球也做了要求,要求如下:"乒乓球种类颇多,远东运动大会规定应用P·A·球。由于价值甚昂,故现在多用杂球。球之重量,为一两至十三分之五至一两之十三分之二五(即1/13.5—1/13.25),周圆为四寸十六分之十一(4×11/16),弹力以离台五尺高处下坠而跃起离台二尺五寸至二尺八寸为度。"几乎同时,其他商家也从其中窥到巨大商业价值,纷纷制造相应器材,供爱好者选购。从图2-1、图2-2、图2-3、图2-4[②]我们可以看到当时器材的发展情况。

---

① 中国体育社. 最新注释乒乓球规则[M]. 上海:三民图书公司印行,1947:4-8.
② 乒乓世界[J]. 1935,2(8):129、125、127.

图 2-1 市场所售的握力粉

图 2-2 市场所售的"盾牌"乒乓球

第二章 民国期间的乒乓球运动

图 2-3 市场所售的球桌

图 2-4 市场所售的"连环"牌乒乓球

我国最早的乒乓球比赛，最初技术非常简陋，由于使用的是纯木板的球拍，并在球板的中部钻出横直各四五行拍成菱形状的小孔，大多质量很轻，所以击球速度很慢，打球的攻防动作都很慢，只有挡球的技术，很多时候都是站在近台彼此推来推去而已，有些运动员已开始采取提拉动作，但速度力量较差，互相强烈的对攻则更是少见。到了1937—1948年，开始用胶皮拍，技术有所改进，比赛中经常采用快速的攻球和远台的削球。我国乒乓球运动从20世纪20年代一直到40年代，基本上处于一个完全模仿的阶段，主要靠学习国外乒乓球运动员的技战术打法，没有形成自己独特的技战术风格。直到新中国成立后，在1957年中国才发明直拍削球和左推右攻技术。开创了新的握拍姿势，修正了日本式的直拍握拍弱点，照应了攻守两端的均衡，以及新的站位方式，世界乒乓球运动从此才有了中国元素。

第八节 乒乓球信息传播方面

《中国近代期刊资源全库》(1833—1949)由《晚清期刊全文数据库》及《民国时期期刊全文数据库》组成，收录了1833年至1949年出版的20000余种近代期刊，为目前近代期刊收录种类最多的全文数据库；《中国近代报纸资源全库》(1850—1951)依托上海图书馆丰富的馆藏资源，深度挖掘、整理、汇集而成，收录1850年至1951年百余年间的700余份中英文报纸，是对中国近代报纸全面、完整地揭示和呈现。由于政局动荡，社会不稳，加上战争的破坏和影响，民国时期的新闻出版事业大受影响，但在此30年间还是出版了2万余种期刊10万种图书及1.3万种报纸[1]。大部分乒乓球活动的信息及广告散见于这些纸质媒体，它们对乒乓球运动的引进和介绍国外乒乓球技战术等信息起到了重要作用，也为我

---

[1] 孙予青. 民国期刊的"形形色色"[J]. 唯实，2013(6)：85-87.

们留下了这一个时期乒乓球活动的宝贵资料(图2-5、图2-6)。

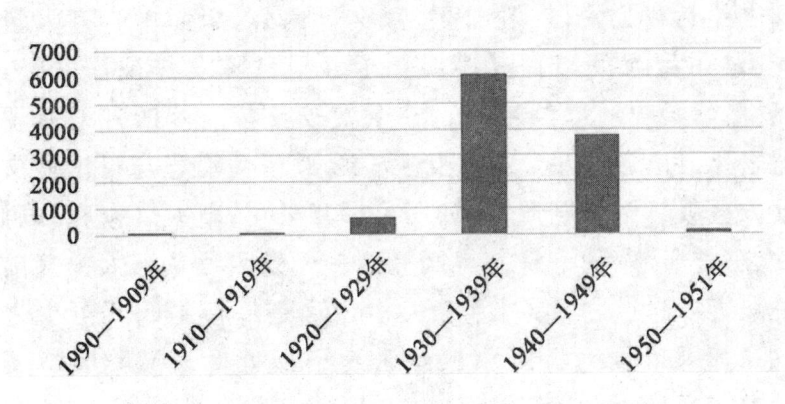

图 2-5　1900—1951 年相应的乒乓信息统计

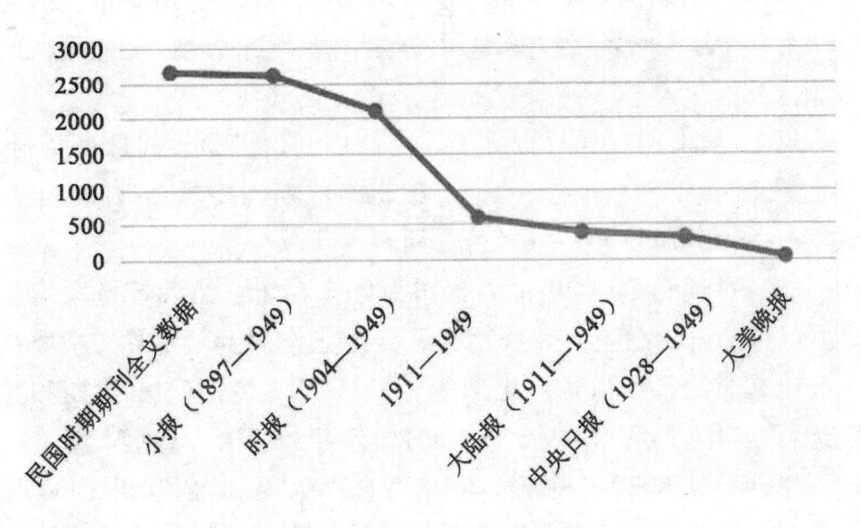

图 2-6　"乒乓球"资料来源

其中,专业的乒乓球期刊主要有 5 种,这 5 种期刊以鲜明的时代性、权威性、文章容量大、信息面广而闻名于世,对我们现代了解中国近代乒乓球运动发展及中外乒乓球运动史实等方面,有重要参考价值。

第一类是《乒乓画报》,1925 年在上海创刊,三日刊,停刊于 1925 年 8 月,属于综合性画报。前 2 期为《乒乓画报》,第 3 期起改名为《新闻画报》。主要撰稿人有黑虎、番飞、白金龙、刘顿觉、姚冕之、李甫、愁予、东平、子晋、无我生、冕卿、独醒、张枝珊等。该刊主要刊载照片，发表故事、散文等内容，版面中含有大量广告。原《乒乓画报》刊登《谈谈女子日报》《陈友仁被捕之经过》《一青楼断肠史》《素兰艳史》《一个女校长》《南渡四月记》《评廖仲恺之死》《电影明星赵君小传》等文，娱乐性消息与议论性文章并重。也载有影片剧照，比如明星影片公司《新人之家庭》剧照，影片《东方河》中的一幕。也刊登诸多风景照片，如《太史墓前之古柏》《青岛海口之风景》等。人物照片是每种画刊不可少之内容，如《王秀珍女士近影》《张织云女士最近肖影》《黎明辉叉手图》《雪艳琴最近之肖影》等。该刊虽然是综合性画刊，但内容更偏重娱乐性的新闻，在20世纪20年代诸多画报中此报并没引起重大影响，内容也多随波逐流，以满足读者趣味为主，没有明晰的办报宗旨。

第二种期刊是《乒乓世界·连环两周刊（合刊）》，其是双周刊，创刊于1934年6月，由乐嗣炳等编辑组成期刊委员会，1934年一共发行13期，1935年一共发行2期。

第三种期刊是《乒乓世界》，作为体育刊物它的宗旨是联络各地乒乓同志，研究乒乓学术，发展乒乓运动，建设乒乓世界。主要栏目有论文介绍、通讯、各地汇闻等。1935年一共有16—23期和粤全运特刊，1936年共出版2卷8期，1937年出版第3卷第1期。

第四种期刊《乒乓周报》，其出版周期为周刊，创刊于1935年7月，由王一做主编，主要刊载关于乒乓球比赛消息与乒乓球运动研究方面的文章及译述，介绍全国乒乓联合会章程、工作及地方乒乓球活动。

第五种期刊是《乒乓》，创刊于1934年7月，它的出版周期有旬刊及半月刊，由郭壮游编辑，本刊以倡导乒乓运动，促其普遍与进步为宗旨。凡有关于乒乓运动之一切文字与照片均在刊登之列。栏目有谈言、杂感、技术研究、问题商榷、乒乓广播无线电台等。

第九节　近代中国乒乓球运动发展的特征

一、教会学校、青年会的大力提倡

19世纪后半叶,中国开始了向现代化的认知与探索,开创了"东学西渐"的历程,西方的现代竞技体育就是在这一个历史时期适时传入。当时英、法、美侨民创办了众多的教会学校,尤其上海、北京、天津等地的教会学校最多,大多教会学校都有运动设施及场地,也有一定完善的体育组织及体育代表队,经常举办一些赛事。至20世纪初,美国在中国开始大力发展基督教青年会,在人才培养、场地建设及体育组织发展、西方竞技体育理论及思想等均起到了重要影响,可以说早期的教会学校及青年会对中国近代体育的影响发挥了关键作用,也为中国近代体育发展奠定了一定的基础,但客观上也反映了中国半殖民地半封建社会的历史烙印。

民国期间中国乒乓球运动传入后,开始散见于全国少数城市,但最初并没有健全的组织,大部分都利用两方桌并在一起打着玩。首先制造球桌的是各地青年会,其中上海市青年会球桌比较多,计有9张,之后相应的有圣约翰、南洋大学。我国最早发起的乒乓球地方组织——上海市乒乓球联合会,就是在1918年始由上海圣约翰大学乒乓会代表林泽苍君偕同青年会同学乒乓球会发起组织的,林泽苍以代表圣约翰,胡铁吾以代表桌球联合会,许多以代表青年会日校之资格出席会议,共襄盛举。当时即推选林泽苍时任第一届会长,之后俞斌祺以代表青年会夜校资格,参加该会。上海乒乓球联合会成立不久,即由会议通过"乒乓规则",并由林泽苍负责编辑成书,以使乒乓球规则统一,从此比赛有所不同,过去无畏的争执,也从此得以清弥。1930年,中华全国乒乓联合会宣告产生，组织成员大都是青年会人员。在远东运动会乒乓球锦标赛举行前，选拔中华队组队参赛，也是在上海俭德青年会场馆举行选拔。1925年，中日乒乓球选手之间第一次较量也是由青年会发起组织。1938年2月22日，匈牙利乒乓球王柴勃特斯来我国交流，当时的比赛也是在青年会进行。杭州、无锡、武汉、天津等城市最早的乒乓球器材，最早都出现于青年会。我国早期乒乓球人才大多来源于青年会的培养。如我国乒乓球运动的先驱领袖人物吴茂卿也是于1923年进入青年会，加入体操班，练习各项运动。所以我国乒乓球能有今天，青年会提倡之力功不可没。

二、通商口岸是近代中国乒乓球运动发展的先锋地带

乒乓球传入中国之初，由于中国由清朝及北洋军阀所统治，北京作为此时期政治、经济、文化的中心城市，也是帝国主义列强侵略我国的重要中心，因此华北地区也成为我国近代体育传入最早的地区。早在1890年左右，京津的教会学校就开始有校际竞赛活动。天津市在1902—1910年举行过八次市运动会，第七八两次还邀请了外省市的学校代表队参加。而华东地区的江浙沪一带，1914年前后圣约翰、南洋、复旦、沪江、东南、金陵、东吴、之江等八所大学，曾联合成立了"华东大学体育联合会"。1924年，"中华全国体育协进会"成立前后，由于该会为上海提供了组织领导和某些场地、设备之便，使华东地区的体育得到进一步的发展，接连成立了上海足球联合会、上海篮球联合会、上海中华网球会。1925年4月，为选拔参加第七届远东运动会举行的华东公开运动会，有江浙选手百余人参加。1927年，国民党迁都南京，上海也更趋繁荣，成为中国工商业和经济活动的中心，体育也随之得到发展。而华南地区的广东、香港、广西、福建、台湾等地，因香港受英国的影响，最先开展了游泳和足球运动，且水平比较高。1904年，香港学校的学生就组织了一个华人足球队。1908年，正式成立了

"南华足球会",当时有会员 40 余人,1916 年发展成"南华体育会"。华中地区的湖南、湖北、江西、安徽,这一地区近代体育引入较晚,相对成绩较差。

近代体育在中国的发展是极不平衡的,就地区而言,开展较早的是华北;成绩较好的是后来居上的华东。就城市而言,以沿海城市开展较好,各地参加体育运动的人员,均以学生居大多数,其他社会人士较少[①]。作为中国现代化起步的重要基地,作为当时我国交通要道的通商口岸,由于其特殊的地理位置,国外的租界大多建于这些通商口岸城市,导致这些城市也是我国现代化发展最先起步及现代化程度最高的地区。他们是西方文明向中国输入的中心,也是中西文明碰撞交流的主要聚焦地点。西方竞技体育随着教会学校及青年会传入这些通商口岸,乒乓球运动也不例外,随着西方近代竞技体育的传入而扩散到中国。最先传入的地方主要在天津、上海、广州等城市,其中尤以上海的乒乓球活动最为活跃,竞赛频繁,而且以上海为中心形成了联动效应,带动了杭州、南京、苏州、泰州、无锡、常熟、镇江等地乒乓球运动的开展;在天津,形成以天津为中心区域的联动,带动了北京、山东青岛、河北及周边城市的乒乓球运动的开展;在广东,形成了广州、香港、澳门三个城市的联动;在华中,形成了长沙、汉口之间的联动。可以认为通商口岸城市是我国乒乓球运动发展的先锋地带,其中尤以上海、苏州、天津、苏州、无锡的乒乓球活动为甚,沿海一带的开展又较内地为早。

三、体育先驱对乒乓球运动的大力推动

乒乓球起源于英国,传入中国后的 10 多年间基本少人问津,后来逐渐地流传开来及组织建立,乒乓球先驱者对此项运动的大力助推功不可没。"乒乓运动,于今为盛,考起致盛之由,实由于

---

① 全国高师体育系《体育史》编写组.体育史[M].北京:北京体育师范学院,1983:138-140.

热心者之提倡,有以致之"①。他们不仅仅对乒乓球运动的发展高度重视,在乒乓球组织推广及相应赛事方面不遗余力,亲力亲为,而且出于爱国情操,竭力把中国的乒乓球运动推向世界。在人才培养、女子参与乒乓球运动、乒乓球规则制定及乒乓球技战术研究等方面都作出了巨大贡献。他们所做的一切工作对近代中国乒乓球运动产生了深远的影响,为近代体育在中国的普遍实施创造了基本条件。

上海乒乓老将陈霖笙,曾多年任上海乒乓球联合会常务主任等职,也曾担任国际乒乓球协进会的常务主席,其乒乓球裁判能力,全国首屈一指,1937年全运会列乒乓球项目为正式锦标,陈君出力良多。其以培植人才为宗旨,力求进步,赞助多名乒乓球少年,精心指导,同时十余年来提倡如一日,奔走服务,不辞辛劳,发起了赈灾乒乓球比赛和黄花乒乓球会、棋布乒乓球会等组织,为鼓励国人跟上世界舞台之先声,呼吁国人应该放弃之前常用的软球而大力提倡硬球乒乓,还以其研究心得发明"地上乒乓"与"壁上乒乓"两种,为国际球坛大放异彩。作为乒乓球裁判名宿,培训了全国乒乓球裁判人才,增强了对国际乒坛规则的认知,在乒乓球比赛方面逐渐统一了国内的纷争,大大促进了比赛的顺利进行及乒乓球运动在上海的扩散及全国的普及提高。

吴茂卿,文武双全智勇兼备的乒乓家,他在我国乒乓界里有很长久的历史和很高的地位。他在19岁时,就加入新青社及青年会夜校。那年他就遇着日本名手山本,以二对一取胜。后又加入中国最早之乒乓队——桌球研究会。他在22岁时曾担任联会书记,23岁时担任远东会裁判,24—25岁是他的黄金时代,曾代表出席中日乒乓球比赛。中国乒乓公司出品连环牌标准乒乓球,日本人举行的乒乓比赛也是从这时起公认正式采用的。他兼任联会顾问和美丰队的指导。他在代表金星队和任金星队长的时候,曾参加两届通商杯和第一二届的香槟杯。他屡遇劲敌,战无

---

① 胡建坤.热心指导后进之卢仲球[J].乒乓世界,1935,1(18):311.

不胜,所以那时人家称他为常胜将军,在代表金星队之前,他也代表过俭德队。他在出战时,主张与其胆小而失败宁可胆大而失败。① 他撰写了中国第一部乒乓球专书《乒乓指南》,我国到处奉为圭臬和经上海乒乓联合会审定的规则,也就是经他详密校订的远东乒乓规则。当然,他在乒乓球方面的杰出造诣,对乒乓球方面的独特见解也不断唤醒民众对乒乓球运动的认知与普及。他相继发表了《我对于国内乒乓事业之感想》《我为我国乒乓同志进一言》《练习乒乓之步骤》《对于乒乓台上横边线要否之我见》《纽约各俱乐部最近乒乓赛之革新》等10余篇具有较大影响力的报道。

1918年上海乒乓球联合会成立的三个发起人之一——俞斌祺先生,其是上海夜校职员及乒乓宿将,也是上海市著名游泳运动员,其专研赛事组织及竞赛,还爱好发明创造,曾发明中文打字机、旅行枕头,国府颁布第8号及18号专利证书,行销全球,辅助文化之发展②。卢仲球,原广东中山人,旅沪20多年,供职于洋行,是上海精武体育会乒乓球队员,1928年加入俭德乒乓球队任队长,同时也任广东省乒乓球队的总队长,后还被选为中华乒乓球联合会的执委,对后起之秀热心指导,培养了大量的乒乓球人才,尤其为广东乒乓球后备人才的培养,使其乒乓球水平在全国确立领先地位立下了汗马功劳,在全国乒乓球组织赛事方面也竭力推广,获得一致好评。早在1906年,何剑吴就已在南武学堂的课外活动中积极倡导开展乒乓球等活动。因其在学校体育方面为广东乃至中国近代体育的发展作出的贡献,得以与马约翰并称"南北二老"。他的学生许民辉,在1916年担任青年会干事期间,曾多次组织学生及社会青年参与乒乓球活动。他后来还成为我国排球运动的最早开拓者③。当然,还有一些地方的热心人士,如泰县的周道谦。在1929年左右,泰县人对乒乓球毫无兴趣,后来在周道谦的热心提倡下,不多时全县对于乒乓运动,便有

---

① 马达. 于我国乒乓界有重大贡献的吴茂卿同志[J]. 乒乓世界,1935(16):3.
② 游泳乒乓宿将俞斌祺新发明[N]. 新闻报,1940-9-22(0012).
③ 马治奎. 乒乓球[M]. 上海:康健书局,1948(11):6.

了相当的认识,更有了相当的兴趣,其还自设健康驻泰分会,自编奖品,举行泰县小学个人和团体锦标赛,导致泰县乒乓盛极一时[①]。

四、为新中国乒乓球运动的辉煌奠定了人才基础

民国期间的乒乓球运动,由于历史原因等多重因素,乒乓球运动虽然引入中国,进行了一些活动及竞赛,包括逐步走向国际,但总体而言,乒乓球运动发展水平处在初级阶段。已有的比赛连竞赛规则也是自我制定,没有与国际接轨,而且由于经费及国内战争等因素,错失进入国际乒联大家庭的大好机会,没有在国际乒联的舞台上与世界交流。直到1953年第20届世界乒乓球锦标赛才第一次出现中国人的身影,但是近代中国在人才方面为新中国乒乓球人才奠定了一定的基础。在解放前,全国各地已经涌现出一批乒乓球好手。

梁焯辉,他是新中国第一位乒乓教练,带队参加了第20届世乒赛,中国乒乓球队从世界二流队跃为第一,梁焯辉功不可没。梁焯辉1921年生于广州,上小学时爱上乒乓球,在床板上练出了名堂,成为学校的"小霸王"。17岁时广州沦陷,全家迁居香港,他在洋行当店员,仍然苦学苦练,几年后拿到香港男子单打冠军。抗战胜利,梁焯辉一家回到广州。他先是当中学教员,后又当药厂会计。生活安定了,他重新拿起球拍,成为广州"五虎将"之一。从1952年起,他相继任广州市、广东省、中南区队教练。后又到北京任国家队第一任教练,直至1958年。他曾写过长达20万字的《乒乓球讲义》,与他人合著10万字的《乒乓球训练方法》,20万字的《乒乓球的打法与技术》,还参加了《现代乒乓球技术的研究》一书的写作。

乒坛奇才傅其芳,在球场上是一员骁将;当教练又善于出谋划策,堪称乒坛奇才。傅其芳是浙江宁波人,小时候迁居上海,念小学时学打乒乓球,到解放前夕,因生活所迫去香港谋生。开始

---

① 韩良治. 泰县乒乓史略[J]. 乒乓世界,1936,2(3):42-53.

找不到工作,参加东南亚一些比赛,有了名气才得落脚之地。1952 年他还代表香港参加过第 19 届世乒赛。1952 年在新加坡,他所在的香港队战胜了日本队,夺得亚洲冠军而归时,一位年迈的女教师对他说:"祝贺你们得了冠军,如果是代表新中国就更好了。"1953 年春,30 岁的傅其芳毅然回到内地。贺龙副总理特批他的月薪为 200 元。第 24 届世乒赛他担任中国队主力,中国队获世界第三名,他在团体分组赛中获全胜。傅其芳原是打削球的,到香港后转为进攻型,发球抢攻、滑板、放短球是他技术上的"三绝"。他精心钻研乒乓球技术,有自己独到的见解。1957 年,有些运动员学习外国打法失利,中国乒乓球正处在"十字路口",他明确提出:坚持走自己的路,发展中国传统的直拍快攻打法。1958 年开始担任教练,他用自己的想法指导容国团夺得中华民族第一个世界大赛的冠军。接着,他率领中国队用快攻制弧圈,制服了日本队的"秘密武器"——弧圈球,以 5∶3 赢得决赛胜利,第一次为祖国捧回世界团体冠军奖杯——斯韦思林杯。经过第 27、28 届的比赛,中国队又获"三连冠"殊荣。傅其芳在"文革"中受迫害,于 1968 年春天含冤去世,1978 年春天,冤案得以平反。他对中国乒乓球运动发展所作的贡献将永远留在中国体育史册上。

中国第一个削球大将——姜永宁,是我国最早的出类拔萃的削球手。姜永宁是广东人,生于 1927 年,父亲是个穷医生,日本侵占广州后,难得温饱,在贫病交加中去世。受生活所迫,姜永宁流落香港。1949 年,他偶然看了一次乒乓赛,深深爱上了它。没钱租台,他只得为名手当"义务服务员",拣球、倒茶、送水,待他们休息时求教,每逢球赛,挤在门缝处偷看。就这样,他的技艺日益长进,竟夺得香港男子单打冠军,又战胜了来访的英国选手、世界男子单打冠军伯格曼,由此名声大振。但是,他的生活并无保障,打球为商人做活广告,需要时为他们赚钱,不需要时一脚踢开,不止一次成为失业者。1952 年,广东省邀请他参加了首届全国乒乓球赛,他以独特的削球技术获男子单打冠军,赛后未回香港,1955 年又获男子单打冠军。他代表中国参加了第 20 届和 23 届世乒赛。后一次,他在团体赛中多次独得3分,为中国取得第6名立了功,个人被评为世界第11名。姜永宁直握球拍,是削球防守型打法,步法好,削球稳健,意志顽强,人称"拼命三郎"。他1957年任国家队教练,后任北京队总教练。

孙梅英在旧社会的上海长大,1947年开始打乒乓球,上中学时是学校里技术最好的一个,从上高中起,常参加校际赛。16岁时以快速凶狠的进攻打法击败了上海女子冠军,翌年即获全国第二。1952年举办解放以来首次全国比赛,孙梅英即获女子单打冠军。随后进中央体育学院专门学习乒乓球技术知识。孙梅英是直板攻击手,正手抽球和侧身抢攻又快又狠,常使对方措手不及。1953年首次参加第20届世乒赛,她还未引起人们的注目,3年后的第23届世乒赛,第二次露面即被舆论界认为是"白马群中的一匹黑马"。然而,遇到英国、日本、罗马尼亚选手,却失利了。翌年的第24届世乒赛,孙梅英战胜了一批名将,列世界女子第7名,成为列入世界优秀女子乒乓球选手名单的第一个中国选手,并与队友合作,使中国女队由第11名升为世界第三名,第26届又进一步成为世界团体亚军。第26届世乒赛后,孙梅英任教练工作。第27届世乒赛即将来临时,近34岁的孙梅英已当了母亲,但她又重新拿起球拍,获得女子单打铜牌。孙梅英六次参加世乒赛,中国队的成绩扶摇直上。1968年,孙梅英的丈夫姜永宁不幸去世,抛下她和两个女儿,大的8岁,小的只有50多天。第二年,她与年轻时曾爱慕过她的上海同乡葛层云结婚。葛层云对孩子极好,孙梅英深感欣慰。

相继回归中国大陆的傅其芳、容国团都成为新中国男子乒乓球队建设及发展的中坚力量,而且容国团在1959年的第25届世乒赛为中国夺得第一个世界冠军,彪炳中外,民国期间乒乓球人才的初步培养,才使得新中国的乒乓球运动获得了勃勃生机及无限发展潜力。

第三章 计划经济时期的乒乓球运动（1949—1978年）

中国近代化面临着两大重要历史任务，就是反抗外国侵略，争取民族独立，发展生产力、实现国家富强。1949年10月1日新中国的成立，标志着以毛泽东为代表的一代共产党人，开创了一个新的国家政体，确立了社会主义基本制度，实现了中国从几千年封建专制政治向人民民主的伟大飞跃，是近代以来实现中华民族伟大复兴的里程碑，开启了中华民族发展新纪元。1949—1978年，属于革命立国时代，建立了社会主义初级阶段的基本经济制度，我国开始逐步走上计划经济时代[①]。在此经济体制下，中央与地方积极配合，相互补充，注重宏观管理调控，综合平衡各种关系，在一定的历史时期及阶段发挥了巨大作用，为中国的现代化提供了前所未有的广阔发展前景。

中华人民共和国成立之初一穷二白，百废待兴，且当时的国际环境异常严峻，美国等西方国家对新中国采取政治上孤立与打压不承认，经济上封锁禁运，军事上包围、威胁与遏制战略，美中关系长期以来处于敌对状态。体育既是鼓舞士气、提升国民信心的手段，也是用来进行外交活动的方式，体育不仅仅是单纯的竞赛，而且是没有硝烟的战争。体育发展刻不容缓，面临必须尽快提高体育水平改变落后面貌的艰巨任务。中央人民政府迅速把发展体育事业摆上了议事日程，提出了建设"新体育"的目标和要求。1952年6月20日，毛泽东为中华全国体育总会成立大会题

---

① 刘鹏.党的十九大新思想新观点新战略新举措解读[N].解放军报，2017-11-13(1).

词"发展体育运动,增强人民体质",指出了新中国体育事业发展的根本目标,为体育工作奠定了重要的思想基础。全国体育组织——国家体育运动委员会1952年11月宣告成立,负责全国体育政策、体育法规的制定、体育战略目标的设立、国际体育竞赛的交流、体育文化的传播及发展等各项体育事务。此后,逐步建立起体育工作的组织体系,大力加强基础设施建设和人才队伍建设,制定、实施了一系列发展群众体育、竞技体育等方面的政策、制度和措施,我国的体育开始砥砺前行,进入一个全新时期。在适应社会主义制度的竞技体育积极探索,国内各项体育竞赛与国际交流并重,"民族的、科学的、大众的"竞技体育思想基本确立,同时"举国体制"的竞技体育训练制度形成,竞技体育开始以"星星之火"之势在国际社会崭露头角。随着社会主义建设事业的全面铺开,中国体育在发展规模和水平上都达到了新的历史高度,呈现出蓬勃发展的景象。但1966年开始的"文化大革命"给中国人民带来了极大的灾难,社会主义体育事业也遭到严重摧残,发展历程被迫中断,整个体育战线陷入瘫痪,直到1978年中共十一届三中全会的召开,开启了改革开放历史新时期,中国体育才重新走上正轨。

　　毛泽东时代的中国体育,无论竞技体育还是群众体育,政治都是此阶段体育发展的主要旋律。群众的体育观停留在爱国、为国争光的范畴内,中国群众的体育观念具有强烈的爱国主义与民族主义情节。由于乒乓球对场地限制较低,成本花费少,适合在我国全民推广。1952年10月新中国开始组织第一届全国乒乓球锦标赛,同时成立中华全国体育总会乒乓球部,1953年加入国际乒联,揭开了新中国乒乓球运动发展史的新篇章。1959年,容国团夺得了新中国体育史上第一个世界冠军,也奠定了乒乓球在中国体育界的特殊地位。因此,乒乓球也被赋予过多的政治含义。1949—1978年的29年来,在中国共产党和人民政府的领导下,创立了社会主义新体育,摘掉了"东亚病夫"的帽子,建立了一支又红又专的乒乓球优秀人才队伍,中国乒乓球队由弱小到强大,走向世界、冲向高峰、全面崛起,开始跻身世界乒坛的强队行列,这些从根本上改变了旧中国体育落后的面貌,中国乒乓球运动开始全面登上国际体育舞台并展示新中国形象,为我国进入世界体育强国奠定了坚实的基础。

第一节 竞技乒乓球方面

一、20世纪50年代至60年代:突破与进步

毛主席和党中央历来重视和关怀我国人民的健康和体育事业的发展。早在新中国成立前,解放区体育就已经开始了坚持体育大众化、生活化与经常化的发展方向,从而为新中国成立初期新体育的建设奠定了坚实的思想和实践基础[①]。1927年后,中国共产党创建了10多个革命根据地上的体育活动。1933年五卅惨案纪念日,在瑞金举行了"中华苏维埃共和国第一次运动大会",300多名运动员参加了包括乒乓球项目在内的6个项目大比拼。1939—1942年,抗日根据地延安的体育运动形成高潮。1942年,延安"九一"扩大运动会有1300多名运动员参加,根据地还成立了延安新体育学会和延安大学体育系[②]。革命根据地开展的体育活动,服务于革命的政治斗争,活跃了广大工农兵群众的生活,为新中国成立开展社会主义新体育积累了较为丰富的经验。

新中国成立以后,党加强了对体育工作的领导。1949年10月首先将原中华全国体育协进会改组为中华体育总会筹备委员会,推选青年团中央书记冯文彬为体育总会主任,马约翰、吴蕴瑞、徐英超、荣高棠为副主任,荣高棠兼秘书长。把全国性的体育

---

① 张生会.大众体育[M].呼和浩特:内蒙古人民出版社,2000:22.
② 彭克宏.社会科学大词典[M].北京:中国国际广播出版社,1989:878.

组织置于党的领导之下。1952年6月,中华全国体育总会正式成立,中国奥林匹克委员会也同时成立,此后,各大行政区和大城市也分别建立了体育分会。1952年11月,中央人民政府委员会第十九次会议通过成立中央人民政府体育运动委员会,作为中华人民共和国政府主管体育的部门,并任命国务院副总理贺龙兼体委主任,蔡廷锴为副主任,不久各大行政区成立了体育运动委员会,以后庄则栋、王猛、李梦华曾分别被任命为国家体委主任。

新中国的体育建设是在批判与借鉴旧中国的体育制度与体育实践,积极吸取旧体育的有益经验基础上建立起来的,因此新的方针、任务和目标得到很好的落实与贯彻,使得群众体育开始迅速普及,运动技术水平不断提升。1951年,全国体育总会筹备委员会颁布了《国家体育选手条例》,为挖掘优秀体育人才提供了理论依据。在运动训练体制中,为了鼓励广大运动员、教练员和裁判员积极学习和锻炼,不断提高政治思想水平和业务水平,努力攀登世界体育高峰,推动我国体育运动的开展,更好地社会主义革命和建设服务,1956年国家体委公布了《中华人民共和国运动竞赛制度的暂行规定(草案)》,建立了运动竞赛制度与优胜奖励制度。1957年3月13日,国家体委正式公布了《关于各级运动会给奖方法的暂行规定》,开始推行运动会奖励制度,提高优秀运动员的训练积极性。相应的《中华人民共和国运动员等级制度条例(草案)》和《中华人民共和国裁判员等级制度条例(草案)》也先后出台,初步形成了从运动人才培养到运动竞赛的竞技体育运行体制。这些竞赛制度保证了全国的各项竞赛有条不紊地顺利进行,在交流经验,相互学习,提高运动技术水平,贯彻党的教育方针,有效地推动我国体育运动的普及与提高方面,都起了很好的作用。

新中国成立之初,受制于生产力发展水平及经济条件,人民群众的业余生活还有所限制,因此乒乓球经济、简单易行的优点得到完美发挥。随着1952年中华全国体育总会乒乓球部的成立,乒乓球运动在全国范围内开始大面积传播,全国各个省市都

第三章 计划经济时期的乒乓球运动(1949—1978 年)

组织队伍开展乒乓球运动,因此乒乓球竞技技术水平提高迅速。1952 年 10 月 12 日至 16 日,新中国成立以来第一次全国乒乓球锦标赛在北京举行,参加比赛的有华北区、华东区、东北区、中南区、西北区、西南区、火车头体育协会等代表队,62 名运动员(男 38 名,女 24 名)。裁判长林启武。赛会成绩,男子:中南区的姜永宁获得第一名,中南区的冯国浩获得第二名,华东区的杨开运获得第三名,华东区的欧阳维获得第四名,华东区的王传耀获得第五名,华东区的陆汉俊获得第六名,华东区的李宗沛获得第七名,中南区的岑淮光获得第八名;女子单打前三:第一名孙梅英(华东),第二名李麟书(东北),第三名柳碧(华东)[①]。

第一届全国乒乓球锦标赛结束后,从赛中选拔的 19 名运动员组成了我国乒乓球队第一代国球手[②]。作为我国级别最高、规模最广的全国乒乓球单项赛事——全国乒乓球锦标赛为乒乓球优秀人才选拔及后备人才培养发挥了重要作用,也标志着中国乒乓球运动开始正式进入竞技体育发展的开端,但之后由于各种原因中断了 3 年,直到 1956 年才重新举行恢复比赛。

从参赛选手中遴选出的 19 名运动员是姜永宁、冯国浩、杨开运、欧阳维、陆汉俊、李宗沛、王传耀、岑淮光、李仁苏、夏芝仪、王吉禄、李锵、孙梅英、李麒书、柳碧、蔡秀娱、方亚珍、邱钟惠和黄文秀,总教练是来自广东的梁焯辉。集训一个多月后,由于新加坡方面拒绝签证,亚锦赛参加不了,李仁苏、岑淮光和邱钟惠便返回了原籍,剩下的 16 名运动员和梁焯辉教练一道备战世乒赛。这便是第一支中国乒乓球队。当时这些队员用的都还是胶皮拍,武器虽显简陋,打法却是五花八门:姜永宁是直拍削球手、杨开运是直板攻球手、欧阳维直板挡攻削三结合、冯国浩是横板攻球手、李宗沛和邱宝云擅长推挡、陆汉俊则长于小路球。1953 年 3 月,组

[①] 中国体育年鉴编辑委员会. 中国体育年鉴(1949—1962)[M]. 北京:人民体育出版社,1964:714.

[②] 新华社. 全国乒乓球比赛结束,选出一九五二年全国乒乓球选手[N]. 人民日报,1952-10-20(1).

建不到半年的中国乒乓球队出征罗马尼亚第20届世乒赛。布加勒斯特的弗洛利亚斯克体育馆见证了中国乒乓球队在世乒赛上的首次亮相:团体赛上由王传耀、姜永宁、冯国浩等组成的中国男队位列小组第4,排名世界甲级队第10名;而以孙梅英、李麟书为主的中国女队也列小组第4,排名乙级队第3名。在单打比赛中,中国队无一人能闯过第三轮。成绩虽然不理想,战果虽谈不上辉煌,但这是中国乒乓球选手第一次登上世乒赛的舞台,是中国乒乓球队的首次荣光,开始走出国门,向世界看齐[①],中国乒乓球队此后50年笑傲世界乒坛的恢宏画卷正是由此展开。

在当时的国际乒联主席蒙塔古的支持下,1953年4月28日,国际乒联致电中华全国体育总会,称正式接纳中国成为正式会员[②]。1956年,第23届世界乒乓球锦标赛在日本东京举行,中国队全员参赛,虽然没有获得奖牌,但男队女队均进步神速,女队位列第11名,成功进入世界一级行列,中国男队也比上一届前进4名,被评为一级第6名。1956年10月23日,中华全国体育总会第三次代表大会通过全国各项运动协会委员名单。1957年2月23日,中华全国体育总会致电国际乒联,称中华全国体育总会乒乓球部已经扩大成为中国乒乓球协会,陈先为协会主席。1957年,第24届世界乒乓球锦标赛在斯德哥尔摩举行,中国队不负众望,继续突破,男女队都被评为一级,且女队排名第3。从首次组队参赛到女队进入一级排名第3,男队进入一级排名第4,短短的时间内便取得如此战绩,其进步令人瞩目,引起了世界乒乓强国的高度关注及重视。

中国乒乓球协会于1953年3月正式加入国际乒联。从而使乒乓球成为新中国成立以后最早解决国际新时期体育组织代表资格的项目之一。

---

① 钱江.1953年中国乒乓球队初闯世界乒坛[J].湘潮(上半月),2018(6):52-55.
② 刘修武.奥林匹克大全[M].北京:人民体育出版社,1988:631.

第三章 计划经济时期的乒乓球运动(1949—1978年)

具体过程:

1950年1月1日,国际乒联主席蒙塔古致函朱德总司令表示敬意,并称寄给中国体育当局国际乒联有关材料。蒙塔古请朱总司令代转给我国体育运动组织的函中表示欢迎我们参加国际乒联。

1950年6月1日,国际乒联主席蒙塔古致函刘宁一同志(新中国成立后,历任国务院外办副主任、中联部副部长、代部长、全国总工会副主席、主席、党组副书记、书记。1949年出席巴黎、布拉格世界人民保卫和平大会,当选为大会理事。1952年任世界工会联合会副主席)并同时附来上述函件的抄件,请代其转交。并再次表示,国际乒联愿作为第一个欢迎新中国的国际体育组织。

1950年11月9日,中华全国体育总会筹备委员会秘书长荣高棠复函蒙塔古,表示愿与国际乒联取得联系。

1951年4月17日,艾文斯(国际乒联名誉秘书 H. Roy Evars)致函中华全国体育总会筹委会,告之在维也纳举行的国际乒联代表大会上大家均希望中国参加国际乒联。如在7月前寄去入会申请则有权及时批准中国的代表和运动员参加下一届1952年在印度举行的第19届世界乒乓球锦标赛。

1951年6月28日,印度乒乓球协会名誉秘书拉马努詹致函中华全国体育总会筹委会,希望我国及早加入国际乒联,并欢迎中国参加1952年2月在印度举行的第19届世界乒乓球锦标赛。告知只有在7月1日以前入会的才能参加世界锦标赛,建议即发电报申请入会。

1951年7月31日,中华全国体育总会筹委会主任冯文彬、秘书长荣高棠复函艾文斯,索要国际乒联章程、工作报告以及相关资料。

1951年7月31日,中华全国体育总会筹委会复函拉马努詹,请其协助寄来国际乒联章程及资料。并告时间已晚不能参加第19届世界乒乓球锦标赛。

1951年9月2日,拉马努詹来函告已取得国际乒联咨询委员会的特别许可,使申请者如在 9 月 15 日以前申请入会即可参加世界锦标赛。让我们寄给他入会申请书、会费等。

1951 年 9 月 25 日,国际乒联名誉秘书艾文斯来函告如欲参加在印度举行的世界锦标赛,现在提出申请入会仍可以。

1951 年 10 月 25 日,中华全国体育总会筹委会复函艾文斯告因准备不及不能参加下届世界锦标赛并再催索章程和相关资料。

1951 年 11 月 15 日,拉马努詹来函告国际乒联我会 7 月 31 日复函拉马努詹的函作为入会申请,并已准许中国派队参加世界锦标赛。现可作正式申请以补办手续。

1951 年 12 月 13 日,国际乒联名誉秘书长艾文斯来函告已寄出章程和技术手册等并希望能研究入会申请的规定,以在短期内申请参加比赛。

1951 年 12 月 15 日,中华全国体育总会筹委会复函表示因准备不及,不能参加世界锦标赛并请其转告国际乒联。

1952 年 7 月 29 日,蒙塔古再度提出希望我们能提出入会申请,并欢迎我们参加 1953 年在罗马尼亚举行的第 20 届世界锦标赛。

1952 年 9 月 8 日,我们以中华全国体育总会名义致电国际乒联主席蒙塔古正式提出入会申请并告决定派队参加第 20 届世界锦标赛。

1952 年 9 月 16 日,国际乒联名誉秘书长艾文斯函告收到我会申请入会的电报,此事需咨询委员会处理。同日咨询委员会致电我会告收到我会入会申请。

1953 年 1 月 13 日,中华全国体育总会致函国际乒联名誉秘书长艾文斯,附去我会抗议英国政府拒发签证,致使中国乒乓球队未能参加在新加坡举行的第一届亚洲乒乓球锦标赛。

1953 年 3 月 20—29 日,以晏福民为领队、梁焯辉为教练的中国乒乓球队一行 10 人,参加在罗马尼亚举行的第 20 届世界乒乓球锦标赛。赛后,男队被评为第一级第 10 名;女队被评为第二级第 3 名。我国出席国际乒联代表大会的晏福民同志向国际乒联

第三章 计划经济时期的乒乓球运动(1949—1978年)

严正表明,隶属中华全国体育总会下的中国乒乓球协会为全国性体育组织非区域性组织。

1953年4月28日,国际乒联名誉秘书长艾文斯函告我会已被接受为正式会员。

1953年5月23日,国际乒联布加勒斯特代表大会接受我会为正式会员。会上宣读了中华全国体育总会对英国政府拒发我队入境签证的抗议信,会议对此表示遗憾并载入会议记录。

1959年3月,第25届世乒赛在当时的德国多特蒙德市举行,最令人关注、含金量最高的男单决赛在之前毫不起眼的中国运动员容国团和世界著名的匈牙利选手西多之间展开。作为常胜将军,西多已经9次获得世界冠军,此次决赛众人都没有看好中国队。可是这次决赛也是中国人第一次距离世界冠军如此之近,在先失一局的情况下,"人生能有几次搏,此时不搏更待何时"的容国团稳住心态,充分发挥中国人小巧和灵活的优势,以及调动对手、抽击两边大角的战术,结果以3∶1打败了西多,荣获此次世乒赛男单冠军——这是中国体育史上最具标志意义的事件之一,这也是一场注定要被历史记载的比赛,因为这是新中国诞生的第一个世界冠军。也向全世界宣示中国乒乓球运动开始在世界崛起①。

在第25届世乒赛上,国际乒联代表大会通过了1961年在中国北京举办第26届世乒赛的决议。新中国第一次承办国际大型体育比赛,像北京上空一道响亮的春雷。国家体委主任贺龙元帅指示说:我们一定要打好、办好第26届世乒赛,运动员们也立志,要在家门口打场漂亮仗。为备战第26届世乒赛,国家体委根据贺老总的指示,搞了一场乒乓大会战,选出108名运动员组成集训队,于1960年12月在北京开始了集训。集训队遵从"三从一大"的训练方针,即从难、从严、从实战出发、大运动量的训练,水平提高很快。贺龙元帅还要求体委领导到乒乓队去蹲点,在训练

---

① 陈寅. 先导:影响中国近现代化的岭南著名人物(下)[M]. 深圳:深圳报业集团出版社,2008.

中实行领导、教练员、运动员三结合的办法。正当中国队员满怀信心准备在即将到来的世乒赛上横扫欧洲,与日本队决一死战的时候,匈牙利队访华给中国队带来了不好的消息——日本选手发明了弧圈球,把欧洲选手打得一筹莫展,日本队扬言要用这一秘密武器再度称霸世界乒坛。这一新动向引起了中国乒乓球界的关注,国家体委副主任荣高棠等领导同志同教练员、运动员一起商量对策,国家体委体育科研所的同志们也四处搜集资料,通过分析研究和模仿试验,中国队员终于对"弧圈球"摸到了一点门道。此时距世乒赛开赛仅剩三四个月,时间紧迫,胡炳权、薛伟初等老队员毅然放弃了参加世乒赛的机会,学习弧圈球给主力队员作陪练。他们这种甘当铺路石的举动感动了全队,也带动了廖文挺、吴小明、余长春等一批年轻队员加入陪练的队伍。一段时间之后,主力队员基本适应了弧圈球,当时日本队正好在香港访问比赛,为了进一步摸清情况,庄家富去香港进行了"火线侦察"。他在现场仔细研究了日本队员的弧圈球,认为中国队的弧圈技术掌握得很精确,同时还发现了弧圈球的弱点。庄家富的这趟"秘密出访"为中国队吃下了一颗定心丸。1961年3月12日,陈毅元帅和周恩来总理来到集训队看望运动员。赛前,贺龙元帅为乒乓队做了赛前动员,叮嘱运动员在赛场上注意变化、注意关键球,鼓励他们放下包袱,争取好成绩。在乒乓队备战第26届世乒赛的同时,全国各界也在为这场盛大的赛事积极准备着。当时的中国正处在经济困难时期,但为了提供理想的比赛场地,国务院还是拨专款兴建了北京工人体育馆。在周总理的亲自过问和关心下,上海文教用品公司承担了世乒赛乒乓球器材的研制工作,为了纪念容国团夺冠和国庆10周年,这套乒乓器材被取了个吉祥的名字——红双喜,从此,红双喜器材便伴随着中国乒乓球队走过了四十年的风风雨雨。

1961年4月5日—4月14日,第26届世界乒乓球锦标赛在中国北京举行,共有来自五大洲30多个国家的243名运动员参加比赛。这是自中华人民共和国成立以来我国第一次举办世大赛。这也是年轻的共和国向世界亮相的一个机会[1]。20世纪60年代初正值中国经济困难时期,为了这次比赛的成功举办,国家投入了大量的人力物力,全国人民也十分支持。

第26届世界乒乓球锦标赛是新中国成立以来第一次举办世界性大赛。在本届比赛中,我国运动员上下一心,积极训练,他们树雄心,立壮志,在战略上藐视困难,在战术上重视困难,进行认真刻苦的训练[2]。尤其当日本发明了威胁较大的弧圈球时,中国集训队在思想上没有产生动摇,迅速进行调查研究,据此及时培养了几名弧圈球打法的选手,同时对我国近台快攻打法作了有针对性的技、战术训练,反复实践,不断总结经验,使运动员对弧圈球真正做到了战略上藐视,战术上重视,既有敢打、敢拼的必胜信心,又有一定的技术基础[3],就这样我国乒乓球队在第26届世界乒乓球锦标赛中首次夺得最激烈的男子团体冠军奖杯——思韦斯林杯、男子单打冠军奖杯——圣·勃莱德杯(庄则栋)、女子单打冠军奖杯——盖斯特杯(邱钟惠)三项桂冠,此外,中国队还夺得4项亚军、8个第三名,结束了日本在50年代称雄世界乒坛的历史。中国乒乓球运动在世界的崛起,像是给中国人注入了一针兴奋剂,全国上下掀起了一股体育热潮。街头巷尾,男女老少都在挥拍击球[4]。从此,我国乒乓球运动走到了世界前列,突出的成绩带动了全国群众性乒乓球运动的普及,形成全国乒乓球运动热[5]。今天,中国乒乓球运动能长居世界乒坛前列,与容国团的第一次夺得世界冠军,与全国人民的参与、投入是分不开的。

1963年1月16日,第27届世界乒乓球锦标赛选拔赛在北京举行。21日中华人民共和国体育运动委员会在北京举行了全体委员会议,由卢汉副主任主持,讨论了1962年全国体育工作会议

---

[1] 国家体育总局. 新中国体育60年(综合卷)[M]. 北京:人民出版社,2009.
[2] 徐宪江. 中国百年实录[M]. 北京:人民日报出版社,2014.
[3] 张宏波,王艳红,战云龙. 球类运动[M]. 大连:大连理工大学出版社,2014.
[4] 徐琪等. 迷人的体育[M]. 石家庄:河北少年儿童出版社,1993:80.
[5] 冯志远. 教你打乒乓球[M]. 沈阳:辽海出版社,2010.

纪要和运动队伍工作条例《草案》。2月13日—14日《人民日报》《大公报》《光明日报》《北京日报》《中国青年报》《体育报》先后发表社论和评论员文章，强烈谴责国际奥林匹克委员会非法禁止印度尼西亚参加国际奥林匹克运动会。衷心希望新兴力量参加运动会的主张能够实现。2月17日中华全国体育总会就亚洲乒乓球联合会制造"两个中国"的阴谋和停发赠予我的"和平杯"奖一事发表声明①。3月31日中华人民共和国体育运动委员会发出《关于试行运动队伍工作条例（草案）的通知》。4月5—14日中国男女乒乓球代表团41人，由团长、中华全国体育总会副主席荣高棠率领，参加了在捷克斯洛伐克布拉格举行的第27届世界乒乓球锦标赛。在这次比赛中，我国选手获得三项冠军，男子队再次获得男子团体世界冠军，庄则栋蝉联男子单打世界冠军，张燮林、王志夏获得男子双打世界冠军；两项亚军即李富荣获得男子单打亚军，庄则栋、徐寅生获得男子双打亚军；六项第三名为男子单打、男子双打、女子团体、女子单打、女子双打、混合双打。但遗憾的是，女团、女单、女双都没能进入最后决赛。4月9—14日中华人民共和国乒乓球会主席陈先参加了与第27届世界乒乓球锦标赛同期举行的国际乒乓球联合会代表大会。陈先当选为国际乒乓球联合会的亚洲副主席。在这次代表大会上，还有多名中国代表被选入国际乒乓球联合会的分级分组、设备、规则、议事通则、世界锦标赛技术和宣传等委员会。中国生产的"红双喜"牌乒乓球被批准为1963年到1965年期间的国际比赛用球。会上通过了中国乒乓球协会受国际乒乓球联合会委托设计的联合会徽章的图样。4月14日国际乒乓球联合会分级分组委员会公布各个国家和地区乒乓球协会代表队的技术名单，中国男子队为第一级第一名，女子队为第一级第三名。

1965年在南斯拉夫的卢布尔雅那举行的第28届世乒赛上，

---

① 中国体育年鉴编辑委员会编．中国体育年鉴(1963)[M]．北京：人民体育出版社，1965：15．

中国队大获全胜[①],第一次获得5项冠军,震惊了世界,赢得了国际社会的极大关注及赞誉,也被全国人民称为"人民功臣"、"为祖国争光",振奋了民族精神,激励了全国人民艰苦创业的士气及斗志,焕发出强烈的爱国热忱,推动了全国乒乓球运动的蓬勃发展,中国大地掀起了一股"乒乓球热",我国乒乓球运动水平开始进入快速发展期[②]。

此阶段,中国卧薪尝胆,针对对手,立足自身,不断创新,无论直拍近台快攻,还是削球防守型打法,都取得了新的突破与成绩,而且注重百花齐放、相互补充、相互促进。从新中国开始加入国际乒联到参加第20届世乒赛,50年代到60年代时期,我国乒乓球运动水平不断进步,总计获得27个冠军,其中团体10个,单项8个,双打9个,占这一时期世乒赛冠军总数的90%以上。其中世乒赛男子单打与团体在1961—1965年三连冠,仅1961—1965年三届世乒赛,中国队豪夺总金牌数21枚中的11枚,金牌获得率高达52.4%。

1957年至1966年,由国家体育总局乒羽中心主办的全国乒乓球锦标赛共举办了10次,其对中国乒乓球的竞技水平产生了重要影响,涌现出一大批优秀乒乓球人才,其中男队产生了容国团、庄则栋、李富荣、徐寅生、姜永宁等猛将,女队则涌现出邱钟惠、孙梅英、郑敏之、林慧卿、李莉等优秀运动员。但非常遗憾的是,1966年5月史无前例的"文化大革命"开始了,党和政府的各级机构与组织遭到严重破坏,甚至很多单位及部门基本陷入瘫痪和不工作状态,中国的体育事业也遭到浩劫性破坏,中断了一切国际性的体育竞赛,国家体委主导下的国家所有集训队陆续停止训练,乒乓球是最晚停训的竞技队伍,所有的乒乓球训练、竞赛系统彻底瘫痪,陷入停顿,一大批优秀运动员、教练员或下放,或受批斗迫害,乒乓球运动几乎湮没、消失。为新中国乒乓球运动作

---

① 中央人民广播电台体育部. 难忘的瞬间——中国体育四十年[M]. 北京:人民体育出版社,1990.

② 王大中,蔡猛. 乒乓球文化·技术与传播[M]. 北京:北京广播学院出版社,2004.

出重要贡献的容国团、姜永宁、傅其芳在1968年相继含冤自尽。直到1969年10月中旬,在国家领导人周恩来的亲自过问下,国家乒乓球队才开始复训①。

二、20世纪70年代至今:乒乓球外交、革新与发展

由于1958年8月19日,我国断绝了与国际奥委会的关系,退出了15个单项国际体育组织,中国委员董守义也辞去了国际奥委会委员职务。因此,20世纪60年代,在国际体育活动中,我国主要以发展和壮大反帝斗争统一战线,建立革命的国际体育组织为目标,积极与第三世界国家友好合作,倡导成立新兴力量运动会联合会。由于当时的国际乒联主席蒙塔古强调与主张"开展乒乓球运动的目的是增进友谊,提高球艺。会员只代表乒协,不代表国家,发奖时不升国旗,不奏国歌;运动员无职业和业余之分",因而国际乒联的规定不同于世界其他体育组织,而且在美国大力支持台湾进入国际单项体育组织的时候,只有国际乒乓球联合会承认大陆,不承认台湾。这也使得乒乓球运动在中国大陆备受重视②。

竞赛是体育最鲜明的特点,是发展体育事业,提高运动员技术水平的杠杆。随着其他单项体育组织退出国际体育活动,他们只能参加国内全国运动会,地区、单位、行业系统运动会,以及各级的单项锦标赛、表演赛等,因此70年代我国的体育竞赛以国内为主,但乒乓球是例外,在国际乒乓球竞赛组织中,我国积极而有步骤地开展驱蒋斗争,使我国有机会在更大的范围和更高的水平上进行国际交往,我国还向30多个国家和地区派出乒乓球教练员,援助第三世界友好国家培养优秀乒乓球人才,我国乒乓球运

---

① 钱江."文革"中周恩来力主中国乒乓球队恢复复训[J].党史博览,2017(2):10-12.
② 丁东.1970年代体育为中国重返国际社会起的特殊作用[N].南方都市报,2013-07-07(6).

第三章 计划经济时期的乒乓球运动(1949—1978年)

动的国际交往,使我们扩大了眼界,增长了知识,增进了我国人民与世界各国人民的友好情谊,增进了互相间的了解,我国的乒乓球运动声誉与日俱增①。

进入20世纪70年代,享誉世界乒坛的中国乒乓球队正值发展迅猛时期,但由于"文革"的影响,不得不缺席第29届、第30届世乒赛,在国家体委已经瘫痪的状态下,乒乓球算是比较幸运的项目。1971年第31届世乒赛在日本名古屋拉开帷幕,国家领导人决定派员参赛。在此次大赛中,中国队发挥了勇猛顽强的作风,再一次捧得了男子团体的斯韦思林奖杯,同时在女单、女双和混双方面登顶冠军。表明中国乒乓球队虽然遭受了重大打击及挫折,但在国际大赛上依然保持了较高的国际水准,也为中国乒乓球队赢得了应有的尊敬及地位。这一次比赛最为引人注目的,也是震动全世界乃至影响世界格局的,却是中美两个超级大国之间的首次接触,以一种意想不到的"美国运动员科恩偶然的搭错车"方式,通过乒乓球打开了隔绝22年的中美交往的大门,这就是被全世界津津乐道的"乒乓球外交"——小球推动大球!乒乓外交是中国外交的历史性创举,乒乓运动成了政治的"微波炉",中美之间的寒冰从此慢慢解冻②,实现了两国外交之间的正常化。一枚轻轻的白色小球,弹奏出友谊和平音符,在"二战"结束后世界两极分化的冷战世界里撒下了一粒绿色和平的种子,这是历史赋予中国乒乓球运动的无上光荣的神圣使命,也是中国乒乓球队、中国乒乓人的荣耀及骄傲③。随后1973年(32届)至1979年(35届)中国队又获得了可喜战绩。

"乒乓外交"事件后,乒乓球运动的特殊政治功能被重新定位及重视,也使得中断的国内乒乓球运动有所恢复,乒乓球也成为

---

① 何仅,黄河清,王点等. 社会主义精神文明建设手册[M]. 北京:中国新闻出版社,1988:297-300.

② 池建. 体育大国的崛起:新中国具有重大影响的体育大事[M]. 北京:学习出版社,2012.

③ 袁文靖. 世界和平幻想施行——尼克松总统访中国大陆[M]. 北京:国际现势周刊社,1972:45.

中国唯一在此阶段活跃在世界体坛的运动项目。作为国家外交政策的一种策略,乒乓球援外在传播中国乒乓球文化、扩大中国国际影响力方面起到了积极作用。20世纪70年代,广大乒乓球教练服从国家及组织安排,为援助国家送去了宝贵的技战术理论及素养,胜利地担当了"和平使者"的光荣角色(图3-1)。1973年掀起了援外的第一批高潮,我国派出的援外教练就有吴小珠去伊拉克,伍立人去坦桑尼亚,王大勇去索马里,梁玉海去埃塞俄比亚,邓志坚去乌干达,王树藩去阿拉伯也门共和国,黄翘林去黎巴嫩,顾仁贤去伊朗,叶善富去科威特,申萌华去阿尔及利亚,曾传强、蒋时祥去尼日利亚,杨久明去加纳,明德泉、吴新民去苏丹,赵辑贤去也门民主人民共和国。

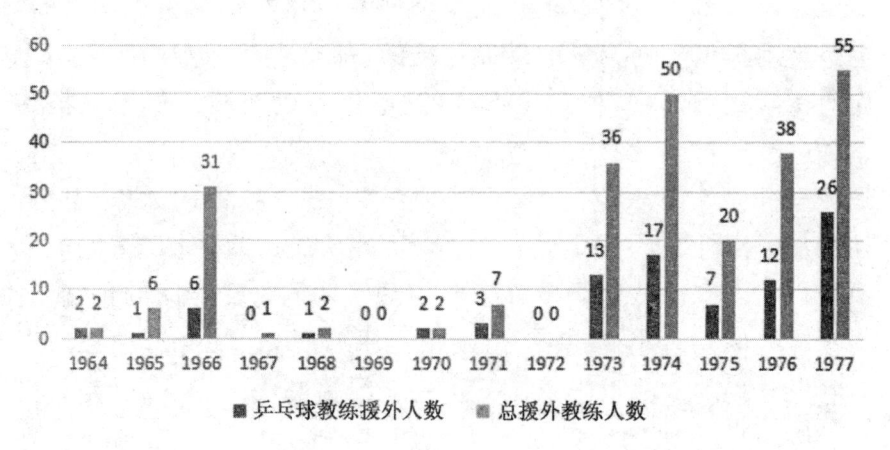

图3-1 1964—1977年中国乒乓球教练援外情况

1972年6月9日,北京隆重举行全国五项球类运动会,之后我国竞技体育获得重视,各类竞赛变得活跃开来。受到破坏的全国竞技水平最高且影响力最大的全国乒乓球锦标赛也于1972年重新开赛,1975年全国运动会乒乓球也理所当然位列其中。以上国内重要赛事的如期开展,保证了中国乒乓球人才的不断档及人才延续性,对中国乒乓球运动的进一步深入发展起到了一定的保障作用。也是从1972年开始,乒乓球后备人才培养被提上重要日程,全国少年乒乓球锦标赛在4月举行,此届所有参赛队员平

第三章　计划经济时期的乒乓球运动(1949—1978 年)

均年龄不到 15 岁,甚至最小的队员年龄不到 9 周岁。1972—1976 年该项赛事连续举办了 5 届,为中国乒乓球日后的辉煌奠定了较为扎实的人才储备。

20 世纪 70 年代,中国乒乓球队在世界乒乓球锦标赛的赛场上总计获得 11 项桂冠,亚军 16 项,季军 16.5 项。尤其是团体项目优势明显(图 3-2)。国际比赛攻城拔寨,不断获得胜利,国内比赛也如火如荼,各级政府组织、各级单位都有赛事,比较大级别的赛事——全国乒乓球赛事,新中国成立后到 1978 年,总共举办了 16 次全国乒乓球赛事,除去"文革"期间没有举办任何乒乓球国家赛事外,几乎平均一年举办一次。这在今天来说,可能觉得不以为然,可是对当时极度落后的中国而言,不啻一件家户喻晓的大事。通过周密频繁的赛事,中国乒乓球运动在中国一枝独秀,"国球"荣耀呼之欲出。

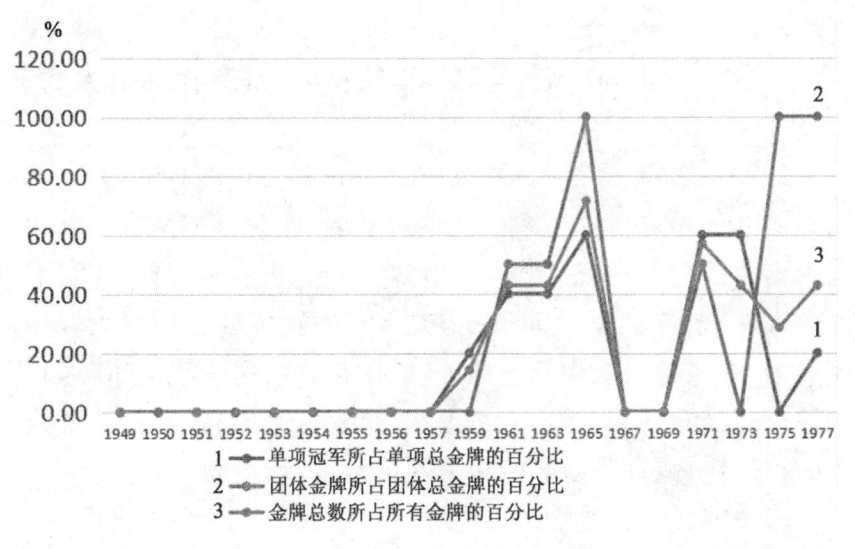

图 3-2　1949—1978 年中国参加历届世乒赛的金牌获得情况

此阶段,我国乒乓球运动在技战术方面最大的改变就是:技术上,欧洲选手已吸收中国的快攻和日本的弧圈球技术,创造了横握球拍,速度与旋转相结合的打法。此时中国队在技术指导思想上也有所发展和创新,即在原有的"快、准、狠、变"的基础上增加了一个"转"字,直板正胶普遍增加了上旋球,随后1973年(32届)至1979年(35届)中国队又取得了可喜的成绩。在破弧圈球方面也有了新技术,挑选了一批队员改打直板反胶,形成了新型的直板反胶进攻打法,以及横直板两面不同性能球拍的"倒板"打法①。在此期间,中国队认为技术创新是中国队保证常胜的唯一途径。发球的创新、侧身高抛发球、快点、反手快带、反手加力推以及侧推、推下旋、推挤这些技术都是在弧圈球的逼迫下探索出来的新技术。这些探索和创新为20世纪80年代中国队的提高和发展打下了坚实基础②。

第二节 大众乒乓球方面

一、20世纪50年代至60年代:乒乓球热的兴起及停顿

20世纪50—60年代,由于国民经济基础刚刚建立起来,其薄弱显而易见影响到我国体育事业的发展,此阶段中国的体育事业呈现出曲折发展,体育界学习、借鉴社会先进经验,形成出自实践的体育理论,随着我国运动员陈镜开、庄则栋等在国际大赛中频频夺冠,中国登山队勇攀世界最高峰等一系列体育大事件,以及两届全运会的胜利召开,竞技体育成绩迅速提高,带动了群众体育的积极性,体育活动开始在全国广泛普及,蓬勃发展。

新中国成立之初,中央政府一再表明体育"为人民服务,为国防和国民健康的利益服务",大力在广大劳动人民中普及体育运动。中华全国体育总会主办的《新体育》发刊词对这一方针有比较具体的说明。首先,"要把体育普及千百万劳动人民中去。

---

① 安丽娜. 乒乓球运动教育理论与技术训练研究[M]. 北京:中国纺织出版社,2017.
② 江勇金,范建军. 中华民族国球:乒乓球[M]. 呼和浩特:远方出版社,2007.

第三章　计划经济时期的乒乓球运动(1949—1978年)

有步骤地从学校到工厂,从城市到乡村,从部队到地方,使体育很快成为广大人民的体育,融化到人民的生活中去,成为人民在自己伟大的建设事业和国防事业中获得胜利的一个有利因素和保障"。其次,"必须系统地研究和总结旧体育,严格地批判它们……切实改造我们体育界本身,使之能担负起建设新体育的重任"。再次,"必须向苏联及各人民民主国家学习,根据我们国家的实际情况吸取他们成功的经验,来充实我们的体育内容和启发我们的创造,使我们的体育,成为世界进步体育的一个构成部分"。1954年,中央政府提出了使体育运动"普及和经常化"的群众体育工作方针。国家体委成立初期继续执行了这个方针:继续贯彻党中央的指示和"结合实际情况,开展群众性的体育运动,并逐步使之普及和经常化的方针"。新中国的群众体育事业得到了快速发展,体育活动在城乡广泛开展起来。随着国内外形势的发展,提高我国竞技体育运动水平的问题很快引起了中央领导人的重视,并逐渐形成了"普及与提高相结合"的新的体育发展方针。

1956年以后,随着体育事业的发展,体育工作任务的内涵有所扩大。在中共八大一次会议上,周恩来作了《发展国民经济的第二个五年计划的建议的报告》,提出:"我们应该在广大群众中进一步开展体育运动,有效地增强人民的体质,并且提高我国体育运动的水平。"这是第一次将"提高体育运动水平"与"增强人民体质"并列。1958年,中央政府更为明确地提出要"继续贯彻开展群众性体育运动和加速提高运动水平的方针,争取更多运动项目的成绩达到或接近国际水平"。同时,在"多、快、好、省"建设社会主义的精神指导下,国家体委在经中央政府批复的"十年规划"中,进一步提出:"体育运动的方针是:适应生产大跃进中广大劳动人民对增强体质的要求,大力开展群众性的体育运动,在体育运动广泛开展的基础上,提高技术水平,不断创造新纪录。"1959年在中央批转的国家体委报告中明确提出:"开展群众性的业余体育运动和培养少数优秀运动队伍相结合,实行在普及基础上的提高和在提高指导下的普及,这是当前体育工作中的一项重要的原则。"至此,"普及与提高相结合"的体育事业发展方针正式出台。

新中国成立后,各地基层体育组织的建设迅猛展开。如全国铁路各站段共组织有246个篮球队,参加人数达15353人,其他如"拔河"等参加人数约10万。1956年底,全国有21个产业系统建立了全国性的体育协会和筹备委员会,成立了36000多个基层体育协会,拥有会员430万人。基层体协比1955年增加了70倍,会员增加了80倍。各种形式基层体育组织的建立,有效地加强了对群众体育工作的管理,激发了体育积极分子参与体育的积极性,为实现体育的大众化创造了条件。

此外,颁布与实施一系列体育锻炼制度,有效保证了厂矿企业职工体育的健康、正常、有效发展,保护职工参与体育活动的积极性。1954年1月,中共中央批转中央体委党组《关于加强人民体育运动工作的报告》,特别强调:"当前国家已进入有计划的经济建设的新的历史时期,更需要人民有健康的身体……当前我们国家正在为实现过渡时期总路线、总任务而奋斗,加强体育工作就有更重大的意义。"并且《关于加强人民体育运动工作的指示》还附上了《中央体委党组关于加强人民体育运动工作的报告》。周恩来在政务院第205次政务会议上的讲话中提出"为祖国锻炼身体"。中央人民政府政务院首先下发了《关于在政府机关中开展工间操和其他体育运动的通知》,指出:"在机关中开展工间操和体育运动,是改善干部健康状况、增强体质、提高工作效率的最积极的有效的方法之一;也是种很好的文化活动。"同年,中华全国总工会也发出了《关于开展厂矿企业职工群众体育运动的指示》,中央体委发布了《中央体委关于公布准备劳动与卫国体育制度暂行条例、暂行项目标准、预备级暂行条例的通告》。1955年1月19日,中华全国总工会又制发了《关于开展职工体育运动暂行办法纲要》,同年7月30日通过的《中华人民共和国发展国民经济的第一个五年计划》中明确写道:"在全国人民中,首先是在厂

第三章　计划经济时期的乒乓球运动(1949—1978 年)

矿、学校、部队和机关的青年中,广泛地开展体育运动,以增强人民的体质。"1956 年 7 月 12 日,就职工体育问题,中华全国总工会又补发了《关于职工参加体育活动或锻炼时受伤者的工资发放问题的答复》。随着国民经济的发展和人民物质文化生活水平的不断提高,体育已成为一项全民的事业,深入到社会的各个方面,并得到全面发展。

1954 年,国家体委、高教部、教育部、卫生部、团中央、全国学联发出了《关于在中等以上学校中开展群众性体育运动的联合指示》,对学校体育卫生工作做了部署,以劳卫制及其预备级为中心,把体育课、课外体育活动、运动竞赛、早操等有机地统一起来。1950 年,访苏体育代表团回来以后,北京男四中、女一中等校开始试行"劳卫制"。国家体委成立大会前曾组织一个小组编制了我国的"劳卫制"草案,但因其要求甚高、条件还不具备,没有实行。1951 年暑期,北京市根据"劳卫制"精神制定了 5 个项目的暑期锻炼标准,深受群众欢迎。团中央办公室向上海、天津等 12 个城市推荐了他们的做法,入冬以后,部分城市开始自己制订了冬季锻炼标准。1953 年国家体委成立后,提出在全国中等以上学校中有准备有计划地推行体育锻炼标准。1954 年,国家体委正式公布劳卫制暂行条例和项目标准,并选择一些条件较好的重点学校有领导有计划地逐步推行,还把各地编制体育锻炼标准作为预备级积极开展。1956 年,为加速开展群众性体育运动,停止实行劳卫制预备级,简化了手续,并在中等以上学校普遍推行"劳卫制",共有 300 多万人参加锻炼,70 多万人达到标准。在学校中推行"劳卫制,把学生用锻炼小组形式组织起来,有计划有指导地进行锻炼,使学校体育质量大大提高。不仅使学生的体力、耐力、速度、反应能力等素质得到全面发展,而且为提高运动技术水平打下了良好的基础,不少搞得较好的学校都涌现出一大批等级运动员。如青岛师范学校当时有学生 572 人,其中 486 人达到劳卫制一级或二级标准,涌现出等级运动员 65 人,其中二级运动员 5 人。

随着土地改革的完成和农业合作社的发展,农村体育首先在一部分经济比较富裕,文化比较发达的地方开展起来。河北省尖台寨的43个基干民兵在党团支部支持下,根据不同爱好组成几个体育小组,自己平整土地,自制了单杠、木马、跳高架等器材,由小学教员、复员军人指导开展了体育活动,当时农村体育活动比较活跃的除广东"三乡"以外,还有辽宁金县、江苏丹阳县、广东中山县、黑龙江青岗县、河南长葛县等。全国曾建立农村体育协会761个。新中国成立以来,我国一直注意提倡传统民间体育活动,1953年,在天津举行了民族形式体育运动大会,参加比赛和表演的有483项次,运动员397人,它推动了各民族体育运动的恢复和发展。内蒙古的那达慕大会曾一度停止举行,解放后又恢复起来,骑马、摔跤、射箭等项目又普遍地开展起来。解放后的前几年,在党和政府积极提倡下和有组织、有领导、有计划地开展体育活动中,体育事业发展很快,短短七年之间,人民的体质和精神面貌大变。正如1956年毛主席所说,我们已经甩掉了"东亚病夫"的帽子。

截至1952年上半年,1200多个铁路单位有了运动场和简单的体育设备。1952—1955年,我国共建立各种国防体育活动场所163个,有119000多人参加了活动,培训出9500多名业余辅导员,成立了4个项目的国家运动队,举办了社会主义国家国际射击友谊比赛。在农村,据不完全统计,1958年全国有67个县普遍推行了"劳卫制",有2000多万人参加各种体育活动,约占当时全国农村人口总数的5%。但是,随着"体育大跃进"口号越喊越响,农村体育受到了不良影响。如关于农村体育场馆建设,提出在五年内每乡要有两个体育场、一个体育馆和一个游泳池的标准。这种不切实际的高指标,导致一些地方体育浮夸风蔓延,从而影响了农村体育的健康发展,加之此后三年经济困难,不仅使不少农村地区一度停止了体育活动,而且有些县甚至撤销了体育运动委员会。

新中国成立后,社会主义体育思想开始传播,群众性体育起

第三章 计划经济时期的乒乓球运动(1949—1978年)

步,社会各界逐步认识到体育的重大意义,在国家领导的重视及体育政策刺激下,全国人民的体育运动热情被极大地激发出来,社会各界积极投身于体育运动,在机关、工矿、企事业单位、农村、军队、学校等群众体育逐渐开展起来。乒乓球运动也不例外,但此阶段进展不大,群众重要的活动形式还是以简便易行的跑步及工间操为主。

1955年全国大中城市乒乓球联赛举行。分两个阶段进行,第一阶段,从1月23日至28日,分别在天津、上海、武汉三地举行。第二阶段,从12月5日至15日,在北京举行。参加比赛的有北京、上海、天津、太原、呼和浩特、沈阳、长春、哈尔滨、青岛、乌鲁木齐、济南、杭州、南京、苏州、无锡、徐州、蚌埠、武汉、重庆、成都、广州、西安、长沙、南昌、郑州、南宁等27个大中城市的代表队[①]。1956年9月的武汉全国乒乓球锦标赛及1957年11月北京的全国乒乓球锦标赛,1957年5月27日中华全国总工会主办的12个城市工人乒乓球锦标赛开幕[②]。1958年3月9个城市乒乓球锦标赛及21个城市少年乒乓球锦标赛,1959年中国人民解放军第一届体育运动大会开始举行乒乓球比赛,以及中华人民共和国第一届运动会也有了乒乓球比赛,同时全国青少年乒乓球锦标赛也在这一年举行。这些赛事促使群众性乒乓球运动得到迅速发展,基层活动广泛开展,竞赛活动甚为活跃,技术水平不断提高,涌现出一批乒乓球运动技术骨干,带动了乒乓球新生力量的迅速成长及乒乓球运动员技战术水平的提高,对我国乒乓球运动的普及和提高起到了积极的推动作用。

1956年,大力发展基层体育成为一股热潮,由于上海曾作为五大通商口岸之一,近代体育传入较早,另外上海那时工业发达,工厂集中,生活条件也比较好,所以利于开展体育运动。因此,上海在群众体育方面的发展领先于我国其他城市。20世纪50年

---

① 中国体育年鉴编辑委员会编.中国体育年鉴(1949—1962)[M].北京:人民体育出版社,1964:724.

② 王继民.沈阳市体育志[M].沈阳:沈阳出版社,1989:132.

代,最受职工欢迎的运动项目有球类和广播操。1952年参加广播操及工间操的职工仅6.8万人,到1954年6月,已达46万人。职工体育最活跃的行业有商店、印刷、铁路、邮电、军需、建筑等系统,参加活动的职工都超过了总职工数的40%。随着体育的开展,工人运动队迅速增多,1955年工人运动队共有11918个,锻炼小组1008个。当年全市共进行竞赛2612次,有76万人参加比赛。那时的上海自上而下,很多工厂和企业都建立了体协。那时把体育组织的地位与妇联及工会并驾齐驱,有的大企业成立专门体协,如上海有名的火车头体协。这些体协主要负责竞技体育的发展,带动职工体育发展。上海乒乓球运动的普及尤为突出,1954年到1955年短短的两年间乒乓球运动规模不断壮大(图3-3),1954年全市有乒乓球队4733个,乒乓球台7222张,当年比赛1441次,有4万余人参加。至1955年,乒乓球队增至7264个,乒乓球台8701张,当年比赛1745次,参赛人数从4万增加到5.7万之多[①]。1956年,由于政府重视青少年体育运动,把旧上海的跑马厅一角开辟为上海市体育馆,首先投入使用的便是三楼的乒乓房,该房地处市中心,场地十分宽敞,能放十几张乒乓球台,成了当时上海第一流的乒乓房。为了培养青少年,体育馆就利用这个场地搞起了少年乒乓球业余训练,这是上海最早的业余训练。当时的教练是陆汉俊、李宗沛、戴龙珠、李桐芳等。当年"上海跑马厅"的北半部经改建成为目前的人民公园,南半部则改建成人民广场。钟楼和其他附属建筑1949年后曾长期作为上海图书馆、上海美术馆和上海体育馆的所在地。1957年春,体育馆乒乓球训练班成为业余体校的项目之一,向全市招生,训练逐渐趋向正规,但物质条件较差,运动员每次训练的营养费只有一角钱(在训练中间休息时吃一块糕点),球鞋自备,球拍上粘的是从中央商场买来的土制海绵(当时上海还没有生产海绵球拍的工厂)。1959年11月,团中央通知,在全国青少年中广泛组织乒乓球竞赛

---

① 陶人观.上海文史资料选辑(第89辑)[M].上海:上海人民出版社,1998:104.

第三章 计划经济时期的乒乓球运动(1949—1978年)

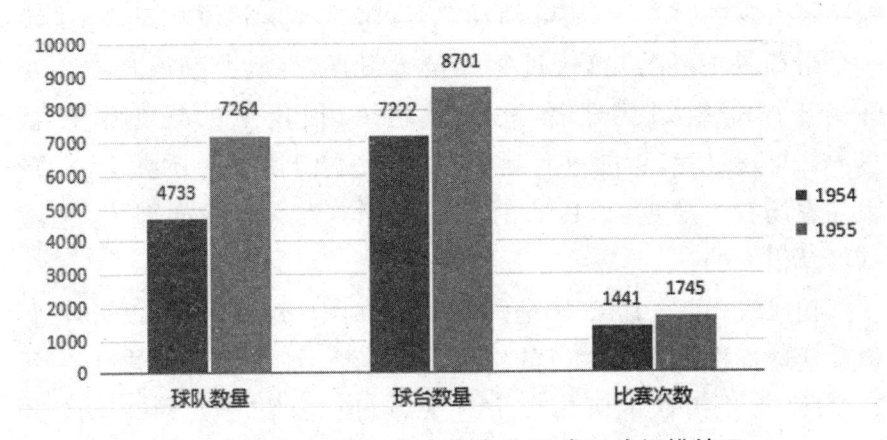

图 3-3　1954—1955 年上海市乒乓球运动规模情况

活动。当月,上海市各报社和电台联合举办了万人乒乓球竞赛。群众性乒乓球运动得到迅速开展,从街道到里弄,到处可以看到打乒乓球的学生。由于普及面很广,在群众中涌现了不少很有前途的苗子。20世纪60年代,群众性乒乓球运动非常活跃,区县级运动队保持在40个以上,基层运动队数以千计,每年层层举办乒乓球比赛,据1964年统计,区县组织乒乓球赛达662次,有5.3万人参赛。每年各级体委批准的等级运动员数以千计,如1962年批准一至三级乒乓球运动员1747名,1963年批准2206名,1964年批准1167名。这段时期是上海乒乓球运动的鼎盛时期。由于上海乒乓球成绩突出,向国家输送的人才众多,因此上海被誉为"中国乒乓球运动的摇篮"[①]。1959年容国团在第25届世界乒乓球锦标赛上首获男子单打冠军,1961年中国男团在世锦赛上第一次夺冠。于是,从城市到农村,从工厂到学校,到处是木制、砖头做成的球台,乒乓球热规模空前。"文化大革命"时期,算是上海群众乒乓球运动的低谷期,但即便如此,上海老百姓对于乒乓的热爱可一点也没减少。老韩回忆说,当初他18岁作为知识青年到上海郊区的农场,擅长文体活动的他被安排在农场里的工会,组

---

① 《上海体育志》编纂委员会.上海体育志(第二编)[M].上海:上海社会科学院出版社,1996:38.

织年轻人参加乒乓球、篮球活动。"当时乒乓房就设在滩涂上,就一个最简易的乒乓台,硬件条件虽然很匮乏,但大家很开心。"老韩当年既是组织管理者,也身兼教练,他定下的规矩很有意思——打得过我,就能进乒乓队。"当时上门挑战的还真不少,原因是农场有个规定,乒乓队的人一周有半天可以脱产训练,这诱惑可是很大的!"

在武汉,经过1955年全国大中城市乒乓球联赛和1956年全国乒乓球锦标赛在汉举行的洗礼,武汉乒乓球运动从此进入一个新阶段,市代表队的阵容扩充壮大,由原来的10人增至28人。增建市少年、儿童代表队,经过几个月的刻苦训练,涌现出一批少年、儿童优秀新手,如胡道本、魏文斌、叶善富、鄢裕尧、钟友香(女)、钱培华(女)、王淑华(女)等。学校、企业和其他单位的乒乓球队共有千余个[1]。浙江的绍兴,在1959年就曾经开展5万人乒乓球比赛运动[2],极大地刺激了当地乒乓球运动的广泛普及。

为鼓励人们积极参加体育锻炼,促进体育运动的广泛开展,更好地为社会主义建设和保卫祖国服务,1958年10月20日国务院全体会议第81次会议批准"劳动卫国体育制度"[3],因此,群众体育得到快速发展,尤其是职工体育发展较快。每年元旦或春节期间,均组织大规模的军民万人长跑活动。各系统、各单位之间的职工体育竞赛活动蓬勃发展,涌现出市邮政局等一批全国、全省群众体育先进单位。农民体育也取得了长足发展,每逢假日,市郊区农村都自发组织开展各种体育竞赛和健身活动[4]。在大跃进的历史特殊时期,"政治体育"积极带动及组织群众参加体育运动,成效显著,多地出现"万人参赛""万人运动"的体育热。

1959年第25届世界乒乓球锦标赛在德国多特蒙德举行,男

---

[1] 武汉地方志编纂委员会.武汉市体育志[M].武汉:武汉大学出版社,1990:97.

[2] 绍兴开展五万人乒乓球比赛运动[N].宁波大众,1959-12-30(07).

[3] 古柏.新世纪中国体育发展理念的思考——以奥林匹克宗旨为参照[J].体育与科学,2006(06):16-22.

[4] 海口市地方史志编纂委员会.海口市志(下册)[M].北京:方志出版社,2004:1970.

第三章 计划经济时期的乒乓球运动(1949—1978年)

子单打决赛在中国队年仅 21 岁的容国团与匈牙利名将西多之间展开,最终容国团夺得了中国有史以来的第一个世界冠军,极大地振奋了民族精神,在国际上产生了较大的影响。随着容国团的夺冠,乒乓球热潮开始席卷神州大地。1961 年第 26 届世乒赛在中国举行,为了迎接新中国首次举办乒乓球世锦赛,群众乒乓也掀起了高潮。尽管因为物质的贫乏和现代体育基础的薄弱,场地和器材都成问题,但在热情面前一切都不是问题,一切障碍都不再存在。没有球拍,用三合板甚至纸板可自制;没有球台,课桌、餐桌、门板可以凑合,直接在水泥地上画几条线也可以挥拍对战;球网就更简单了,竹竿、砖头、绳子全能充数;没有对手也不怕,墙壁或者地心引力都可以对练。国家体委为了迎接第 26 届世乒赛,全国上下提早齐动员,号召掀起全国乒乓球训练热潮。乒乓球当时主要在大中城市和学校推广,不过风行的程度足以"惊世骇俗"。那个时代,那种氛围,是喜好乒乓球运动者的天堂。各级政府、企事业单位和学校也都纷纷组织不同规模的乒乓球比赛,参加者众多。在上海市由报社和电台举办的一次乒乓球比赛中,从基层预赛开始,总的报名参赛人数竟然达到令人瞠目的 100 余万[①]。在广东,在第 25、26 届世界乒乓球锦标赛中国队取得辉煌成绩的鼓舞下,广东群众性乒乓球活动掀起新高潮。广州市体委、总工会、团市委联合举办"万人乒乓球赛",全市有 3000 多个单位、62 万人参加。澄海、海康、江门、新会等市、县也先后举行了"万人乒乓球赛"或"一人一拍"活动。各市、县业余体校乒乓球班纷纷建立,简易水泥乒乓球台遍布各地[②]。

中国乒乓球队不断取得的进步推动了乒乓球项目的开展。特别是 1963 年第 28 届世乒赛以后,受中国乒乓球队取得的优异成绩的鼓舞,各行各业广大群众决心以乒乓球队为榜样,学习他们敢于斗争、敢于胜利的革命精神,建设祖国,保卫祖国,全国掀

---

① 梁言,王鼎华,袁虹衡.国球传奇[M].太原:山西教育出版社,2013:47.
② 广东省地方史志编纂委员会.广东省志·体育志[M].广州:广东人民出版社,2002.

起了乒乓球热,很多中小学的学生积极参与其中①。1963 年 10 月,团中央、教育部、国家体委联合倡导女少年开展乒乓球运动;1964 年 2 月,在武汉举行了全国 21 个城市女少年乒乓球锦标赛;1965 年又举行 23 个单位男少年乒乓球锦标赛;1966 年举行 21 个单位女少年乒乓球锦标赛。

1966 年 5 月,史无前例的"文化大革命"开始后,由于政治形势的影响,中国体育被畸形化。在教育系统,学校体育被生产劳动替代,学校体育训练也被军事训练替代,群众体育活动因为政治环境的变化骤然降温,体育场地设施成为批斗的常用地,人们不再从事各种形式的体育娱乐和竞赛活动,群众体育几乎消失。从解放后 50 年代到 60 年代群众体育运动的起步、发展、快速进步,却陡然下滑,城市群众体育跌入冰谷,此种情况一直持续到 70 年代初才开始改观。但广大的农村却在夹缝中有所发展,知识青年成为农村开展体育活动的主力及指导者②,乒乓球活动随着城市青年的到来而逐步在农村被熟知及扩散,人民在农忙之余,在晚上时间,利用简易器材与场地从事乒乓球活动。这些都在一定程度上促进了农村乒乓球活动的普及与提高。

二、20 世纪 70 年代:总体恢复与局部发展

1971 年,"乒乓外交"成功打破中美之间 22 年的"坚冰",竞技体育为政治服务的功能与作用被充分体现,在"大讲政治"的特殊历史时期,无疑给了乒乓球运动复苏的良机。1971 年我国乒乓球队参加了第 31 届世界乒乓球锦标赛,访问了尼日利亚、埃及、锡兰、古巴、智利、南斯拉夫、法国、意大利、瑞典、英国、爱尔兰、丹麦,参加了第 14 届斯堪的纳维亚乒乓球锦标赛,接待了加拿大、

---

① 郭磊. 激动中国:新中国体育宣传画图典(1952—2012)[M]. 北京:当代中国出版社,2012.
② 谢丹."文革"时期农村体育兴盛原因探析[J]. 体育研究与教育,2015,30(04):48-51.

美国、哥伦比亚、尼日利亚、英国、澳大利亚、日本、南斯拉夫等乒乓球队的来华访问与交流。随着乒乓球竞技活动的逐步恢复,全国各地的乒乓球群众组织开始重新统筹安排工作,开展群众性乒乓球运动,推广先进技术,选拔、培训乒乓球后备人才及教练员、裁判员等,群众乒乓球活动也开始慢慢走上正轨,全国群众"乒乓球热"开始重新升温,局部地区群众乒乓球发展迅速。

学校乒乓球活动首先步入正轨。由于"文革"对学校体育、卫生工作的严重破坏,加上一些学校特别是农村中小学条件不好,体育、卫生设备很差,很多学生的健康状况不好。"文革"后国家积极推行《国防大学体育锻炼标准》,广泛开展群众性体育活动,结合学军和战略开展军事体育活动,在普及的基础上建立运动队,开展业余训练,提高运动技术水平。1978年《中华人民共和国宪法》第十三条规定:"使受教育者在德育、智育、体育几方面都得到发展,成为有社会主义觉悟的有文化的劳动者。"4月14日,教育部、国家体委、卫生部联合下达《关于加强学校体育卫生工作的通知》。5月12日,国务院在批转1978年全国体育工作会议纪要中明确指出:"坚持普及与提高相结合的原则,进一步广泛开展群众体育活动,重点抓好关系两亿青少年健康成长的学校体育工作。"[①]这一系列政策与措施对学校体育工作的重视,使得学校体育开始步入正轨,大部分中小学开始系统组织乒乓球代表队训练及竞赛,乒乓球活动成为学生最为喜爱的运动项目之一。

职工体育日趋活跃。"文革"中畸形的职工体育跌入低谷,直到动乱结束后,职工又开始有了锻炼的意愿与要求。1978年中华全国总工会召开了第九次全国代表大会,在通过的《中国工会章程》中,规定各级工会"办好文化体育事业,组织好业余文艺体育活动",推动了职工体育活动的迅速开展。1977年和1978年,国家体委相继举办了八城市工人足球比赛和十二城市职工篮球比赛。据不完全统计,全国有31000多人参加了1900多个职工业

---

① 崔乐泉,杨向东.中国体育思想史·现代卷[M].北京:首都师范大学出版社,2008.

余体育代表队。就全国来说,职工体育活动已经达到或超过"文化大革命"前的发展规模和水平,乒乓球也成为职工体育活动的首选项目之一①。在吉林长春市,"文化大革命"后,乒乓球运动被冲击,各项竞赛活动停止。直到1970年下半年才部分地恢复了训练和竞赛活动。长春的群众乒乓球活动在70年代相当活跃,活动开展较好,尤其职工乒乓球发展方面有目共睹。成绩显著的单位有:市政府机关、汽车厂、机车厂、化药厂、柴油机厂、长铁分局等。自1971年以后,市体委、市总工会每年还组织全市职工乒乓球比赛②。

  1971年11月2日至14日,有52个亚非国家和地区的乒乓球代表队在北京参加第一届亚非拉乒乓球邀请赛。日本《朝日新闻》6日刊登该报特派记者渡边写的一篇文章,题目是《惊人的中国乒乓球热》:大篇幅报道中国乒乓球的普及及强大的群众基础。从2日的开幕式起,普通的观众席上一直是超满员。从早到晚,上午、下午和晚上三场比赛,每天有54000乒乓爱好者蜂拥而来。看完比赛的一位年轻的解放军战士发表观感说:"亚非乒乓球友好邀请赛是世界人民友好和团结的胜利。"询问其他爱好者也得到了相同的回答。无论是谁都很高兴,并且对风格高的比赛报以响亮的掌声③。1972年9月17日《宁波大众》报纸第四版报道:"1972年中日乒乓球老运动员进行友谊表演赛,我国党和国家领导人和一万八千多群众一起观看。"在广东从化县,在"文革"开始后的60年代末期,一些来自城市的国家级乒乓球运动员到从化工作,推动了县内群众乒乓球活动的普及与提高。县属机关、企事业单位很多都有乒乓球球队,经常组织乒乓球比赛。到70年代初,群众乒乓球水平已有显著提高。1971年,县体委举办了第一届农民乒乓球运动会,参加比赛的有10个公社和1个场的代

---

  ① 伍绍祖. 中华人民共和国体育史综合卷(1949—1998)[M]. 北京:中国书籍出版社,1999:277-279.
  ② 邹柯. 长春市志·体育志[M]. 长春:吉林文史出版社,1993:98.
  ③ 渡边. 惊人的中国乒乓球热[N]. 朝日新闻,1971-11-12(4).

表队。1972年,县青少年业余体育学校设立乒乓球训练班。此后,县内每年先后派出乒乓球运动员参加市中学乒乓球运动会、第六届、第七届运动会和郊区职工乒乓球比赛等①。在河南省濮阳市的南乐县,20世纪70年代开始兴起乒乓球热潮,乒乓球运动迅速普及到机关、学校、厂矿、农村。县内经常举办各类乒乓球比赛活动,还有专设乒乓球体训班和训练馆②。

第三节 计划经济时期乒乓球运动发展的缘由

一、举国体制的强力保障

新中国成立以后,党加强了对体育工作的领导,通过建立体育领导机构,制订体育制度,对我国的体育行政管理进行规范。1949年10月首先将原中华全国体育协进会改组为中华体育总会筹备委员会,推选青年团中央书记冯文彬为体育总会主任,马约翰、吴蕴瑞、徐英超、荣高棠为副主任,荣高棠兼秘书长。把全国性的体育组织置于党的领导之下。1952年国家体委成立以后,在竞赛、训练、科技、教育、财务、人事、劳保、福利、外事等方面制定和下发了一系列规定、条例和办法,初步形成了我国体育事业的"举国体制"。"举国体制"是计划经济时代的产物,作为"在党中央国务院直接领导下的政府领导机构和社会体育组织相结合的"体育管理体制,其采取集中有限的人力、财力、物力,最大限度地调动各方面的积极性,有效配置全国的竞技体育资源来培养"专业运动员"在管理、训练、竞赛等各个方面形成全国一体化。它具有鲜明的时代特征,政府行使几乎全部管理职权、国家承担绝大

---

① 从化县地方志编纂委员会编. 从化县志[M]. 广州:广东人民出版社,1994:953.
② 王善增. 南乐辞典[M]. 北京:中国国际广播出版社,2006:276.

部分体育事业发展的义务,同时利用行政干预管理手段管理体育事务,举国体制适应当时国家的政治经济体制,在很大程度上效率高,见效快,短短时间内就把中国的体育事业推到体育大国的地位[①]。这一体制一直延续至今,随着中国经济体制改革的转换,其内涵也发生了变化,其表现出的政府对竞技体育资源高度垄断的性质及其结果正逐渐成为竞技体育向国际化、职业化、商业化方向发展的桎梏。

在中国乒乓球运动的普及及辉煌过程中,"举国体制"起到了决定性作用,通过"基层运动队—业余体校—重点业余体校—体工队"的层级训练体系,推动了中国乒乓竞技水平的迅速提高,以学校乒乓球、职工乒乓为中心的各项政策与措施,为群众乒乓球的兴起创造了极为有利的条件和基础。

二、乒乓成就与国家战略的导引

在东西方冷战时期,竞技体育比赛是双方阵营进行"热战"的一个大舞台,在当时有着超出体育内涵的意义和责任,面对面的较量和金牌榜的得失早已超出了体育本身,每一次胜利都被喻为国家强盛或制度胜利的象征,体育成为当时世界各国政治博弈的主战场。新中国成立初期,以美国为首的西方资本主义国家想把襁褓中的新中国扼杀在摇篮中,尤其在台湾问题上对中国极尽孤立及分化,而与苏联的交恶,失去了最大社会主义国家的帮助,中国面临着极为紧张的国际形势与外交环境。1952年,中华人民共和国代表团参加了在赫尔辛基举办的第15届奥运会。1956年,又准备参加在墨尔本举办的第16届奥运会,然而台湾代表团捷足先登,大陆方面要求奥委会驱除台方代表,未被接受,于是拒绝参会。1958年8月19日,断绝了与国际奥委会的关系,退出了15个单项国际体育组织,中国委员董守义也辞去了国际奥委会委

---

① 张娟,李小涛.体育管理学理论与实践研究[M].北京:现代教育出版社,2013:110-111.

第三章　计划经济时期的乒乓球运动(1949—1978年)

员职务。只有国际乒乓球联合会承认大陆,不承认台湾,使得乒乓球运动在中国大陆备受重视①。面对复杂的国际环境及西方对新中国的全方位不认可,体育成为我国恢复自尊,提高自信的主要途径。1952年,毛泽东主席题词:"发展体育运动,增强人民体质。"人民群众参加体育运动的热情空前高涨,乒乓球由于自身对场地要求低及经济方便等特点,适应了当时我国的国情,满足了人民体育锻炼的要求。1959年,容国团夺得了新中国体育史上第一个世界冠军,他打掉了几十年来扣在中国人头上"东亚病夫"的耻辱帽子,在当时国内产生了不可估量的影响力,极大地提升了国民信心,激发了中国人民强烈的爱国主义与民族主义情结,在当时国内及国际社会产生了不可估量的影响力。随着1961年、1963年、1965年三届世乒赛中国乒乓球队在国际乒坛的崛起,奠定了乒乓球在中国体育界的特殊地位,乒乓球成就与国家战略紧紧联系在一起,乒乓故事从此开始。

三、乒乓外交的强势推动

1949年初,中华民族处于一个历史的转折点。当时的中国共产党领导层,特别是毛泽东本人,对于西方,特别是美国,有一定的好感,派出了各届人士游说西方国家在华代表。然而,由于当时特定的历史条件,这番努力收效甚微。在中共代表黄华对美国驻华大使司徒雷登(John Leighton Stuart)的极力挽留失败后,毛泽东十分愤怒,以新华社特约评论员的名义,写下了《别了,司徒雷登!》一文,标志了"一边倒"外交政策的开始。中华人民共和国成立后,西方国家只有英国在中国保留了一个机构不全的临时代办处。恰恰是因为有了这个代办处,时任国际乒联主席的蒙塔古先生才可以通过正常途径来到北京。1950年朝鲜战争爆发后,美国政府恢复了对于国民党政权的全力支持,并且对新中国实行全

---

① 丁东.1970年代体育为中国重返国际社会起的特殊作用[N].南方都市报,2013-07-07(6).

面的经济制裁、文化封锁和政治压迫。在国际事务的各个领域都出现了"谁代表中国"的问题。为了保证国家的统一,毛泽东亲自制订了宁可不参加,也不要"两个中国"或"一中一台"的底线。根据档案资料,1950年1月1日,当时的国际乒联主席蒙塔古给朱德总司令写信,同年6月1日又写信给当时的总工会负责人刘宁一转中华全国体育总会,邀请中国加入国际乒联。1952年赫尔辛基奥运会后,中国奥委会宣布退出国际奥委会。由于国际乒联"乒乓球不受政治制度歧视"的宗旨和蒙塔古先生的努力,1953年,中国乒协加入国际乒联,并参加了在罗马尼亚举办的第20届世锦赛。从此乒乓球成了中国在其后20多年中唯一可以参加世界比赛的体育项目,为20世纪70年代的"乒乓外交"埋下伏笔。

  从20世纪50年代末期美国等西方国家对新中国采取政治上孤立与打压不承认,经济上封锁禁运,军事上包围、威胁与遏制战略,美中关系长期以来处于敌对状态。美国和一些帝国主义国家对中国采取政治上不承认、经济上封锁禁运、军事上包围威胁的政策,企图把新中国扼杀在摇篮里。新中国通过常规外交手段很难立于世界之林。然而体育作为人类的共同语言,体育精神不讲究国家、民族、意识形态,"体育成绩有国界,体育精神无国界",体育不仅仅是单纯的竞赛,而且是没有硝烟的"战争"。新中国成立后在国际舞台上的声音十分微弱,因此体育赛事就成为中国扩大对外交流、彰显新中国形象的重要载体。当时的乒乓球运动是中国留在国际体坛为数不多的主要运动项目,也是中国能在国际赛场一显身手的主要项目。1971年,中国乒乓球队参加在日本名古屋举办的第31届世乒赛,周恩来总理提出要本着"友谊第一,比赛第二"的精神进行友好交流,增进与各国运动员的友谊和团结,让中国乒协邀请一些国家的运动队访问中国。当时处于敌对关系中的中国、美国乒乓球运动员实现了互访,1972年美国总统尼克松访华,中美关系终于破冰,为邦交正常化创造了条件。始于1971年日本世乒赛中美的"乒乓外交"对中美政治格局的重要影响,也使得乒乓球运动成为中国政治外交的重要工具,开创了中国外交的途径与渠道,架起了中外之间的友谊桥梁。

乒乓球等体育运动的兴起是冷战背景下中、美、苏博弈的产物,后来随着毛泽东、周恩来、贺龙等国家领导人的率先示范打乒乓,在政治人物的强大影响下,自此,中国的全民乒乓热潮以难以想象的速度扩散到社会的各个阶层,将乒乓球运动推向了"国球"的宝座。

四、服务于国家的政治需要

中国共产党建政之初,摧毁帝国主义控制,恢复国家主权与独立,维护世界和平,成为新中国成立之初外交的首要任务,但在政治、经济和军事等里里外外都面临着严峻的形势。国内,长期战争创伤和帝国主义、封建主义、官僚资本主义的掠夺,百业萧条,人民生活困苦,部分特务、土匪猖獗,谣言盛行,人心不稳,政权亟待巩固,经济亟待恢复;国外,以美国为首的资本主义国家敌视新中国的存在,通过政治打压、经济封锁、军事包围遏制战略,企图把新中国扼杀在摇篮中,同时由于联合国 20 多年一直承认台湾的中华民国,新中国没有获得其认可,在国际事务的各个领域都出现了"谁代表中国"的问题,外交一度陷入困境。

自古希腊以来,体育一直是外交的重要工具。其作为国家间文化交往的重要组成部分,为跨文化沟通与协商构建了重要平台,也是世界各国和平解决国际争端的通用的、有效的手段。因此,新中国希望借助参与国际体育交流[①],甩掉"东亚病夫"的帽子,振奋民族精神,维护民族自尊,打破西方资本主义国家对中国的封锁,改善中国的国际地位,让世界了解中国,争取获得国际承认,并增进社会主义国家的团结与友谊,因此作为非政府组织的国际单项体育协会成为我国体育外交的突破口,遂与台湾双方展开国际运动组织代表席位的竞争,由于国际乒联秉承"乒乓球不

---

① 伍绍祖. 中华人民共和国体育史(综合卷 1949—1998 年)[M]. 北京:中国书籍出版社,1999:225.

受政治制度歧视"的宗旨和国际乒联主席蒙塔古先生的努力，1953年3月我国正式加入国际乒联，中国乒乓球队是"中华人民共和国"与"中华民国"在国际运动组织代表权的争夺率先取得代表资格的运动组织之一。

1953年3月第20届世乒赛在克罗地亚布加勒斯特举行，中国队第一次组队参加比赛，最终结果并不理想，但男团在比赛中只获得了世界甲级队第10名，而女团的成绩只获得了世界乙级队第3名，但从此开启了我国乒乓球走向辉煌之路。随着国家体委的成立及建立国家队和在全国建立青少年业余体校，中国队选派一批小将赴同为国际社会主义阵营的前苏联及乒乓强国匈牙利，期望能迅速提高我国乒乓球水平及国际地位。1952年中国体育代表团参加了芬兰赫尔辛基举行的第15届奥运会，全军覆没，深深刺痛了中国体育界及全国人民的神经，受"老大哥"前苏联完备的体育管理体制启发，毛泽东、周恩来、邓小平等共同部署，第一个部级国家体育管理机关——中央体委于1952年11月15日成立（1954年改为国家体委），由中央直接负责全盘体育工作。

经过1957年"反右派"斗争，国内政治气氛已迥然不同，加上1957年苏联发射了第一颗人造地球卫星，1957年年底，在莫斯科庆祝十月革命40周年庆典上，毛泽东提出："赫鲁晓夫同志告诉我们，15年后，苏联可以超过美国。我们也可以讲，15年后我们可能赶上或者超过美国。"[1]为尽快改变中国贫困落后的局面，促进国民经济快速提升，1958年5月中共八大二次会议通过了根据毛泽东倡议而提出的"鼓足干劲，力争上游，多快好省地建设社会主义的"总方针，发起了"大跃进"运动，企图在短时间内赶超美英资本主义国家。

为了保证国家的统一，毛泽东亲自制订了宁可不参加，也不要"两个中国"或"一中一台"的底线。在国际奥委会，由于少数人一直蓄意制造"两个中国"的图谋，吸收台湾参加奥委会，1956年

---

[1] 中共中央文献研究室. 毛泽东文集(第七卷)[M]. 北京:人民出版社,1999:323.

第三章　计划经济时期的乒乓球运动(1949—1978年)

1月,董守义一行前往意大利出席奥委会第51次全会,再次申明中国奥委会反对"两个中国"的做法,由于无人呼应,苏联的态度也不太积极,布伦戴奇以奥运会不涉及政治为理由加以拒绝。第16届奥运会在澳大利亚墨尔本拉开帷幕。10月21日,共计92名体育健儿的中国体育代表团组成,准备参赛的项目有举重、游泳、体操、田径、射击、篮球、足球等。但是由于台湾依然受到邀请,侵犯了中国的主权,11月6日,中华全国体育总会在北京宣布,为了反对国际奥委会制造"两个中国"的做法,将不参加本届奥运会。为了民族的尊严,1958年中华全国体育总会发表声明,宣布退出奥委会,随着中断与国际游泳、田径、篮球、举重、射击、摔跤、自行车联合会等国际竞技体育组织的关系,董守义也辞去了国际奥委会委员的职务,但仍保留国际乒联会员代表席位。

从此,国际奥委会和其他单项国际体育组织联合孤立新中国。但中国并没有被不利的国际环境所困扰,"争取两三年内,在若干项目上分别超过和接近世界先进水平",提出十年内要培养出等级运动员5000万至7000万;搞"千人表演""万人誓师"大会等,希望提高人民生产力与创造新的运动纪录,并积极筹备第一届全国运动会。看准了奥运会最能振奋人心,1958年还曾有"走向世界"申办1968年奥运会的"方案",想借奥运会振兴体育、宣扬中华。

1959年容国团在第25届世乒赛获得男子单打冠军,这是中国的第一个世界冠军,宣告了扣在中国人头上几十年"东亚病夫"耻辱帽子的结束,在当时中国产生了不可估量的影响力,掀起了前所未有的乒乓球热,出现了5000万人打乒乓球的盛况。就在他夺冠第二天,国际乒联决定将下一届的世乒赛举办地放在中国,这是新中国第一次获许承办国际性赛事,全国上下非常重视,特意修建了北京工人体育馆。赛前,国家体委通过层层选拔及严格的分地集中集训,对当时的世界乒乓强队针对性研究及强手模仿,并独创近台快攻打法,比赛结果,中国第一次举办国际大型运动赛就勇夺三项冠军,显示了强大的乒乓实力。但随着"文化大革命"的开始,全国体育陷入停顿,正值发展突破的乒乓球队也随之解散,中国队缺席了第29、30两届的世乒赛。

"二战"以后,世界进入冷战时期,1960年代末,美苏争霸进入第二阶段,苏联进攻,美国退守。此时中美两国均陷入各自危机中。中国与前苏联交恶,中苏关系进入严重对峙时期,边境战争一触即发;而美国深陷越战泥潭,且国内种族矛盾、刺杀事件及国内分歧严重、反战情绪高涨,严重威胁到美国的国家利益。其实在1969年春中苏两国在乌苏里江发生边境武装冲突后毛泽东就开始考虑调整对外关系。他让陈毅、叶剑英、聂荣臻、徐向前研讨国际形势,四位元帅讨论了中、美、苏大三角的现状,建言恢复中美大使级会谈,举行部长级或更高级会谈。1970年5月,被政变推翻的西哈努克要求毛泽东发表公开声明支持,美国一度以为中美关系解冻无望。秋天,毛泽东邀请老友斯诺访华,国庆节一同登上天安门,把照片登在第二天的《人民日报》上,想放个试探气球。但这样表达信息过于含蓄,美方没有会意。后中美双方通过巴基斯坦、罗马尼亚等第三方渠道捎信,谨慎地试探高层直接接触,直到1971年4月初日本举行第31届世界乒乓球锦标赛时,双方尚未达成共识。"毛泽东打算用中国一个古老的计策来对付中国面前的各种危险:以夷制夷,远交近攻。尼克松则基于美国社会的价值观,援用了威尔逊总统的原则,建议请中国回到国际大家庭中。"①美国对华政策开始调整,希望"联中共以制苏联",发出了希望早日改善中美之间关系的信号,而我国为国民生计之打算也有"联美国以制苏联"之思考,中美都有了改变相互关系的需要。

"一届没有代表世界上最高水平的中国队参加的世乒赛,就不成其为世乒赛"②,日本乒乓球协会会长、亚洲乒乓球联合会主席后藤甲二先生,鉴于中日多年的友好体育交流,多方游走说服其他成员国同意邀请中国队参赛,在后藤甲二的努力下被周恩来

---

① 亨利·基辛格.论中国[M].北京:中信出版社,2012:195.
② 唐灏.乒乓外交高层内幕 一个细微事件开启一个时代[M].北京:当代中国出版社,2012:69.

第三章 计划经济时期的乒乓球运动(1949—1978年)

在"文革"中竭力保留下来的中国乒乓球球队前往参赛。庄则栋作为中国参赛的乒乓球运动员,偶遇上了美国乒乓球运动员科恩,主动与他搭讪,并将一幅中国杭州织锦黄山风景画作为礼物赠送给科恩。没想到,短短几分钟的友好交流,引起中美冷战20多年后的震惊。各大媒体纷纷以显著位置图文并茂报道这一突发事件,世界各国密切关注事态的发展,毛主席、周总理等中国最高层领导运筹帷幄,果断决策……没过几日,美国乒乓球代表团应邀访问中国。周恩来总理在北京人民大会堂接见了美国乒乓球队的成员,他引用《论语》中"有朋自远方来,不亦乐乎"的名句欢迎美国客人。他还说:"你们这次应邀来访,打开了两国人民友好往来的大门。"访问期间,美国队在北京和上海进行了两场表演赛。美国代表团还参观了中国的名胜古迹,登上了长城,参观了清华大学等地方。周恩来总理会见美国乒乓球队的消息迅速传遍了全球,很快,尼克松总统发表声明:(1)加快发给中国访美的个人及团体签证速度;(2)允许中国使用美元;(3)取消对前往中国或来自中国的船只及飞机的燃料供应限制;(4)准许悬挂外国旗帜的美国船只停靠在中国港口,这几项声明宣布结束已长达20年的对华贸易禁令。同年10月,中国取代台湾在联合国的席位。乒乓球成为一把打开中美两国相互紧闭了22年大门的钥匙。同年12月28日,周总理任命庄则栋为我国首个访美代表团团长。1972年2月尼克松一行访问中国,尼克松到达北京,成为第一位来华访问的美国在任总统。走下舷梯后,他和周恩来总理进行了被媒体称为"跨越太平洋的握手"。2月28日,两国在上海发表中美联合公报,中美关系走向正常化。以体育为桥梁,相互打开窗口,最终促进两国外交关系的重大转变,这成了国际外交史上精采绝妙的一笔。1972年4月,中国乒乓球代表团应邀回访美国,受到尼克松总统的接见。他们还在白宫玫瑰园同美国球手比赛,并到底特律、迪士尼乐园等地参观、游览,引起美国以及世界的轰动。本次交流活动表面上是以中国与美国两方的国家乒乓球代表队相互邀访为媒介,实质上却是提供了两国领导人隔空表达友好之管道。成功打破当时中国与美国在政治上的僵局,这是中国外交史上浓墨重彩的一笔,被称为"乒乓外交"。

中国改革开放之前,在国际舞台上的参与并不多,体育赛事是中国和世界增进了解的重要渠道。中美所开展的乒乓外交,一方面都是意在通过体育赛事,来达成传播和平的意图,发展双方友谊,是一种桥梁作用;另一方面,乒乓外交各方面都想借助乒乓球赛事来表达在正式场合难以或不适合直接摆明的政治态度。乒乓球赛事仅仅是一个促进中美双方相互接触的事件,而在中美双方都难以在正式场合直接突兀地接触时,通过所有国家都可以进行的、民间的、体育赛事来达成双方的接触无疑是最佳选择。第一,如果美国正式访问中国,这是在之前中美长期对峙和隔绝的国际形势下难以想象的,也是一定会受到舆论、人民的质疑的,然而美国乒乓球队访问中国,则完全可以被解读为民间的体育交流,当然也是中美正式接触的一个先遣过渡手段;第二,美国乒乓球队来华,要求访华和接受要求的决定都是两国最高领导人做出的,他们抓住了中国契机,正式将两国交流从幕后推往台前,双方同时发出政治信号,结束了双方在各方面的相互隔绝[①]。"乒乓外交"促使中美关系解冻,改变了整个世界形势,而且协助中国重回国际社会,并成功加入联合国、重返奥林匹克委员会,这是任何体育运动所不曾成就的历史奇迹。

1952 年成立的亚洲乒联由于在美国的操纵及把持下,在 1953 年就把台湾吸收为会员,严重损害了"一个中国"的原则。中国借助与美国"乒乓外交"的契机,在日本乒协、韩国乒协等支持下乘势退出了亚洲乒联,重新组织了一个亚洲乒乓球联盟,并于 1972 年 9 月 2 日至 13 日,在北京举行了新的亚乒联盟主办的第一届亚洲锦标赛,参赛的国家和地区达到 31 个;而 1972 年 12 月由印度尼西亚为首的旧亚乒联举行的第 11 届亚锦赛,前来参赛的只有 5 个代表团,而且其中好几个国家只派出了三五个选手作

---

① 王杨宇航. 新中国以来"乒乓外交"的效果探析[J]. 华人时刊,2015(4):2.

第三章 计划经济时期的乒乓球运动(1949—1978年)

为点缀。随着旧亚乒联的缔造者印度决定参加新亚乒联,旧亚乒联彻底崩盘,标志着亚洲乒乓球运动进入一个新的发展阶段[①]。1976年国际乒联在印度加尔各答召开的第33届代表大会,承认亚洲乒乓球联盟为亚洲新的乒乓球正式管理组织。台湾不得已只能以"中华台北"身份加入亚洲乒乓球联盟,随着中美"乒乓外交"的巨大影响及新成立亚洲乒乓球联盟,我国开始积极谋划重返奥运会及加入各国际运动单项体育组织,开始取代台湾成为国际体育组织唯一代表,台湾节节败退,直至逐步退出国际体育运动组织。从1971年起,中华人民共和国取代"中华民国"在联合国的席位,台湾同时退出,许多国际组织都以台湾退出的方式,重新接纳中华人民共和国,中华人民共和国在国际组织中逐渐取代了"中华民国"的地位,大陆重返奥运会,自然成为大势所趋。1978年中国大陆恢复了在国际田径和体操联合会的席位,驱逐了台湾代表。外交部门希望乘胜追击,在国际奥委会一举取代台湾。在国际奥委会恢复我国席位之后,台湾体育组织以我国地方机构名义留在国际奥委会内,但不得使用原旗帜和歌曲。此后,经过中国政府、国际奥委会和台湾方面多次沟通、博弈,国际奥委会执委会终于在1979年10月25日举行的名古屋会议上,以62票赞成、17票反对、2票弃权通过了决议,恢复中华人民共和国奥委会席位,台湾在改旗、改徽、改歌的前提下,以中国台北名义保留会籍。而台湾想参加国际竞赛,只能以"中华台北"的身份出席国际体育竞赛[②]。

体育本来不应当承担过多的政治职能,但是,在历史上既有政治利用体育放大敌意的事例,也有体育工作者为化解政治敌意作出独特贡献的事例。新中国成立初期,面对外部世界的敌意和排斥,体育担当了超越其自身的职能,几乎任何重大的体育比赛背后,都事关国家的政治主张和外交关系。"乒乓球就是当年打开沉重国门的第一个成功的尝试。尼克松说:"乒乓球虽小,但是力量大,小球推动了中美两国友谊的发展。"

---

① 国际时事[M]. 广州:广东人民出版社,1972:77.
② 大公报社人民手册编辑委员会.1963人民手册[M].大公报社,1963:436.

第四章 走向改革开放时期的乒乓球运动(1979—1992年)

1978年11月历时36天的中央工作会议于北京召开,邓小平发表《解放思想、实事求是,团结一致向前看》讲话,重新确定了党的思想路线,也成为十一届三中全会及党的各项工作的根本指导方针。1982年9月1日在党的十二大会议提出"建设有中国特色的社会主义",集中力量进行社会主义现代化建设。事实上,要达成实现中国四个现代化的战略目标,最为重要的就是对内要"改革",对外要"开放",也就是日后家喻户晓的"改革开放"。"对外开放",并不是简单地扩大对外经济交往,而是优先设立经济特区与开放沿海城市来发展开放型经济,更是对西方国家的思想、文化、观念及思维的开放。国外的 F. Ash 和 Y. Y. Kuen 出版的《The Chinese economy under Deng Xiaoping》,Brian Hook 出版的《The individual and the state in China》,Stanley B. Lubman 出版的《China's legal reforms》,Andrew Walde 出版的《China's transitional economy》[1]都是研究邓小平提出"改革开放"的主要作品,如同 Debicka,Dorota 所言:"邓小平制定的对内经济体制改革政策,使国家能够从'大跃进'(1958—1962)造成的崩溃中恢复过来。80年代初的转型实现了'中国特色社会主义',为当时中国经济的快速发展奠定了基础。而对外制定的'开放'政策,主要包括为外商投资和新技术转让(包括建立经济特区)创造有利条件,

---

[1] Benewick Robert. The Chinese economy under Deng Xiaoping/The individual and the state in China/China's legal reforms/China's transitional economy[J]. International Affairs,1998,74(1):239-242.

第四章　走向改革开放时期的乒乓球运动(1979—1992年)

使得中国的农业、工业发生了根本性变革,中国在争取全球经济领先中获得了前所未有的胜利。"[①]诚如邓小平所言"改革开放是决定中国命运的一招",邓小平的改革开放开创了新的中国模式,奠定了中国的当代基础,改变了20世纪后期的中国,也影响了世界。随着现代化建设的向前推进,中国运动逐渐朝着理性化、个性化及市场化方向迈进。

"文革"结束后,具有中国特色的体育改革开始实施,其改革的措施与策略是建立在中国特色社会主义基础上贯彻与进行的,其后中国体育改革所取得的成就与我国经济领域的发展和邓小平的改革开放成果紧密相连。中国体育改革主要是改革思想观念方面的障碍、体制及运行机制上的羁绊。因此在邓小平时代,中国乒乓球运动发展的走向主要受"改革开放"及"中国体育改革"所统领。

第一节　竞技乒乓走向巅峰,冲向卓越

1978年11月10日开始经历三个阶段的中央工作会议在北京召开,邓小平代表党中央作了题为《解放思想,实事求是,团结一致向前看》的重要讲话。要求"解放思想、发扬民主、拨乱反正",核心是改革经济管理体制、大胆引进国外先进技术设备,吸收外国资金,加快建设速度,这次为期36天的中央工作会议,摆脱了"两个凡是"的思想束缚。1978年12月18日至22日,中共十一届三中全会在北京召开。这是在"文化大革命"结束后,中国面临向何处去的重大历史关头而召开的一次历史性会议。此次会议,确立了新的思想路线、政治路线、组织路线,作出了"把全党工作的着重点和全国人民的注意力转移到社会主义现代化

[①] Debicka, Dorota. Deng Xiaoping's reform and its impact on the economy of modern China[J]. Pisma Humanistyczne, 2013(9):139-154.

建设上来"的战略决策,开始以经济建设为中心的历史性转变。十一届三中全会宣告中国开始走上改革开放的道路。1978年12月16日,北京政府与华盛顿政府同时发布联合公报,决定次年1月1日起互相承认并建立外交关系,美国承诺"一个政府"原则,台湾是中国的一部分。1979年国际奥委会"名古屋决议"恢复我国在国际奥委会的合法席位,中国得以重返奥运大家庭。1978年十一届三中全会提出的改革开放是在党的历史上具有深远意义的伟大转折,同样也影响到当时中国体育的发展。1978—2008年30年来,我国经济发展平均速度为9.8%,我国改革之所以能取得巨大成功,关键在于改革开放[1]。国力强则体育盛,2018年12月18日国家体育总局召开庆祝改革开放40周年专题座谈会上张国政表示:"40年的改革开放政策,中国从站起来到强起来,又到富起来。国运兴则体育兴,如果国家实力不强大,我们根本没能力从事体育事业",改革开放是中国体育改革的强大动力及保障。

受十一届三中全会影响,中国体育经过三年的调整,1980年"举国体制"正式形成,明确了中国竞技体育优先发展的战略,本年国家体委开始组织改革,分设了运动司、球类司等机构,细化了管理权责;1981年开始进行着重提高体育总会协会地位的改革试点;1982年再一次对运动项目进行细化管理,将原有的运动司、球类司、军体司分解为训练竞赛一、二、三、四司,乒乓球则归属球类项目的训练竞赛二司管辖。同一时期,虽然教育部也颁布了一系列草案及制度,如《全国学生体育运动竞赛制度》《中小学体育卫生工作暂行规定》等[2],但都滞后于竞技体育的实际发展。至1980年底中国已是37个单项国际体育组织和18个亚洲体育组织成员,在国际体坛打破8次世界纪录,获得3个世界冠军[3]。

---

① 冷溶. 走向辉煌的60年[N]. 北京日报,2009-11-09(017).
② 王丽娟,周波. 中国体育管理体制改革二十年[J]. 福建体育科技,2002(06):4-6.
③ 1981年国务院批转国家体委关于省、自治区、直辖市体委主任会议的几个问题的报告的通知[C]. 1981-04-22.

第四章 走向改革开放时期的乒乓球运动(1979—1992年)

1983年进行"开创体育新局面",要求努力提高技术水平,加强优秀运动队建设,提出了发动社会力量办体育,倡导与国外城市结成友好城市,继续加强国际交流与合作①。同年,"三级训练体制"的选材与训练系统正式形成。在短短时间内,中国竞技体育进步令世界震惊,1982年亚运会勇夺金牌、奖牌第一;1984年第23届奥运会,中国首次进入金牌榜单前四名,开始进入世界体育最强阵营。得益于此种训练系统,中国乒乓球队在1981年第36届世乒赛首次囊括所有金牌,并在第37届、38届世乒赛再创辉煌,除了混双项目外获得其他项目的所有金牌,第39届世乒赛再斩获总金牌中的6枚。

1984年10月《中共中央关于进一步发展体育运动的通知》,再一次重申及明确体育在现代化建设的重要性。随着《关于体育体制改革的决定(草案)》在1986年的颁布,其关于领导与管理体制、训练与竞赛体制、体育科技体制等10个方面共53条改革措施,标志着中国的体育改革全面铺开,总体而言,此次改革解决了部分现实困局,但在经费、责权、管办不分等深层次问题上依然没有得到改善。1986年国家体委提出"体育工作必须坚持改革、开放、搞活的方针,扎扎实实地前进"。1989年体育进行单项运动竞赛改革,推动了群众体育的普及与提高②。

1979年以前,我国的体育竞赛以国内为主,1979年我国恢复在国际奥委会的合法席位以后,即转为以世界竞赛为主,把世界各国的精兵强将通过开展国内竞赛,为国际竞赛准备条件,积蓄力量。我国的体育竞赛,重视赛技术,也重视赛风格,通过比赛,学习别人的长处,克服自己的短处。要在赛场上体现出中华民族文明礼貌、勤奋踏实、顽强勇敢的优良品格和新中国意气风发的精神面貌。30多年来,我国的全国运动会已经开过5次,参加大规模的国际比赛有第23届奥林匹克运动会,第7至10届亚洲运

---

① 国务院. 国务院批转国家体委关于进一步开创体育新局面的请示的通知[C]. 1983-10-28.

② 国家体委. 全国体育运动单项竞赛制度(试行)[C]. 1989-06-11.

动会等,其他单项比赛、小规模的比赛,每年不下数百次,参赛者数千人①。

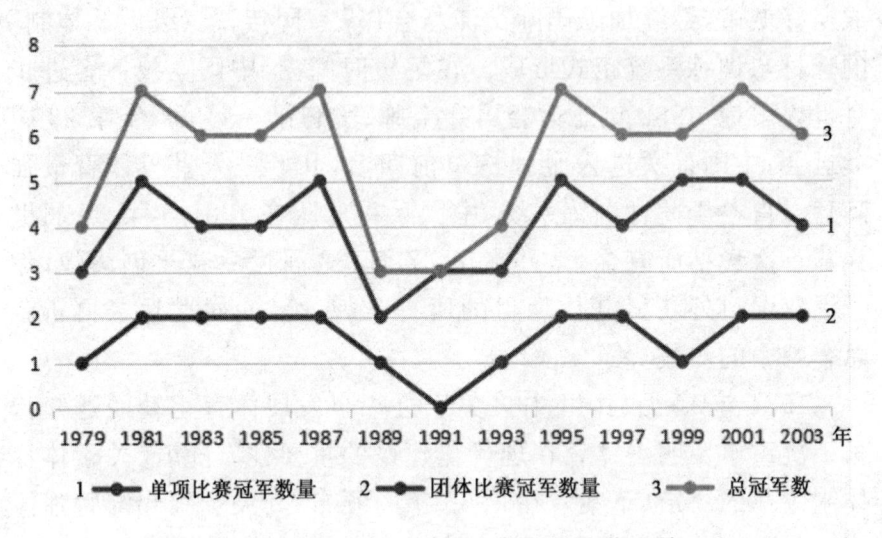

图 4-1　1979—2003 年世乒赛中国队获金情况

1979 年,李富荣率队参加了第 35 届平壤世乒赛,却遭遇滑铁卢,这是从 1961 年以后,我国男子乒乓球队输得最惨的一次比赛,男子 3 个项目上均无缘问鼎,男乒只得半块金牌(混双),中国队在男团决赛中对决以约尼尔、克兰帕尔和盖尔盖伊为核心的匈牙利队痛失几乎到手的斯韦思林杯。用直板正胶快攻打法的葛新爱又在决赛中凭借搓攻结合的战术直落三局,击败东道主选手李松淑,重新为中国队捧回吉·盖斯特杯。本届世乒赛女子方面:女子双打冠军是张立、张德英,混合双打冠军是梁戈亮、葛新爱。平壤归来,中国乒乓球队承受了很大的压力,"拿亚军都意味着失败"更何况男队只得金牌半块,质疑声及批评纷至沓来。1981 年 4 月,第 36 届世乒赛在南斯拉夫诺维萨德展开,经过"知耻后勇"的中国乒乓球队,深刻反思了失利原因,重新全盘谋划,誓打翻身仗,在男团决赛中与上届老对手匈牙利队再次相遇,这

---

①　何仅,黄河清,王点等.社会主义精神文明建设手册[M].北京:中国新闻出版社,1988:297-300.

第四章 走向改革开放时期的乒乓球运动(1979—1992 年)

次不负众望,险胜匈牙利队,洗刷了上届失利之辱;女子团体赛队成功卫冕,同时还获得五个单项的全部冠亚军,震惊了世界,也全面奠定了中国乒乓球队在世界乒坛的霸主地位,也向世界发出了最强有力的宣告:中国才是世界上真正的乒乓强国!

从 1983 年的东京世乒赛,1985 年的哥德堡世乒赛,1987 年的新德里世乒赛,中国乒乓球队继续保持强大的团队优势,三届世乒赛除了 3 个单项旁落他家没有获得冠军外,豪夺 18 枚金牌,而这三届金牌总数才仅仅 21 枚。

辉煌过后,中国队开始进入到发展瓶颈期,尤其是以瑞典队为代表的欧洲实力逐渐凸显,他们的横板弧圈技术引领了此时的乒乓球潮流,进步明显,而中国队此时传统直板快攻打法的劣势逐渐暴露,技术对抗失去优势,而且人才储备少,尤其高水平乒乓球运动员缺乏,队伍衔接出现青黄不接之势。1989 年德国多特蒙德第 40 届世乒赛,在男团、男单、男双和混双冠军的争夺上均告失利,瑞典乒乓球在著名运动员瓦尔德内尔的带领下,一飞冲天,全面压制中国队,简直重复了第 36 届世乒赛中国队的辉煌。1991 年日本千叶世乒赛男团仅获第 7 名。瑞典队成为中国乒乓球队绕不过去的大山。令人遗憾的是,中国女团也在决赛中第一次负于朝韩联队,虽然邓亚萍获得女单冠军,还获得女双和混双冠军,但中国队跌入历史低谷却是不争的事实。1989 年从意大利回国的蔡振华临危受命,当年在第 2 届世界杯团体赛上中国男队决赛击败"老冤家"瑞典获得金牌冠军。1992 年巴塞罗那奥运会,男子双打获得金牌,这也为中国男队复苏吹响了号角,本届奥运会邓亚萍独得女单、女双两块金牌。

从 1979 年第 35 届世乒赛到 2003 年法国巴黎第 47 届世乒赛,中国乒乓球队在世乒赛获得了 95 个冠军,金牌获得率达到恐怖的 87% 之巨,而且男团女团都曾 5 次蝉联冠军。但也有挫折,其中中国乒乓球队在第 40、41、42 届世乒赛连续三届痛失男团冠军,对世界乒坛霸主的中国而言不啻于一个重大打击,因为"不拿冠军意味着失败",瑞典队成为中国世乒赛夺冠路上最大的"绊脚石"。

随着改革开放的深入,中国大力发展出口贸易,其经济影响力遍布全世界。1978年,GDP为3645.2亿元[①],人均GDP381元,到2003年,GDP总量达到138314.4639亿元(人民币),人均GDP3678.70亿元,世界排名从1978年的第9名到2003年的第6名[②]。但是中国运动员的收入并没有明显增长,乒乓球运动也是如此。由于改革开放结束了"闭关自守"的封锁状态,中国与国际社会的体育交流越来越频繁,出于各种原因,一些乒乓球运动员走出国门,到亚洲的日本与欧洲去做教练、运动员,形成所谓的"海外兵团"现象,在1992年世乒赛享有"双保险"之称的邓亚萍与乔红也遭遇海外兵团的阻挠,这是14年来女队在世乒赛中首次未进决赛,这些现象引起了中国乒乓球界的高度关注和重视。由于在国外能获得高额的收入及较高的地位,乒乓球人才外流在一定的阶段内给中国乒乓球运动带来了不小的压力和冲击,部分运动员受此影响很大,严重干扰了正常的运动及竞赛。前国家体委主任伍绍祖认为:"数百名优秀乒乓球运动员擅自出国打球,严重影响了运动员队伍的稳定,对中国乒乓球的发展,产生了不利的影响。"[③]乒乓球运动的赛制及体制改革已越来越不适应市场经济的发展,改革势在必行。中国乒协分别举办了全国乒乓球奥运重点省市的男队主教练和业余体校教练员研讨班,分析形势、确定方向、言深意切、切中时弊,并确定了训练的原则和方向,这对中国乒乓球运动的发展起到了重要作用。

---

① 张元湖.改革开放30年经济理论创新与经济发展[J].贵阳市委党校学报,2008(06):13-15.
② 国家统计局.辉煌三十年[M].北京:中国统计出版社,2008:2-3.
③ 伍绍祖.中华人民共和国体育史综合卷(1949—199)[M].北京:中国书籍出版社,1999:388.

第二节　大众乒乓遍地开花,但略有回落

"文革"期间,体育被当作"资产阶级享乐思想及行为",一整套体育管理体制被废除,训练体系及竞赛体系完全瘫痪,许多学校体育被劳动教育所替代。粉碎"四人帮"以来,中共中央对"四人帮"倒施逆行的行为拨乱反正,尤其快速恢复了全国各级体委组织架构,重组体育机构及专业运动队,加强全盘统筹领导及指挥,举办了不同类型及规模的运动会,因此全国体育迅速恢复元气,并有了新的进步。

邓小平认为"体育终究是群众性的东西"[1],体育工作很重要的问题就是要增强人民体质"[2]。继承发挥了毛泽东"发展体育运动,增强人民体质"的思想,并且豪言,过去我们是"东亚病夫",以后要做东亚强人。

1978 年,党的十一届三中全会明确了以经济建设为中心、推进改革开放的决策。国务院批转全国体工会议纪要,明确指示进一步广泛开展群众体育活动,尤其重点抓好关系两亿青少年健康成长的学校体育工作,以扭转忽视学校体育的现象。当年先后召开了城市和县的体育工作调查会,初步议论了市、县体委如何工作的问题。即按学校、职工、农村的序列开展群体活动。随后提出了群体工作,以学校为重点,要积极加强对职工体育的领导,在优先发展城市体育的同时,兼顾农村体育[3]。相应的组织领导机构相继恢复,并在次年召开了工作座谈会,就职工体育发展方针

---

[1] 国家体育总局政策法规司.毛泽东邓小平江泽民论体育[M].北京:人民体育出版社,2003:29.

[2] 赵爱国.国际政治视角中的中美体育体制与政策[M].武汉:华中师范大学出版社,2013:73.

[3] 体育文史资料编审委员会.体育史料第 11 辑[M].北京:人民体育出版社,1984:18.

与任务进行了讨论。

1979年2月12—28日全国体育工作会议在北京召开,研究了体育战线如何转移工作重点,讨论修改体育事业发展规划,提出要把"注意力集中到高速发展体育事业上来,努力攀登世界体育高峰"。群众体育要形成以社会为依托、以体育运动委员会为指导、主管部门主要负责的社会分工模式。随后中央政府在体育会议上再次明确了党领导下的以大家为主体办体育的群众体育发展思路,打开了群众体育社会化改革的大门。在学校体育方面,1979年2月,教育部部长蒋南翔在回答《体育报》记者提问时,发表了《现在还是要三好》的谈话,批评了单纯追求升学率,轻视体育的偏向。5月,教育部、卫生部、国家体委、团中央在扬州联合召开了全国学校体育卫生工作经验交流会议,颁布了大中小学体育工作《暂行规定》,要求各级各类学校全面贯彻党的教育方针,把体育作为重要任务抓起来,按照《暂行规定》的具体要求检查验收学校体育工作。新的《国家体育锻炼标准》经国务院批准公布,在学校中普遍施行。扬州会议以后,学校体育发生显著的变化。各级教育部门和学校加强了体育工作的领导,有16个省、市、区教育厅,3个高教厅建立了体育卫生处,许多地、市、县设立了体育科、股或配备了专职干部,不少地、市教师进修学院内增设了体育教学研究机构或人员。各级学校都有一位负责人管体育工作,有些大学、中学设立了体育卫生处,从行政上统一领导体育、卫生工作。全国专职体育教师发展到近12万人。一些城市与个别县的公社以上学校已实现了400名学生配一名体育教师的要求,各地还采取措施,对现有体育教师进行有计划的培训和提高。体育课、课间操和课外体育活动按《暂行规定》的要求实施。不少学校已达到周恩来总理生前提出的:每个学生每天活动一小时的要求。许多地方和学校建立和试行体育课考核制度,体育卫生评比制度、体育场地、器材设备标准化等办法,把各项要求用制度加以具体化,逐步向规范化和正常化方向发展。全国累计有上亿学生达到国家体育锻炼标准。26个省、市、区的2000多所学校实行了

第四章 走向改革开放时期的乒乓球运动（1979—1992 年）

加试体育的办法，这是基层学校的一大创造，体现了国家对学生德智体全面发展的要求，有效地促进了学校的体育工作。传统项目学校发展较快，在普及基础上提高运动技术水平，为国家培养了不少体育后备人才。1979 年以来的几次全国体育工作会议完成了群众体育发展的大调整，也拉开了改革开放新时期群众体育事业的复兴大幕。

1980 年国家体委系统根据中央工作会议提出的"调整、改革、整顿、提高"的方针，进一步消除左倾错误的影响，总结 30 年体育工作的基本经验，明确了群众体育是全民的事业，必须在党的领导下依靠大家办体育。在 1981 年省、市、自治区体委主任会议上，提出了体育工作的政策要搞活，路子要拓宽，逐步改革那种什么事情、什么活动都由国家包下来的做法，鼓励社会力量和群众自办体育，推动群众体育活动的发展。1981 年国务院办公厅发出通知，重申了 1954 年政务院《关于在政府机关中开展工间操和其他体育活动的通知》。

1982 年，《中华人民共和国宪法》修订通过，用根本大法的形式确定了以群众体育促进人民体质增强的任务。党的十二大确立了"计划经济为主、市场调节为辅"的经济管理原则，市场作为资源配置的重要补充逐步得到认可。在这些社会变革的引领下，我国经济社会稳步发展，人民生活水平不断提升，为群众体育恢复奠定了基础。1982 年，全国总工会和国家体委在沈阳召开了全国职工体育工作经验交流会。会上反映的情况说明，职工体育从厂矿、企业、机关的实际出发，从职工群众的需要出发，把各种各样需要和爱好的人吸引过来，组织起来，自觉坚持锻炼的人越来越多，全国参加各种体育活动的职工已达 2000 万人以上，基层组织的职工运动队有 23 万多个，运动员 280 多万。1980 年，全国总工会、卫生部、国家体委还批转了北京市《关于开展职工医疗体育的情况和意见》。之后，又开办训练班，培养骨干，推广好的经验，使医疗体育发展很快。已有 16000 多个厂矿、企业、机关单位开展医疗体育，50 多万慢性病患者从事体育疗法活动。国家体委、文化部、共青团中央于1982年在福建省龙海县角美公社召开了全国农村体育工作会议,根据中共中央《关于关心人民群众文化生活的指示》,提出加强领导,提高认识,从实际出发,积极地、有计划、有步骤地发展方针,农村体育出现了新的发展势头。全国有4万多个公社建立了文化站,6000多个社、镇依靠集体经济力量,建成初具规模的农村文化中心,一个以文化中心、文化站、俱乐部、青年之家为主要活动阵地的农村文化活动月正在逐步地建立起来。体育是农村文化活动的重要内容,许多地方积极修建体育场地,组织体育队伍,开展各种各样的体育活动。1982年全国职工运动队数量达到23万个,拥有280多万名运动员,经常参加运动锻炼的职工比例达到20%,人数达2000多万人。

积极开展少数民族体育活动对于增强民族团结,繁荣民族文化,活跃各族人民文化生活,提高各族人民健康水平,都具有重要作用。1981年,国家体委、国家民委联合召开全国少数民族体育工作座谈会。1982年,在内蒙古举办了全国少数民族传统体育运动会,开创了少数民族体育工作的新局面,相互交流,互相促进,共同推动民族传统体育的发展。

提倡群众自办体育,是1980年六省部分城市座谈会上,大家听了重庆市经验介绍后提出的。1981年省、市、自治区体委主任会上,国家体委要求把群众体育工作路子拓宽搞活,做出成绩来。此后,经过各地、各部门努力实践群众性体育协会逐渐发展起来。一种是按行业组织的,如产业体协、高校体协、中专体协、机关体协等,以产业体协为例,继铁路系统恢复火车头体协之后,银行系统又恢复了银鹰体育协会,水电系统重建了水力电力体协。天津市属各局有一半建立了体育协会。另一种是跨行业的体育组织,如老年人体协、钓鱼协会、信鸽协会以及其他单项协会等。还有一种按区域组织起来的,叫地区体协或协作片。这些协会在开展体育活动中发挥了很大作用。例如,江西恢复了间隔15年之久的全省系统篮球锦标赛。黑龙江工矿、铁路、石油、林业、农场等单位办起了30所业余体校,经费由各部门承担,大家出力培养后

第四章 走向改革开放时期的乒乓球运动(1979—1992年)

备人才。中南、西南八城市中专、技校自己组织起来,互相协作,举办比赛,交流经验,检查评比。在北京、上海、浙江、安徽、河北、河南建立老年人体协的基础上,正式成立了老年人体育协会。老年人体育活动很有生气,全国约有1000万老人参加各种体育活动。上海老年人体协吸收会员一万多人,他们有计划地组织体育与健康讲座、会员体格检查,举办竞赛组织长跑队、足球队、篮球队、拳操锻炼,还搞了旅游等活动,这些工作都是由积极分子来做的。越来越多的新闻单位积极倡导和推进群众体育的开展。不少体育场馆、工人俱乐部、文化宫、青少年宫和公园注意发挥场地作用,为群众体育提供方便。福州工人文化宫面向群众,团结积极分子,搞竞赛,办讲座,组织训练班,建立辅导站,训练运动队,指导基层活动,每年参加各项活动的达几十万人次。拳操辅导站是很受群众欢迎的一种组织形式。它在体委、工会、街道等部门领导下,打破行业、部门界限,群众自办或民办公助,自愿参加,缴费学拳。这种辅导站已从城市向小城镇发展。各部门各行业兴办体育竞赛的积极性很高。邀请赛是普遍采用的好形式,它便于友邻地区、兄弟单位传技术、搞联欢、活跃文化生活,推动群体活动。广西平南县社队之间、学校之间经常举办邀请赛,主办单位只管奖品,不管吃住,打完就走,机动灵活,很适合农村特点。黑龙江省各单位举办的邀请赛、友谊赛,每年有四五千次。自办体育的群众越来越多。贵州省重安镇热心体育的人,经有关部门批准,自筹经费,在清水江边建起了一个水上运动站,购置了小船,供比赛、救生、游览用,所得收入全部用于发展体育事业。每年举办一次水上运动会。福建省同安县朝元大队农民陈剑民,自己购置举重器材,办起业余举重训练班,培养出了14名等级运动员。辽宁省新金县农民侯家宝在实行生产责任制后,收入增多,他在自家院里安了篮球架,邻里乡亲经常去他家打球。

1978—1983年,群众体育高度依赖国家和行政手段的管理机制开始被突破,开始探索国家调控、依托社会与社会主义市场经济相适应的管理体制,也逐步注重发展质与量的协调统一,国家还以宪法的形式明确了群众体育发展的重要地位。

1984年,洛杉矶奥运会,中国大陆代表团首次参加奥运会,一举夺取了15金、8银、9铜,位列奖牌榜第4名。奥运会结束后,邓小平同志指出体育运动是国家经济与文明的体现,具有广泛的群众吸引力和影响力,要把体育搞起来!同时,在体育社会化改革进程中,一些深层次问题逐渐暴露,比如体育非持续发展、市场化不足与市场化过度等。基于此,我国颁布了一系列指导群众体育发展的政策文件。1986年,《关于体育体制改革的决定(草案)》出台,新一轮群众体育社会化改革逐步得到实施。1993年,《国家体委关于深化体育改革的意见》为社会主义市场经济条件下群众体育法制化、社会化发展提供了方向指引。受竞技体育优先发展的影响,群众体育地位不断下滑。比如北京城区一所小学全年经费只有800元,而一名优秀运动员全年经费就高达1.4万元。在体制改革政策的推动下,我国群众体育社会化改革也取得了一定成就:首先,社区体育作为一种新兴群众体育发展形态开始逐步兴起。其次,群众体育的利益主体和资源配置方式呈现多元化趋势。1987年国内第一家营利性的健身俱乐部"北京利生健康城"开业,它的诞生为我国体育产业开创了全新的发展领域。最后,政府职能转型推动了体育社会组织发展,体育社会管理组织逐步成熟。

粉碎"四人帮"以来,尤其是十一届三中全会以后,生产年年增长,人民生活水平不断提高,群众体育的发展,无论规模还是速度都超出了人们意料。经济建设的不断进步,有力地促成了群众性体育运动的兴旺发达[①]。而且初步开始由单一政府行政逐步向多元社会组织自愿转型。改革开放以来,由于我国推行"奥运战略"的优先发展战略,学校体育及群众体育发展相对滞后。但教育部对学校体育工作一贯重视,相继出台了《学校体育工作条例》等诸多文件,保证学校体育的健康进行,国家体委对职工体育、农

---

① 中华全国体育总会文史资料编审委员会.体育史料(第十一辑)[M].北京:人民体育出版社,1984:1-32.

第四章 走向改革开放时期的乒乓球运动(1979—1992年)

村体育等也高度重视,妇女体育及老年人体育也有所发展。尤其是 1995 年《全民健身计划纲要》和《中华人民共和国体育法》的颁布,使得群众体育开展有了体制及法规上的保障。

改革开放以来,群众中的业余爱好者纷纷模仿世乒赛选手的特有技术,大家互相交流、研究,在民间掀起了一股对乒乓球技术的"研、学"之风。大众乒乓球水平由此突飞猛进,更给乒乓球运动在全民中的开展增添了动力。世乒赛中国队的优异表现,使得乒乓球运动早已深入中国大众的生活,成为国民体育的共同选择。不仅成年人纷纷参与到乒乓球运动中来,而且许多家长也为孩子选择了乒乓球。一时间,许多乒乓球少年培训班开展起来,为许多普通家庭的孩子们提供了一个乐园。孩子们定期到培训班里进行乒乓球训练,并有专门的教练员在旁边指导,乒乓球在带给孩子们健康、快乐的同时,也在年轻一代中打下了坚实的群众基础。虽然此时国家体育事业的重点还在竞技比赛上,但是群众乒乓球运动的开展始终如火如荼、代代不息。为了更广泛地开展群众性体育活动、增强人民体质、推动中国社会主义现代化建设事业的发展,1995 年 6 月 20 日,国务院发布了《全民健身计划纲要》,号召各地大范围、频繁地开展全民体质促进活动,既要举行体育比赛,又要将体育观念深入群众生活。政府提供人、财、物等方面的支持,开展适合各年龄段的体育活动,鼓舞群众投入到体育运动中来,促进全民健身事业发展,实现全民体质增强。《全民健身计划纲要》的颁布,标志着体育运动全民化的开始。这是由政府主持、以群众作为参与对象、以发展群众体育运动为工作重点的体育工作方向的重大改革。党和政府在紧抓竞技体育成绩的同时,也充分认识到,要想从体育大国变为体育强国,单靠竞技成绩不能解决问题,必须提高全民体育水平和体质水平,使国民参与体育运动、热爱体育运动,才能真正建成运动水平普遍提升的体育强国。在国家着手发展全民体育的形势下,全国掀起了全民运动的浪潮,乒乓球作为"国球"也成为许多群众青睐的体育项目。许多地区的村、镇、社区借助这次"体育风",利用行政拨款,为群众购置了公共使用的乒乓球器械,便于群众随时投入运动。很多地方经常出现场地供不应求的情景,全民健身被推向新中国成立以来的首次高潮。而在全民健身的浪潮中,乒乓球运动得到了迅猛普及,几乎成为任何人拿起球拍都能上手的全民项目。全民健身风将乒乓球运动带进了全国人民的生活,推向了全民参与的巅峰①。

20世纪70年代,长春市职工乒乓球运动也相当活跃,活动开展较好、成绩显著的单位有:市政府机关、汽车厂、机车厂、化药厂、柴油机厂、长铁分局等。自1971年以来,市体委、市总工会每年都组织全市职工乒乓球赛。80年代,随着国民经济的大发展,乒乓球运动在长春市又有了新的特色,即职工群众的乒乓球运动蓬勃发展。70年代的大批青少年运动员,这时都成了职工乒乓球运动的骨干。在市体委、市工会的积极组织下,自1978年的第1次"劳动杯"赛后,长春市每年举行一次全市职工乒乓球赛("劳动杯"赛)。各大厂矿、企事业单位和大专院校都派队参加比赛。开始参加比赛的有几十个单位,后逐渐发展到上百个单位。1985年参加市"劳动杯"赛的共有197个队,队员年龄由17岁到70岁。竞赛分为青、中、老年6个组,7个竞赛项目。比赛场地设在汽车厂、机车厂、客车厂、应化所俱乐部和市体育馆,共分初、预、决赛3个阶段,历时16天。长春市高等院校及中专学校的乒乓球活动也十分活跃,每年由大中专院校体育指导委员会组织全市乒乓球比赛,裁判队伍也有较大发展②。

在江苏常熟,1960年后,乒乓球活动盛行,20世纪70年代后,城区有乒乓球队50多个,经常举行比赛活动,尤其举办的职工业余乒乓球联赛,首届比赛都分5个场所进行,参赛的有男子组68个单位,女子组40个单位。1982年,县千斤顶厂发起组织厂际乒乓球"宝塔杯"邀请赛,第一届参赛的有9个单位。1985年举行第二届,参赛单位16个,运动员80人,市色织四厂乒乓球队

---

① 李小兰,王伟.最新球类运动规则与裁判法[M].北京:新华出版社,2015:180.
② 邹柯主编.长春市志·体育志[M].长春:吉林文史出版社,1993:88-89.

第四章　走向改革开放时期的乒乓球运动(1979—1992年)

获得冠军,市色织三厂乒乓球队获得亚军①。

在乒乓球活动发展较好的上海,改革开放以来,全市乒乓球房一直保持在170个左右,其中80%在学校,各级业余体校训练乒乓球的运动员停留在300人左右。20世纪80年代,上海市体委对拥有传统项目的基层学校进行重点布局,以乒乓球作为重点传统项目的学校,每年均保持在50—70所②。

在国家体委及中国乒协的强力组织下,强化了对群众体育工作的领导责任,形成了全社会的乒乓球群众组织网络,乒乓球健身娱乐成为群众体育活动的重要项目,在全社会形成了"全民乒乓"热潮,绽小霞③、胡晓娟④、李铁⑤、陈雪梅⑥、胡秀英⑦等对大众乒乓球的场所及活动开展情况进行了研究,显示我国乒乓球在社会各个阶层都有着较为严密的组织、乒乓球设施器材较多、群众普及率高等特点。但是随着时代的发展,社会的变迁,人的生活方式也随之变化,人们的生活水平提高,对生活的丰富程度开始有了更高的要求。为了丰富人们的生活,各种体育项目的开展接踵而至,球类项目、户外运动和休闲体育项目开始逐步走进人们的日常生活中。时代的进步和社会的变迁会影响人的审美角度和思维方式发生转变,人们开始对新型的热门项目产生浓厚的兴趣,其他热门健身项目得到了快速的发展,吸引了大量群众参

---

① 瞿鸿烈.江苏省常熟市志[M].上海:上海人民出版社,1990:10-15.

② 乒乓网.上海体育志.[2015-3-10].http://www.pingpangwang.com/thread-25536-1-1.html.

③ 绽小霞,虞荣娟.对苏州市大众乒乓球运动开展现状的调查研究[J].苏州大学学报(自然科学版),2008(04):91-94.

④ 胡晓娟,朱建勇.上海部分高校开展群众性乒乓球运动的调查[J].南京体育学院学报,2000(03):24-26.

⑤ 李铁.对哈尔滨地区业余乒乓球健身俱乐部情况的调查[J].哈尔滨体育学院学报,2004(03):17-18.

⑥ 陈雪梅等.广州市乒乓球经营性场所调查研究[J].安徽体育科技,2000(01):16-20.

⑦ 胡秀英,土冠军.对天津市市区经营性乒乓球场所开展情况的调查与分析[J].山西师大体育学院学报,2004(03):6-9.

与。同时 1995 年以来《全民健身计划纲要》文件的颁布,使得国家对其他运动项目加大了政策及经费上的资助力度,这些都直接或间接造成了乒乓健身人口比例在一定程度上的减少。

第三节　影响改革开放时期中国乒乓球发展的主要因素

一、举国体制的既有惯性,助力竞技乒乓走向辉煌

中华人民共和国成立后,鉴于国际奥委会推行的"两个中国"政策,中国奥委会从 1960 年至 1980 年退出了国际奥委会,直到 1979 年日本名古屋会议恢复中国奥委会的合法权益。1984 年第 23 届奥运会在美国洛杉矶举行,中国派团参加,获得 32 枚奖牌、15 枚金牌,全国上下备受鼓舞,体育界更是信心大增。1986 年国家体委公布《关于体育体制改革的决定(草案)》,从组织上加强对竞技体育的领导和加大"奥运战略"竞技体育工作的力度。1988 年国家体委又增设 5 司和训练竞赛综合司,重点加强优秀运动队建设。通过中央与各级政府的密切配合,竞技体育朝着特色社会主义道路不断突破。悉尼奥运会,中国代表团以奖牌 59 枚、金牌 28 枚排名第三,进入国际体育强国第一行列[①]。

1992 年是中国体育改革的重要时点,邓小平南方讲话对体育界产生了重要的影响,加快了体育改革的步伐。最重要的就是体育改革试点,足球作为中国体育职业化改革的先行军,由于其广泛的群众基础及良好的条件,加上足球也是中国体育在国际上成绩表现难以令人满意的项目之一,通过对足球管理体制和运行机制的改革,足球有所起色,随后又把目标瞄准具有"国球"荣耀的

---

① 谢琼桓. 守望体坛[M]. 北京:人民体育出版社,2003:24.

乒乓球。乒乓球由于自身成绩的显赫，一直在中国竞技体育中占据着非常重要的地位，作为奥运重点项目，乒乓球开始成立运动管理中心，注重全局考虑，加强与省市队的合作共享，同时密切联系科研部门与新闻单位，加强乒乓球技战术的科研攻关，新闻单位也对国球加强正面报道，国家队也得到国内的乒乓球器材商家的大力支持，尤其与上海红双喜公司多年来形成了唇齿相依关系，国家队通过这些努力及方式，调动了社会各界的大力支持与热情相助，成绩突飞猛进，优秀后备人才不断涌现。这些成绩的取得，是全社会巨大合力的结果①。

二、大众乒乓政治助力的弱化

新中国成立后，体育成为国家政治外交的重要方式，乒乓球为中国获得第一个世界冠军，其后从初等高峰，到冲向辉煌，成绩越来越好，多次形成"中国打世界，世界打中国"的包揽全部奖牌的情况，其空前的影响力成为中国体育的标签与代表，1964年徐寅生到女队的讲话"关于如何打乒乓球"，更是引起国家领导人包括毛泽东的亲自批示，毛泽东大加赞赏"讲话全文充满了辩证唯物论，处处反对唯心主义和任何一种形而上学。多年以来，没有看过这样好的作品"。在全社会形成了"学哲学、用哲学"的思想风潮。在新中国成立到改革开放的很长一段时间，乒乓球的政治文化烙印都非常显著。

改革开放以后，体育的政治功能有所弱化，加上随着体育多元化，群众基础的有所分流，尤其青少年在体育项目选择上的年龄、兴趣泛化，使得乒乓球的政治意义逐步下降，"国球情节"逐渐消逝，逐步回归到正常的休闲娱乐项目上。就乒乓球文化传播方面，新闻界更多集中于乒乓球在全面健身方面的报道与宣传，而且随着各类新闻杂志的大量出现，乒乓球专业报道阵地所占比例

---

① 王鼎华. 乒乓球长盛考[J]. 乒乓世界，1995,3(3):4-8.

越来越小,报道急剧下降。加大乒乓球的传播,挖掘乒乓球文化内容,吸引大众关注是乒乓球大众化的重要路径。

三、改革开放政策的指引

早在全国第一届及第三届全国人民代表大会就提出了发展国民经济的主要任务就是实现农业、工业、国防、科学技术的现代化目标。1978年邓小平同志再次强调支持"四个现代化"政策,认为"贫穷不是社会主义","正确的政治领导的成果,归根结底要表现在社会生产力的发展上,人民物质文化生活的改善上"。因此要大力引进资本主义措施,解放生产力,发展生产力。邓小平指出:不坚持改革开放,不发展经济,不改善人民生活,是没有出路的。改革是社会发展的必然结果①。2018年12月18日,习近平出席庆祝改革开放40周年大会并发表重要讲话,认为改革开放"是中国人民和中华民族发展史上一次伟大革命,正是这个伟大革命推动了中国特色社会主义事业的伟大飞跃!""40年来,我们解放思想、实事求是,大胆地试、勇敢地改,干出了一片新天地。""改革开放是我们党的一次伟大觉醒,正是这个伟大觉醒孕育了我们党从理论到实践的伟大创造。源自"伟大觉醒"的"伟大创造",极大地改变了中国的面貌、中华民族的面貌、中国人民的面貌、中国共产党的面貌。通过改革开放,有效地解决了经济发展问题,中国在短短的40年时间里,书写了世界经济史上的最大奇迹。改革开放,中国"闯"出一个新世界②。

"文革"结束后,在党的十一届三中全会精神指引下,中国体育迅速拨乱反正,体育进行了体制改革的积极探索,体育改革的目的与邓小平的"四个现代化"一致,主要是希望引进西方新的思维、新的知识及新的机制来提升整个中国体育体系运作的效率。

---

① 唐凯麟,王泽应. 中国现当代伦理思潮[M]. 合肥:安徽文艺出版社,2017:307.
② 杨黎光. 中山路——追寻近代中国现代化脚印[M]. 广州:广东人民出版社,2009:201.

第四章 走向改革开放时期的乒乓球运动(1979—1992 年)

此阶段中国体育在管理体制、群众体育体制、竞赛训练体制、体育科技体制等方面进行了全方位的改革,体育事业呈现出新的局面。因此,邓小平时期有两个关键政策,影响了后来中国竞技乒乓球的发展走向,它就是"改革开放"及"体育改革"。

(一)改革开放

随着世界经济全球化的发展,任何一个国家、地区的发展越来越离不开世界,邓小平执政之初就敏锐地指出:"现在的世界是开放的世界","三十几年的经验教训告诉我们,关起门来搞建设是不行的,发展不起来"[1]。粉碎"四人帮"以后,鉴于中国与世界发达国家的巨大差距,国家领导人意识到想发展、要富强,必须向西方先进国家学习。"全国人民也从来没有像今天这样精神振奋,万众一心,迫切希望早日实现祖国的社会主义现代化建设"[2]。1978 年中国领导人纷纷出国了解外面世界,"仅副总理和副委员长以上的领导人,就有 12 位先后 20 次出访,访问的国家达 51 个"[3]。这些出访让国家领导人感受到中国与世界的差距,加深了对国际局势的认知,也坚定了改革开放的决心与行动。这一年,还召开了五届人大一次会议、全国财贸学大庆学大寨会议、国务院务虚会、全国计划会议等一系列重要会议,对引进先进技术和设备、利用外资等问题进行了深入讨论,尤其是国务院务虚会和之后的全国计划会议,集中探讨了对外开放的问题。1978 年 11 月,中国共产党召开第十一届三中全会并通过相关决议,提出了在自力更生的基础上积极发展同世界各国平等互利的经济合作,确定"在自力更生基础上积极发展同世界各国平等互利的经济合作、努力采用世界先进技术和先进设备"的对外开放政策[4],宣告了"改革开放"总方针的正式确定,中国正式迈入改革开放新

---

[1] 邓小平.邓小平文选(第 3 卷)[M].北京:人民出版社,1993:64.
[2] 中共中央文献编辑委员会.叶剑英选集[M].北京:人民出版社,1996:493-494.
[3] 李妍.对外开放的酝酿和起步[D].中共中央党校,2003.
[4] 苗丹国.出国留学六十年[M].北京:中央文献出版社,2010:162.

时代。

1978年12月16日,中美两国政府分别于北京和华盛顿同时发表联合公报,决定自1979年1月1日起建立外交关系,联合公报重申了上海公报中双方一致同意的各项原则,并且指出,美国承认中华人民共和国是中国的唯一合法政府,台湾是中国的一个省。在中美建交的同日,美国将宣布断绝同台湾的外交关系[①]。1979年,随着我国政治地位和体育运动水平的提高,国际奥委会经全体委员的表决,通过了恢复中国代表权的决议,中国重新成为IOC的会员。

改革开放是中国经济发展的转折点,邓小平同志的治国理念以及据此展开的治国政策无疑是成功的,因为它快速发展了经济、迅速提高了人民生活水平,并成功地推动了中国经济、政治和社会的转型,社会生活更加开放和自由,使中国从一个落后、封闭的国家走向了具有重要国际影响力的现代化经济强国。"改革开放是中国经济高速发展的法宝"[②],同样地对运动发展也影响深远,时任国家体育总局副局长崔大林说:"没有改革开放,就没有中国今天的经济发展;没有经济发展,中国体育也不会有今天的成就。"[③]强大的国力孕育了今日的世界体育大国中国,创造了今日世界体坛的奇迹。

改革开放以后,为了快速提高运动技术水平,1980年国务院批准了国家体委关于加速提高运动技术水平的报告,同时调整了体委系统的内部结构,设立运动司、球类司、群体司、军体司等单位,改革训练体制,调整优秀运动队(国家队与省队)、市县级重点与业余体校、学校运动队,初步形成了以竞技体育为先导、奥运会为重点带动体育事业全面发展的战略布局。1981年8月担任国家体委主任、党组书记的李梦华拉开了我国体育制度改革的序

---

① 廖盖隆等.当代中国政治大事典 1949—1990[M].长春:吉林文史出版社,1991:755.
② 杨和荣.责任和担当[M].长沙:中南大学出版社,2015:81.
③ 纪言.十年体育[N].齐鲁晚报,2010-01-06(A25).

第四章 走向改革开放时期的乒乓球运动(1979—1992年)

幕,确立了"本世纪要把我国建设成体育强国"的战略目标,对体育领导体制、竞赛体制、科学训练体制开始重点改革。1982年将原运动司、球类司、军体局,分解为一、二、三、四个项目管理司,乒乓球则归管理球类项目的训练竞赛二司管辖范围。1983年3月李梦华在全国体工会报告再次强调训练体制改革,提出一、二、三线运动队伍要形成"三级训练体制",经过层层淘汰,最后只留下顶尖球员的"金字塔"形式,同时进行运动队逐步向学校化过渡。1984年8月,全国体育发展战略及体育改革会议正式提出了"奥运会战略",受益于这种战略目标和这种系统化的选才与训练系统的实施,运动成绩结出了丰硕的成果,最令国人瞩目和自豪的是在1984年第23届洛杉矶奥运会上获得15枚金牌、8枚银牌和9枚铜牌,以金牌总数第4、奖牌总数第6和总分第7的优异成绩向世界展示了中国体育的崛起,开启了我国奥运历史的新篇章,虽然当时乒乓球还没进入奥运会,但是在1981年4月第36届世界乒乓球锦标赛上中国乒乓球队包揽全部7项冠军,创造了世界乒坛55年来由一个国家包揽全部冠军的纪录,中国乒乓球运动开始"征服世界"。

中国代表团在第23届奥运会实现了历史性的突破,从根本上为中国体育改革的继续深化树立了信心,1984年10月5日,中共中央发出《进一步发展体育运动的通知》,充分肯定了改革开放以来体育事业取得的巨大成绩,及其在振奋民族精神等方面发挥的突出作用,提出了加快我国体育事业发展的指导思想、主要任务和工作措施,强调必须坚持普及与提高相结合的方针,采取有力措施,使体育运动不断向新的广度和高度发展,文件中特别提到"要完善多渠道、多层次的体育人才梯队,以及改革训练和竞赛体制",争取在本世纪内把我国建设成体育强国。

1986年4月,国家体委做出了《关于体育体制改革的决定(草案)》,该决定对体育战略目标和体育领导、科学训练、竞赛、体育教学体制及民族传统体育等10个方面共53条改革措施进行了详细阐述。最核心的是改善领导与管理体制,实现由国家包办体育到国家办与社会办相结合的转变。该《草案》的下发,使我国体育改革的步伐明显加快,特别是在运动训练、竞赛和体育场馆建设等方面更加突出。《关于体育体制改革的决定》文件的出台预示着中国体育改革起步,它为后来中国体育的全面改革打下了基础。1988年国家体委增设五司和负责综合管理全国优秀运动队的"训练竞赛综合司",从组织上加强了对竞技体育领导的力度。

虽然中共中央响应"建设社会主义现代化强国"的号召,提出"竞技体育适度超前"的体育发展战略[①],开拓由体育弱国变为体育强国之路,从20世纪80年代起开始在体育界拨乱反正,同时边调整、边深化体育变革,尤其在国家体委机构及编制方面进行了大的变动,希望在本世纪末把我国建设成为世界体育强国,但从总体及实际成效来看,"运动"相比较政治经济方面的改革开放力度及强度都较为微弱,没能从体制上及根本上做出大的改变,"体育"还处于改革焦点之外或相关职能部门还没有改革的勇气与当担,体育改革没有形成系统的思想。

改革开放后,由于国内政策的放宽,国外对乒乓球人才的需求及渴望、宽松的训练环境及良好的物质条件保障,一批中国乒乓球运动员以留学、经商、打球等名义谋求向海外发展,主要流动到欧洲、日本等国家,形成了著名的"海外兵团"现象,而中国乒乓球队作为适应国家"计划经济体制"的产物,长期以来一直按行政隶属关系而组建,开展训练及竞赛,因此作为"体制内"的乒乓球运动员并没有因我国改革开放经济发展而带来收入的相应增长,与此相反,"海外兵团"在国外大多有豪车洋房,收入是国内乒乓球运动员的几十倍乃至上百倍。如蔡振华1985年前往意大利罗马公派担任意大利国家队主教练,当时,蔡振华每年的年薪能达到3万美元,还不包括比赛的出场费和奖金,这个收入相当于当时中国教练30年薪水的总和[②]。巨大的经济反差对国内的乒乓

---

① 熊晓正等.我国竞技体育发展模式的研究[M].北京:人民体育出版社,2008:19.
② 张瑞.轰动中国——走红人纪实丛书情爱婚姻卷:"围城"内外的躁动[M].石家庄:河北人民出版社,1993:340.

第四章 走向改革开放时期的乒乓球运动(1979—1992年)

球运动员、教练员产生了巨大的影响和冲击,加上当时的思想与精神建设还跟不上时代步伐,因此部分乒乓球运动员无心训练,心思向外,队伍不稳,教练员、运动员积极性严重受挫,在一定程度上干扰了国家乒乓球队正常的训练与竞赛。事实证明,这种体制已不适应正在建立社会主义市场经济体制的国情,也不适应国际乒坛发展的潮流[①],必须通过走社会化、产业化的道路,通过深化改革来增强队伍的生机与活力,因此改变体制已成为乒乓球运动能否继续发展的一个关键[②]。

发展路子不活、不宽,体制上存在"过分集中于国家办体育"的主要弊端,1990年前后,我国乒乓球事业跌入前所未有的历史低谷:男单奥运会、世锦赛冠军一个没有,团体三次折戟,甚至在1991年千叶世乒赛还输给默默无名的捷克队,连前四也未打进。女乒同样遭遇严重打击,1988年汉城奥运会,中国痛失女双冠军;1989年多特蒙德世乒赛,丢掉混双;1991年千叶世乒赛,女团屈居第二;1993年哥德堡世乒赛,中国丢掉女单冠军。中国乒乓球自1989年到1993年连续3届世乒赛男团都未获得冠军。对中国而言目标只有冠军,"得亚军就意味着失败"[③]。女队成绩相对较好,男队则面临着从技术到信心的全面滑坡。邓小平更于中国乒乓球队1989年德国多特蒙德世乒赛被不到1万人口的瑞典小国5∶0横扫的时候,率先对国球下了诊断书:中国的乒乓球就像中国垂死的经济一样,被僵化的意识形态给毁了[④]。原国家体委训竞二司副司长,时任乒乓球运动管理中心副主任并主持工作的杨树安认为:"过去我国的乒乓球运动在计划经济条件下从'举国体制'中获益很多,但随着社会的转型,原有的'举国体制'的优点与缺点也就从更深层次上显现出来。对于高水平的竞技运动,完

---

① 王俊璞. 新闻写作60招[M]. 北京:新华出版社,2007:188.
② 王鼎华. 品读国球[M]. 北京:人民体育出版社,2005:74.
③ 王训生主编. 球迷手册[M]. 太原:山西人民出版社,1988:497.
④ 十七. 刘国梁曾获邓小平称赞,伟人指示乒乓球改革方案[OE/CL].[2008-12-19]. 搜狐体育:http://sports.sohu.com/20081219/n261303371.shtml.

全依靠政府包办,从长远来讲,不利于运动项目的发展,不利于通过寻求社会价值而激发其生存与发展的内在活力。"①

(二)体育改革

"文革"前,自容国团为我国争得第一个乒乓球世界冠军后,总计有13个世界冠军,但经过"四人帮"的10年浩劫,在1976年时世界冠军为0。随着1978年12月党的十一届三中全会以邓小平为核心的第二代党中央领导集体果断决策,把工作重心转移到经济建设上来,基于全国改革开放的大背景,我国开始体育改革,这是体育改革的关键动因。1979年2月全国体工会决定要侧重抓提高,竞技体育优先发展,从1980年开始,按照"思想一盘棋、组织一条龙、训练一贯制"的要求,我国对优秀运动队、业余体校和学校运动队这样的一、二、三线队伍进行了调整,逐步健全了层层衔接的训练网,完善了后备力量培养体系,通过发挥计划经济的管理优势,集中人力、物力、财力,竞技体育水平大幅提高。1986年4月15日下发《关于体育体制改革的决定(草案)》,强调要进行体育管理体制方面改革。

1992年,邓小平等人在视察了武昌、深圳、珠海、上海等地后发表了重要讲话,指出:"社会主义的本质,是解放生产力,发展生产力,消灭剥削,消除两极分化,最终达到共同富裕。"②明确指出:改革开放要以是否有利于发展社会主义社会的生产力,是否有利于增强社会主义国家的综合国力,是否有利于提高人民的生活水平③。并着重强调:"改革开放胆子要大一些,要抓住时机,大力发展社会主义生产力,而科学技术是第一生产力。"④邓小平认为:计划多一点还是市场多一点,不是社会主义与资本主义的本质区

---

① 晓秋.以渐进的方式深化改革——杨树安谈乒乓球运动的发展[J].体育文史,2001(02):21-22.
② 马志超.积淀与升华:马克思主义中国化在山西[M].太原:山西人民出版社,2018:81.
③ 邓小平.邓小平文选第3卷[M].北京:人民出版社,1993:63.
④ 赵秀芳,田园.篇章英译理论与实践[M].西安:西北工业大学出版社,2015:135.

第四章　走向改革开放时期的乒乓球运动(1979—1992年)

别。社会主义与市场经济是可以兼容的,社会主义可以搞市场经济①。邓小平的这一系列讲话与指示,开拓了搞社会主义市场经济体现社会主义优越性的新路径,也消除了对资本主义的顾忌,加快了改革开放的速度,为我国社会主义改革与发展开拓了解放与发展生产力的新思路,对中国体育改革的推进起到了很好的促进作用。同时1992年10月党的十四大提出建设有中国特色社会主义市场经济体制之后,也使得我们的体育改革有了明确的目标,即要以管理体制的改革和运行机制的转轨为核心,探索与社会主义市场经济体制相适应的体育管理体制。

　　由于1988年乒乓球进入奥运会,国际乒乓球运动大步走向社会化、职业化,国际乒乓球人才市场已经形成。被誉为"国球"的中国乒乓球,如果既能依靠国家,又能依托社会发展,那将对全国体育改革起到很好的示范效应,因此在足球管理体制和运行机制改革初见成效时,改革的目标开始瞄准荣誉最多、成绩最好、影响最大的乒乓球。

---

① 邓小平. 邓小平文选第3卷[M]. 北京:人民出版社,1993:373.

第五章　1993—2003 年时期的乒乓球运动

第一节　大众乒乓深受鼓舞,进入全民发展

江泽民同志1993年就任国家主席后,以其为核心的党的第三代中国共产党领导集体高度重视体育事业,尤其群众体育工作滞后于竞技体育发展问题被提上重要议程。为推动新时期群众体育工作的开展,中共中央先后提出了一系列关于群众体育事业发展的指导意见,1993年1月6日,国家体委发布《关于进一步开展农村体育活动的意见》,要求各级体委与有关部门紧密配合,切实做好农村体育工作。6月1—12日,国家体委在长沙召开全国职工体育座谈会,拟定了《关于进一步开展职工体育活动的意见》。1994年12月,为推动群众体育广泛、经常地开展,加强社会体育指导员队伍的建设与管理,国家体委推出《社会体育指导员技术等级制度》,对社会体育指导员的具体工作都作了全面明确的说明及规定。1994年6月10日,《社会体育指导员技术等级制度》在全国实施。

1995年3月5—14日,第八届全国人民代表大会第三次会议在北京人民大会堂召开。国务院总理李鹏在《政府工作报告》第四部分中指出:"体育工作要坚持群众体育和竞技体育协调发展的方针,把发展群众体育,推行全民健身计划,普遍增强国民体质作为重点。"这是全民健身计划首次在政府工作报告中被提及。3月9日,中华全国体育基金会在北京成立。国家副主席荣毅仁、

国务委员李铁映、国家体委主任伍绍祖分别题词。荣毅仁的题词是"振兴中华体育事业",李铁映的题词是"手牵手,长城长",伍绍祖的题词是"集腋成裘"。5月,国务院印发《全民健身计划纲要》,成立由国务院领导组成的全民健身指导委员会,并从国家到各省(区、市)分设全民健身组织管理机构,至此,群众体育与竞技体育协调并重的思想被以法律的形式写进了《中华人民共和国体育法》。江泽民同志强调:"体育工作很重要的问题就是增强人民体质,这是一个国家富强文明的标志。"6月28日,经国务院批准,国家体委制定的《全民健身计划纲要》正式颁布实施。同日,贯彻实施《全民健身计划纲要》动员大会在北京举行,中共中央政治局委员、国务委员李铁映在会上讲话并题词:"为增强全国人民的体魄而奋斗。"《中国体育报》发表了《功在当代,利在千秋》的社论。8月29日,第八届全国人民代表大会常务委员会第十五次会议全票通过了《中华人民共和国体育法》。当天,国家主席江泽民签发中华人民共和国主席令,宣布《中华人民共和国体育法》自1995年10月1日起实行。《体育法》是新中国成立以来的第一部体育基本法,这部法律阐释了国家发展体育事业的基本态度;提出了体育工作的方针、任务、基本原则和重大措施;确立了群众体育的基础地位;明确了各级人民政府、体育行政部门、社会各行业系统、企业事业组织、群众性体育团体和公民个人在参与体育活动和发展体育事业中的权利、责任和义务。中国体育进入法制化轨道。

  1996年3月27日,国家体委、国家教委、卫生部、国家民委、国家科委联合发出通知,要求全社会都来关心青少年身体健康。4月30日,第3届全国工人运动会在北京举行,本届运动会的主题是:参与、健身、团结、进步。运动会设11个比赛项目,分15个赛区在17个城市和基层进行,541支队伍7000名运动员参赛。江泽民总书记为第3届全国工人运动会题词:"大力开展职工体育运动,促进经济发展和社会进步。"5月10日,第4届全国残疾人运动会在大连举行,中共中央总书记、国家主席江泽民为大会题词:"平等、参与、自强、共进。"本届运动会共有 75 人 105 次超 41 项世界纪录。9月5—9日,全国体质研究学术研讨会在青海多巴高原训练基地举行,讨论国民体质监测体系研究的构思、研究步骤、设施及建点原则以及成人和学生体质监测的具体指标、监测方法及建点原则。11月3日,第3届全国农民运动会在上海举行。

1997年2月19日,国家体委下发《全民健身计划第一工程第二阶段(1997—1998)工作方案》的通知。4月1—3日,中国成年人体质监测工作会议在福建厦门举行,国家体委主任伍绍祖出席并讲话。4月2日,国家体委、国家教委、民政部、建设部、文化部联合下发《关于加强城市社区体育工作的意见》。4月10日,国家体委下发《国家体委体育社会科学、软科学研究项目管理办法》。全国老年人体育工作会议在福建漳州结束。会上确定了今后一段时期我国老年体育工作的指导方针:"巩固城市,发展农村,面向基层,面向全年老年群众。"7月2日,国务院总理李鹏在中南海紫光阁会见国际奥委会主席萨马兰奇一行。李鹏强调说,我们的根本目标是发展体育运动,提高全民的身体素质。7月11日,由国家体委、国家统计局、国家教委、全国总工会、农业部联合组织的第四次全国体育场地普查公布主要数据。以1995年底全国总人口计算,每万人拥有体育场地 5 个,人均体育场地面积 0.65 平方米。8月16日,中共中央总书记、国家主席江泽民为体育工作题词:"全民健身,利国利民,功在当代,利在千秋。"10月12日,江泽民总书记在上海接见第8届全运会群众体育先进代表时指出:"为人民服务,为增强人民体质服务,是党和国家对体育工作的基本要求,体育事业是群众的事业,广泛开展群众参与的体育活动,是我们体育工作的重点。同时要努力发展竞技体育,这不仅可以为国争光,还可以为群众体育活动的发展起到引导、示范作用。要保持竞技体育与群众体育相互促进、共同提高的局面。12月3—5日,全国群众体育工作会议在广东东莞举行。国家体委主任伍绍祖在讲话中强调,体育事业是群众的事业,广泛开展群众参与的体育活动,是我国体育工作的重点。国家体委副主任刘吉在会上宣布了获得 1997 年全国全民健身宣传周活动优秀奖、优秀组织奖、优秀报道奖和先进单位荣誉称号的名单,北京市等 16 个省(区、市)获得优秀奖,北京市西城区人民政府等 93 个单位获优秀组织奖,北京日报社等 92 个单位获优秀报道奖。北京市昌平县教育局等 310 个单位获先进单位荣誉称号。国家体委主任伍绍祖,副主任刘吉、张发强等领导为获奖单位代表颁奖。

1998 年 6 月 24 日,国家体育总局公布《1997 年中国成年人体质监测结果报告》,中国成年人体质达到合格以上标准的占 71.4%。8 月 7 日,历时一年半的"中国社会体育现状调查"由国家体育总局公布调查结果。这项由北京体育大学等 21 个单位进行的科研课题是我国体育系统迄今为止首次开展的全国性社会调查。调查结果之一是:我国体育人口总数约为总人口的 31.4%,高于发展中国家的平均水平。调查还显示,1997 年我国城乡居民中尚有 65% 的人从未听说过《全民健身计划纲要》,这一情况已引起国家体育总局的高度重视。

1999 年 1 月 4—6 日,全国体育工作会议在北京举行。本此会议主要围绕继续深化改革和讨论《2000—2010 年体育改革和发展纲要》两个中心议题进行讨论。国家体育总局主要负责人出席会议。10 月 20—23 日,全国竞赛工作会议暨 2000 年竞赛招标会在四川成都举行。此次会议是为了备战次年奥运会而召开的。会议总结与分析了八运会后两年来全国竞赛工作所取得的成绩和存在的问题,要求次年的各项目赛事安排都要围绕备战奥运会进行,要保证运动员有足够的时间进行训练,使他们能在次年上半年的奥运资格赛、积分赛等相关赛事上保持良好状态,发挥应有水平,力争让更多的选手取得奥运参赛资格。11 月 3—5 日全国体育科技大会在沈阳举行。国家体育总局副局长袁伟民、李富荣和段世杰出席大会,并在大会上发言。袁伟民作题为《加强创新、深化改革,把体育科技工作全面推向新世纪》的报告,段世杰作题为《肩负起科技兴体的历史使命》的总结报告,李富荣宣布国家体育总局的表彰决定。大会还讨论了《2001—2010年体育科技发展规划》草案。12月15日,第四届农运会筹委会在北京成立。陈耀邦、伍绍祖出任名誉主席,张中伟出任主席。4月7日,北京市政府和中国奥委会正式向国际奥委会递交2008年北京奥运会申办报告。11月25日,国家体育总局在北京召开备战奥运会冬训动员大会。伍绍祖和袁伟民出席大会并讲话。同时,提出参加悉尼奥运会应完成的目标;另外,国家体育总局组织制定了《2001—2010年体育改革与发展纲要》[①],纲要文件明确了21世纪前10年我国群众体育改革与发展的指导思想、基本战略和奋斗目标,以及相应的措施,包括战略及政策方面的具体举措及细则。

进入21世纪,中国政府进一步强化了关于群众体育工作的方针政策。2002年中央8号文件提出:"把发展体育事业作为促进人民身体健康,提高全民族整体素质,维护社会稳定,推动经济、社会可持续发展的大事,纳入国民经济和社会发展规划。"《全民健身计划(2011—2015年)》提出:"逐步完善符合国情、比较完整、覆盖城乡、可持续的全民健身公共服务体系,丰富人民群众精神文化,形成健康文明的生活方式,提高全民族身体素质、健康水平和生活质量,促进人的全面发展,促进社会和谐和文明进步。"《国民经济和社会发展第十二个五年规划纲要》进一步强调:"大力发展公共体育事业,加强公共体育设施建设,广泛开展全民健身运动,提升广大群众特别是青少年的体育健身意识和健康水平","加快面向大众的城镇公共文化、体育设施建设。"党的十六大将构建较为完善的全民健身体系与办好2008年北京奥运会作为全面建设小康社会体育发展的两大奋斗目标,2002年8月23日,江泽民还进一步指示,"体育是关系人民健康的大事,体育水平是一个民族文明进步的重要标志"。在《中共中央、国务院关于进一步加强和改进新时期体育工作的意见》中江泽民着重指出,

---

① 2001—2010年体育改革与发展纲要[C]. 中国体育报,2000-12-19(1).

"要贯彻全心全意为人民服务的宗旨"①。

2003年第七届全国少数民族传统体育运动会和第五届全国城市运动会相继举行。第七届民族运动会9月6日至13日在宁夏举行。第五届城市运动会于10月18日至27日在湖南举行。宁夏和湖南均是首次举办全国综合性运动会,取得了圆满成功。5月11日,《普通人群体育锻炼标准》(试行)颁布,它是《国家体育锻炼标准》的重要组成部分,在全国人民万众一心抗击非典的时刻,它的出台有着重要的历史与现实意义。

经过新中国成立后10多年的竞技体育优先发展战略,大众体育随着竞技体育的进步而不断得到加强。乒乓球由于自身项目对身体条件的要求不高和场地、器材的随意性,成为群众乐于进行的体育锻炼项目。经过10年的自我发展,小小乒乓球在中国国土上快乐地成长。随着中国乒乓球队在国际竞技赛场的不断崛起,鼓舞了中国人民的乒乓热情,从20世纪60年代起中国群众乒乓球运动进入鼓舞发展期,业余乒乓球爱好者纷纷模仿世乒赛选手的特有技术,大家互相交流、研究,在民间掀起了一股对乒乓球技术的"研、学"之风。大众乒乓球水平也因此突飞猛进,更给乒乓球运动在全民中的开展增添了动力。乒乓球运动深入中国大众的生活,成为国民体育的共同选择。不仅成年人纷纷参与到乒乓球运动中来,而且许多家长也为孩子选择了乒乓球。一时间,许多乒乓球少年培训班开展起来,为许多普通家庭的孩子们提供了一个乐园。孩子们定期到培训班里进行乒乓球训练,并有专门的教练员在旁边指导,乒乓球在带给孩子们健康、快乐的同时,也在年轻一代中打下了坚实的群众基础,各地群众乒乓球活动层出不穷。到20世纪90年代至21世纪初,中国的大众乒乓球进入全民发展期,1995年实行"双轨制"后,中国乒乓球可以既依靠国家,又依托社会。两种体制互补,这项运动将获得更大的发展动力。实行"双轨制",最显著的变化是运动员将拥有双重

---

① 中新网. 江泽民说发展体育事业,强调做好2008年奥运会筹备[EB/OL]. [2002-8-23]. http://news.sina.com.cn/c/2002-08-23/2041687349.html.

身份。他们既是国家队或省市队的队员,又是俱乐部队员,不同的比赛以不同的身份参赛,还可以得到双份的报酬。显然,这对于调动他们的积极性将起到重要作用。乒乓球爱好者可以参加业余俱乐部的活动。乒乓球俱乐部体制中包括业余俱乐部,有力地推动了群众性乒乓球运动的开展。

1995年国务院发布了《全民健身计划纲要》,号召各地大范围、频繁地开展全民体质促进活动,标志着体育运动全民化的开始。在国家着手发展全民体育的形势下,全国掀起了全民运动的浪潮,乒乓球作为"国球"也成为许多民众青睐的体育项目。许多地区的村、镇、社区借助"全民体育风",利用行政拨款,为群众购置了公共使用的乒乓球器械,便于群众随时投入运动。很多地方经常出现场地供不应求的情景,全民健身被推向新中国成立以来的首次高潮。而在全民健身的浪潮中,乒乓球运动得到了迅猛普及,几乎成为任何人拿起球拍都能上手的全民项目。全民健身风将乒乓球运动带进了全国人民的生活,推向了全民参与的巅峰[1]。

1995年《全民健身计划纲要》出台后,湖南省郴州市及时制订了《1995—2000年郴州市全民健身计划纲要实施方案》,全市选定80个试点单位为市级全民健身示范点,带动全民健身活动。是年,全市共举办各类群众体育比赛1200余次,其中市级96次,县(市、区)级245次,市属以上厂矿企业260余次,乡镇550余次。累计参赛人数18万人次。1999年市城区及永兴县一批全民健身工程竣工并投入使用。全市举办广播体操、武术、气功、腰鼓、木兰拳、木兰扇表演健身展示会。2001年,全市进入全民健身第二期工程(2001—2010年)。第二期工程的重点是改善设施扩大规模,加强指导,巩固提高,要求"月月有小活动、季季有大活动"。2001年,举办了郴州市"人民保险杯乒乓球赛"[2],参赛人数超过历年总和。江苏的常熟市在新中国成立后乒乓球迅速发展,到20

---

① 李小兰,王伟. 最新球类运动规则与裁判法[M]. 北京:新华出版社,2015:179.
② 郴州市地方志编纂委员会. 郴州市志 1989—2005 第4卷评审稿[M]. 2016:2046-2047.

第五章 1993—2003年时期的乒乓球运动

世纪60年代,打乒乓球已经非常盛行了,还曾为庆祝新中国成立10周年举行了万人乒乓球比赛。在90年代期间,乒乓球业余联赛也兴盛起来,参赛队伍多达100多个单位,几乎年年有业余乒乓球大联赛,其他各种形式的乒乓球赛事如雨后春笋,一年四季从未中断,室内乒乓球馆随处可见[①]。在吉林长春市,乒乓球运动非常普及,业余选手战胜专业运动员也不是难事。长春的优秀运动员还曾经参加全国业余乒乓球比赛都获得冠军,一些优秀的业余选手还获得运动健将的称号。也曾出访国外,如日本、加拿大、意大利等国[②]。广东省番禺市钟村镇,乒乓球运动是该镇重要的传统体育项目。长期以来,群众对于乒乓球活动,热情高涨,自娱自乐,是锻炼身体不可缺少的运动。钟村每年的节日,都举办乒乓球赛。值得一提的是,1999年和2000年连续两年钟村大发铝材厂独家赞助,镇内文化站举办了钟村"大发杯"乒乓球邀请赛。特邀省、市一些高水平球队和专业的乒乓球健儿参加比赛。高手竞技,旗鼓相当,比赛激烈,群情高涨,喝彩声、掌声不绝,观众们大饱眼福,也使群众性的乒乓球运动开展更加活跃,爱好者的球技得以提升。2001年11月,由钟村镇政府牵头,文化站组织"新视宝"杯番禺区村级农民乒乓球赛。17日、18日在谢村体育馆进行,场面紧张激烈,赛事精彩纷呈。为了保证这次比赛达到番禺农民的最高水平,赛前特意在全区农村调查摸底,然后邀请了石暮、石楼、黄阁、南村、大岗等镇,各镇选出水平最高的一个村为代表队,以团体赛的总分决定名次,并要求参赛队员均是该村的农业户口。经过紧张的角逐,钟村镇谢村、黄阁镇大塘村、石暮镇石岗东村分别获得前一、二、三名[③]。

21世纪,我国进入全面发展的时代,但由于全面健身运动兴起,其他运动项目纷纷发展,群众有了更多自主、多元化的选

---

① 江苏省常熟市地方志编纂委员会编.江苏省常熟市志[M].上海:上海人民出版社,1990:1015.
② 邹柯.长春市志·体育志[M].长春:吉林文史出版社,1993:99.
③ 卢国尧.钟山之歌[M].广州:羊城晚报出版社,2014:171.

择。根据李树怡在其研究《90年代我国群众体育发展特点和发展目标的研究结果分析》一文可以看到,20世纪90年代我国群众体育锻炼项目呈现多元化发展,主要表现为娱乐型、竞技型体育项目参加人数越来越多;乡土型、智力型体育项目参加人数相对减少,健美型项目有发展的趋势。喜欢娱乐型体育项目的人口比率占第一位(45.47%),而喜欢轻微活动性质的人口比率占第二位(24.57%),喜欢竞技型活动的人口比率占第三位(21.9%)。在男性、青年、高文化程度、半体力和脑力劳动者、未婚、学生阶层人口中居多。而女性人口喜欢健美型项目[①]。乒乓球运动发展总体呈现平缓略有下降的趋势。但由于乒乓球参加人数的基数大,虽然呈现下降趋势,但是他的普及依然比较高。此时期乒乓球产业发展进步明显,乒乓球用品制造业、乒乓球产业开始进入黄金高潮阶段。在大众乒乓球具体活动中,一大批市区体育馆、学校的体育设施、商业性的体育设施成为大众乒乓球球队及相应乒乓球俱乐部、乒乓球协会的重要场所及聚集点。

第二节　竞技乒乓历经波折, 职业联赛开始起步

我国竞技体育的改革折射了国家改革开放和全面深化改革的进程。1978年党的十一届三中全会开启了邓小平所说的第二次革命。从1986年4月国家体委发布《关于体育体制改革的决定(草案)》,到1997年以政事分开、管办分离为目标的运动项目管理体制改革全部到位,20个管理中心管理着41个单项协会和56个运动项目。2000年出台的《2001—2010年体育改革与发展纲要》明确提出,逐步建立具有中国特色的协会制,分期分批进行

---

① 李树怡等.90年代我国群众体育发展特点和发展目标的研究结果分析[J].天津体育学院学报,1996,11(01):54-58.

第五章　1993—2003 年时期的乒乓球运动

协会实体化改革。

1993年3月,江泽民开始作为中央军委主席与国家主席主持国家工作。1993—2003年,此时国际形势较为复杂,全球化背景下世界朝着多极化发展态势迈进,前苏联的解体使得国际社会主义运动遭受打击,国内经济形势也较为严重,通货膨胀、经济投机及贪污在改革开放后产生的社会问题开始显露及释放,基于国内外的重大转折及变化,因此提出"三个代表思想",同时提出要加强政治建设和政治体制改革等,其中经济改革突出政府主导下的市场经济发展。这种治理方式也影响了中国的体育事业,中国的"奥运战略"需要在体育社会化改革过程中,发挥国家体育总局的宏观调控,政府依然是体育的主体。因此,中国的乒乓球改革思路及方向,就是形成依托国家办和社会办相结合方式的体育管理体制,以逐步适应社会主义市场经济。

1997年1月24日,国家体委在总结了10年来运动项目管理体制改革实践经验的基础上,按照"精简、统一、效能"的原则,撤销了具体管理运动项目的一、二、三司,组建和调整了9个运动项目管理中心,从而在运动项目管理体制上彻底实现了政事分开、管办分离,结束了运动项目管理的双轨制。1998年1月12日,全国体委主任会议在北京召开。会议主要议题是高举邓小平理论伟大旗帜,认真学习贯彻党的十五大精神,深化体育体制改革,把建设有中国特色社会主义体育事业全面推向21世纪。3月10日,根据国务院机构改革方案,国家体委改组为国家体育总局。3月24日,新一届国务院全体会议决定原国家体委改组为国家体育总局,列入国务院直属机构。4月6日,国家体育总局挂牌,标志着新的机构正式开始运行。中国奥委会反兴奋剂委员会公布在1997年兴奋剂检查中被处分的我国24名运动员名单。5月11日和9月10日,中共中央政治局常委、国务院副总理李岚清两次做出重要批示,要求国家体育总局归口管理科学工作。

1992年国家体委召开"中山会议",发布了《关于深化体育体制改革的决定》,且部分项目向职业化过渡。1993年,成立了中国第一个乒乓球俱乐部"北京聚汇丰乒乓球俱乐部"。1994年,中国首届足球甲A联赛拉开了历史的大幕,这是我国体育项目向职业化过渡迈出的重要一步,1988年乒乓球进入奥运会,国际乒乓球运动大步走向社会化、职业化,国际乒乓球人才市场已经形成。相比之下,中国乒乓球原来那种单一体制的局限性已显露出来。1994年,紧随足球改革试点后,乒乓球联赛在足球联赛的引领下,也在积极地策划筹备。乒乓球作为国家优势项目被纳入,改革组织架构,成立乒羽中心负责乒乓球运动的管理,下设6大部门,经费来源由单一的国家拨款分化为国家拨款与社会自筹相补充。打造乒超联赛平台是乒乓球运动社会化最核心的改革。这一年中国乒乓球运动管理中心在北京成立,提出了"双轨制"的发展构想。

　　1994年6月18日,37岁的原国家体委训竞二司副司长杨树安,接受了一个新的使命。原国家体委办公室里,将乒乓球作为优势项目改革试点的设想,终于变成黑纸白字的决定。这天,乒乓球运动管理中心正式挂牌成立,杨树安出任中心常务副主任并主持工作。据杨树安回忆,当时不仅工作条件比较艰苦,更难的是,没有任何成功经验甚至失败教训可以借鉴。"我们提出稳住一头,放开一片。稳是稳定国家队,改革不能影响队伍的建设和发展、训练和竞赛;放是促进全国乒乓球活动进一步蓬勃发展。""双轨制"就在此时应运而生。所谓双轨制,即行政隶属关系体制与俱乐部体制并行;为此,专门制订了《中国乒乓球协会俱乐部章程(试行)》,对俱乐部的组织、会员、运动员、教练员和工作人员,以及注册、转会、比赛提成等作了规定。就是运动员以双重身份进行注册,既代表省市参加全运会和全国锦标赛,又代表俱乐部参加俱乐部联赛和其他商业性比赛。这样可以一举三得:各省市不仅参加全国比赛的利益能得到保护,还可以在运动员转会中获得收益。高水平的运动员出场影响大,广告效益好,企业有积极性。运动员增加了比赛机会,获得了企业给予的报酬,有利于稳定队伍,留住人才。1995年实行"双轨制"后,中国乒乓球可以既依靠国家,又依托社会。两种体制互补,这项运动将获得更大的发展动力。实行"双轨制",最显著的变化是运动员将拥有双重身份。他们既是国家队或省市队的队员,又是俱乐部队队员,不同的比赛以不同的身份参赛,还可以得到双份的报酬。显然,这对于调动他们的积极性起到了重要作用。

双轨制形式下的俱乐部联赛,自1995年以来稳步发展,已有3个级别,竞技水平最高的是超级联赛,共有男女各12个队,实行主客场制,除国家队的选手之外,一些其他协会的运动员如柳承敏、蒋澎龙、小西杏等也纷纷加入中国乒乓球超联队伍,外援的加盟丰富了中国的乒乓球赛场,使联赛有了更多看点。甲A和甲B联赛的参赛队伍更多,甲B已有男女各50多个队,比赛搞得越来越红火,各省市电视台都予以转播。为了开拓乒乓球竞赛市场,扩大乒乓球的影响力,中国乒协还与中央电视台合作,于1996年创造性地举办了CCTV杯中国乒乓球擂台赛,此后又发展成爱立信中国乒乓球擂台赛、国际乒乓球擂台赛以及17岁以下国际青少年擂台赛,既有高水平的竞技,又检阅青少年的水平,还有群众参与,把乒乓球运动的竞技性、观赏性、娱乐性、知识性融为一体。擂台赛六年来在全国各地的中小城市举办了100多场比赛,通过电视屏幕传入千家万户,有力地推动了乒乓球运动的进一步普及。除此之外,随着乒乓球运动在全世界的广泛开展,国际乒联职业巡回赛和各种邀请赛也越来越频繁,运动员在世乒赛、世界杯、奥运会之余参加这些国际比赛,不仅能够始终保持较好的状态,提高技战术应用水平,而且高额的奖金也使运动员辛苦的训练有了丰富的回报。

1995—1997年,由中国乒协发起并组织的首届乒乓球俱乐部比赛在广东顺德容奇镇开始。该阶段比赛采取赛会制,每个俱乐部聚集在一起,临时组队,比赛结束立即解散。1996年,中国各地先后成立了12家乒乓球俱乐部,并且颁布实施了《中国乒乓球协会俱乐部章程》。1998年,联赛改名为"中国乒乓球俱乐部甲级联赛",且俱乐部赛制调整为主客场制度。第一届联赛的举办,介入了专业化赛制,极大地推动了中国乒乓球赛事的职业化和市场化。1999年"中国乒乓球俱乐部甲级联赛"改名为"中国乒乓球俱乐部超级联赛"。在苏州、本溪、哈尔滨、南京、郑州和北京六个城市同时举行。乒超联赛的举办,开创了中国乒乓球历史上的先河,标志着中国乒乓球运动向着职业化、市场化迈出了关键的一步。2000年乒超联赛将男女队由原来的8支队伍增加到各12支。且无论是个人还是单位参加第9届全运会必须参加2000年国内任何一个级别的俱乐部联赛,这极大地推动了乒乓球的职业化进程①。2005年,规定各支俱乐部必须要有自己的"俱乐部主场城市"。且中国乒协首次放开外援参赛,共有波尔、朱世赫、柳承敏、施拉格、福原爱、金香美6名外国选手,还有来自中国香港和中国台北的选手林菱、李静、高礼泽、张瑞、蒋澎龙等,创造了乒超联赛最多外援纪录。

  乒羽管理中心开始实施"双轨制"及"双重身份制",随着乒超联赛的发展,大量资金注入,球员的训练、比赛环境也随着改善,经济待遇得到大幅度提升,在一定程度上遏制了人才外流,也吸引了国外优秀顶尖运动员来中国乒超参赛,也在一定程度上锻炼了队伍,挖掘了人才,初步成效较为显著。

  1993年第42届世乒赛在哥德堡举行,男团比赛在决赛中再次痛失金牌。失败是令人伤心的,但也激起中国乒乓球队更大的勇气与斗志。1995年,第43届世乒赛在天津拉开帷幕。这是继1961年北京主办第26届世乒赛以来在中国举行的第二届世乒赛。中国男队以3:2战胜瑞典队,时隔6年再次捧得斯韦思林杯。本届世乒赛,可谓大丰收,再次包揽了全部的7项冠军。挟43届包揽之余威,1996年,中国乒乓球队出征亚特兰大奥运会再度将4枚金牌全部收入囊中。1997年第44届世乒赛中国队丢掉了含金量最重的男单冠军,1998年的曼谷亚运会上,韩国名将金泽洙表现神勇,中国队再次与男单金牌无缘,但女队获得女团、女

---

① 张林.我国职业体育俱乐部的形成与发展[J].成都体育学院学报,2001,27(1):1-4.

单、女双、混双四枚金牌。1999年第45届世乒赛由原计划南斯拉夫移地荷兰埃因霍温举行，中国队拿到全部5枚金牌。

从2000年10月1日起，国际乒联将比赛用球的直径改为40毫米。这项改革对现有的乒乓球技术带来很大影响，必将淘汰一批运动员，并将乒乓运动带入一个新的时代。2000年9月的悉尼奥运会小球时代的最后一次大赛，在这届奥运会上，中国乒乓球队再次包揽金牌，孔令辉在男单决赛中战胜瓦尔德内尔，成为世界乒坛第三位大满贯得主。2000年第45届世乒赛团体比赛在吉隆坡举行，中国女队顺利夺冠，男队再一次在决赛中失利，输给了瑞典队。2001年在日本大阪举行的第45届世乒赛是大球时代的第一届世乒赛，中国队员势如破竹，再度包揽了全部的7枚金牌，这已经是中国队在世乒赛上的第三次包揽。进入大球时代后，中国队仍然站在世界乒坛的最高峰。2002年釜山亚运会乒乓球比赛是大球、11分制和无遮挡发球三项新规则全面实施后的第一次大赛，韩国队异军突起，而中国女队发挥失常，最后仅获得3枚金牌，是自1974年首次参加亚运会以来成绩最差的一次。而男队同样遭受打击，无缘男单冠军。2002年11月，男子世界杯在中国济南开拍，王励勤、马林止步于八强，孔令辉则在决赛中不敌德国小将波尔获得亚军。2003年中国队在首次实行新规则的世界乒乓球锦标赛上获得4枚金牌，唯有男单冠军旁落。中国乒乓球队在5月25日于巴黎结束的第47届世乒赛上获得女单、女双、男双、混双4枚金牌，唯有男单冠军旁落，在国际乒联实行11分新规则后的首届世乒赛上取得了不错战绩。

此时期也是中国乒乓球历史上最伟大的时期，中国体育期盼奥运，再创辉煌，同时由于此阶段国际乒坛向着多元化方向发展，世界各国向我们提出了挑战。在第41届世乒赛上男队成绩跌至第7名，女队也在决赛中败给朝鲜南北联队。第40届和41届世乒赛的失利，中国队痛定思痛，认真总结经验教训，抓管理，树信心，搞技术创新，加快对新人的培养。在第42届世乒赛上，中国队夺得女团、男双、女双和混双4项冠军和男团亚军。队伍终于走出低谷,为中国乒乓球再创辉煌打下基础。这期间,中国乒乓球人才辈出,其中就有像邓亚萍这样的乒坛传奇,邓亚萍是夺取世界乒乓球冠军次数第二多的女选手。

第三节 1993—2003年时期乒乓球发展的主要特征

社会主义可以搞市场经济,这是改革开放总设计师邓小平提出来的设想,20世纪90年代旧的经济体制虽然被打破,但新的经济体制只是初见端倪,还没有全面建立起来。江泽民在1993年兼任总书记、军委主席及国家主席后,建立完整的市场经济体制,努力实现从社会主义计划经济体制向社会主义市场经济体制的转变,处理计划与市场的关系成为中国特色社会主义发展道路上必须逾越的关卡,同时继续深化改革开放的深度及广度,扩大改革开放的成果,成为时代赋予以江泽民为核心的中共第三代领导集体的历史任务。1990年,江泽民在回答香港《紫荆》杂志记者的提问时指出,20世纪90年代的中国将更加开放。他认为,中国要想发展起来,必须尽快融入经济全球化浪潮之中[1]。在处理如何加大改革后经济发展所带来的社会生活改变的关系问题方面,他认为根据20世纪90年代国内形势和任务,"改革是动力,发展是目标,稳定是前提"[2]。但市场经济的发展,他认为"必须运用好经济政策、经济法规、计划指导和必要的行政管理,引导市场健康发展"[3],强调在政府主导下的社会主义市场经济发展。1993年,八届全国人大一次会议通过修改宪法,把"国家在社会主义公有制基础上实行计划经济"改为"国家实行社会主义市场经济"。从

---

[1] 江泽民.江泽民文选第3卷[M].北京:人民出版社,2006:456.
[2] 江泽民.江泽民文选第3卷[M].北京:人民出版社,2006:94.
[3] 中共中央文献研究室.十四大以来重要文献选编(上)[M].北京:人民出版社,1996:19.

第五章　1993—2003年时期的乒乓球运动

1989年中共十三届四中全会到2002年中共十六大这13年,是中国经济持续快速发展的历史时期。我国国内生产总值增长近两倍,年均增长9.3%,跃居世界第六位,我国的外汇储备从55亿美元增加到2600多亿美元,增长了40多倍,跃居世界第二。在高科技领域,开始时60%的领域我国或是空白,或刚刚起步,或低水平发展,经过13年的努力,已经几乎涉足所有高科技领域,而且有11%的领域居国际领先地位。我国人民生活总体上实现了由温饱到小康的历史性跨越[①]。第三代国家领导集体的国家治理方式,同样也被引入到中国体育系统,即由计划经济体制下的体育体制向与社会主义市场经济体制相适应的体育体制转变,逐步加大体育的商业化改革,国务院总理李鹏在八届人大二次会议上要求体育战线"要积极探索新时期体育管理体制的改革",八届人大四次会议通过的《国民经济和社会发展"九五"计划和2010年远景目标纲要》规定"进一步改革体育管理体制,有条件的运动项目要推行协会制与俱乐部制,走社会化、产业化道路"[②]。时任国务委员李铁映在1997年全国体委主任会议召开时到会谈到"体育战线要在政治上、思想上、行动上同党中央保持一致,把握大局,服从大局"[③],但这种依托社会、自我发展的体育改革,是"国家通过行政干预手段来进行的,以政府宏观调控为主,强调国家的集权管理"[④],以保证中国竞技体育成绩在国际上的影响与地位,政府是办体育的主体。

在计划经济时期实行的体育体制完全依靠国家的力量集中培养优秀人才,但随着国际乒坛的发展及社会的不断变化,尤其1988年乒乓球进入奥运会大家庭,乒乓球大步走向社会化、职业化,国际乒乓球人才市场已经形成,国家下拨的资金有限,制约着

---

① 吴波,董磊.中国共产党怎样解决发展问题[M].南昌:江西人民出版社,2012:82.
② 国家体委政策法规司.体育改革与发展的思索[M].1998:40.
③ 全国体委主任会议.确定今年体育工作[J].中国体育教练员,1997(01):1-2.
④ 李艳翎.经济体制转轨时期中国竞技体育运行的研究[D].北京体育大学,2000:81.

训练、比赛、培训等活动的开展，教练员、运动员积极性也受到挫伤，相比之下，中国乒乓球传统的单一体制局限性已显露出来，严重影响到我国乒乓球运动的未来及可持续发展。1993年5月24日，《国家体委关于深化体育改革的意见》（以下简称《意见》）正式出台，"要求加快运动项目协会实体化步伐，建立具有中国特色的协会制，以产业化为方向，增强体育自我发展能力"[1]。这次改革虽然推动了体育产业化、社会化的发展步伐，也取得了一定的经济效益与社会效益，但"政府与社会组织的关系未理顺"[2]，《1994年全国乒乓球工作会会议纪要》中特别强调："现行的体制已不适应正在建立的社会主义市场经济体制的国情，也不适应国际乒坛发展的潮流，反映出一定的局限性。"[3]前中国国家体育总局局长伍绍祖，在其任内所主编的《中华人民共和国体育史》中亦指出，"数百名优秀乒乓球运动员擅自出国打球，严重影响了运动员队伍的稳定，对中国乒乓球的发展产生了不利的影响。"[4]运动项目的发展必须适应社会主义市场经济的特点与规律，因此在另一份文件《乒乓球竞赛改革的设想》可以看到，"原有体制的局限性与市场经济的矛盾已不能回避，乒乓球体制改革势在必行"[5]。从1994年第三代领导集体开始对体育系统进行深度改革，要求改变在计划经济体制下形成的思想观念，按照市场经济的客观要求，探索体育事业发展的新途径，反映到中国竞技体育优势项目乒乓球方面，着力改革乒乓球运动的发展方式。

1994年10月25日，国家体委下发了《关于下发1994年全国

---

[1] 国家体委关于深化体育改革的意见[C]. 国家体育运动委员会.[1993-5-24].
[2] 魏礼群. 当代中国社会大事典(1978—2015)第1卷[M]. 北京：华文出版社，2018：325.
[3] 1994年全国乒乓球工作会会议纪要[C]. 国家体委政法司《体育改革文件选编》，1994：296.
[4] 伍绍祖. 中华人民共和国体育史综合卷1949—1998[M]. 北京：中国书籍出版社，1999：388.
[5] 陈昱文，李炳昭，汤添进. 中国竞技乒乓球的蜕变——从乒乓外交走向职业运动(1949—2010)[J]. 中华民国体育学会：体育学报，2012，45(1)：43-58.

第五章 1993—2003年时期的乒乓球运动

乒乓球工作座谈会纪要及有关文件的通知》〔体乒字(1994)34号〕。《通知》指出,"根据国家体委关于深化改革的总体方案,体委决定对乒乓球项目进行管理体制的重大改革。此次印发的文件,是乒乓球改革的有益尝试,对探索在社会主义市场经济体制下,巩固和发展我国优势运动项目有着积极的意义"[1]。随后下发的《乒乓球竞赛改革的设想》提出从1995年主要进行5个方面的改革,其中第三个方面的改革便是"创办俱乐部比赛"。同年开始成立国家体委乒乓球管理中心(1997年合并为乒羽中心),下设办公室、乒乓球部等6个中层机构及国家乒乓球队。

中国乒乓球从1995年开始建立俱乐部体制,运行多年的"单轨制"被"双轨制"取代,中国乒乓球可以既依靠国家,又依托社会,两种体制互补,使得这项运动立马获得了更大的动力。时任国家体育总局乒羽中心副主任姚振绪在接受东方网记者采访时表示:"为适应市场经济的需要,乒乓球人才培养体制的改革不仅是为了建立一个完善的市场机制,同时也是留住人才的需要。推出俱乐部联赛,就起到了这种作用。联赛也成为俱乐部给运动员提供获取经济利益的新方式。虽然中国运动员同外国运动员经济收入之间的差距仍然存在,但已大大缩小了,这对缓解人才外流现象起到了作用。"

2000年,参加全国各级乒乓球俱乐部比赛的队伍已发展到120支,参赛人数达到700人,约占全国优秀运动队乒乓球运动员总人数的80％以上。其中参加超级联赛的男女俱乐部各有12支队伍,甲A比赛男女各有16支队伍,甲B男子有41支队伍,女子有35支队伍,已具备形成一个多层次、多级别、规模合理的俱乐部体系[2]。至2001年乒乓球俱乐部稳步发展,已形成较为完善的三个不同级别的赛事:超级联赛、甲A、甲B联赛。其中作为水平

---

[1] 晏学宁. 论"双轨制"在中国乒乓球体制改革中的地位与作用[D]. 北京体育大学,2002.

[2] 国家体育总局. 乒乓球——中国体育教练员岗位培训教材[M]. 北京:人民体育出版社,2005:388.

最高的超级联赛实行的是主客场制,共有24支队伍,男队女队各占一半,国家队主力都在超级联赛;甲A和甲B联赛,队伍比较多,甲B已有男女各50多个队,比赛搞得越来越红火,各省市电视台都予以转播。目前,参加全国各级别乒乓球俱乐部比赛的队伍已经发展到120支,参赛人数达到700余人,约占全国优秀运动队乒乓球运动员总人数的80%,基本形成了一个多层次、多级别、规模合理的俱乐部体系,随着俱乐部竞赛体制的不断完善,运动员、教练员的收入得到较大幅度的提高,稳定了队伍。为了开拓乒乓球竞赛市场,扩大乒乓球的影响力,中国乒协还与中央电视台合作,创造性地搞了CCTV杯、爱立信中国乒乓球擂台赛;国际乒乓球擂台赛发展到17岁以下国际青少年擂台赛,既有高水平的竞技,又检阅了青少年的水平,还有群众参与,介绍乒乓球知识,把竞技性、观赏性、娱乐性、知识性融为一体。6年来在全国各地的中小城市举办了100多场比赛,通过电视屏幕传入千家万户,有力地推动了乒乓球运动的进一步普及。在中国乒乓球向市场经济迈进的过程中,也正是"海外兵团"兴起之时,随着CCTV乒乓球擂台赛、U17国际乒乓球擂台赛、中瑞对抗赛、世界联队挑战中国等赛事,把瓦尔德内尔、萨姆索诺夫、金泽洙等世界超一流强手多次请到中国,高额的奖金和火爆的球市使这些外国运动员也把中国看成是乒乓球运动的天堂。繁荣的乒乓球市场,不同形式赛事对运动员的锻炼,令已有50年历史的中国乒乓球焕发了新生[①],逐步提升的乒乓球福利及收入使得优秀乒乓球运动员更加刻苦训练,不再思量赴海外打球,可以说中国政府以发展职业联赛与政策管控的方式,稳定了国家优秀乒乓球选手队伍,减少了人才外流的情况。

---

① 中国网综合消息.中国乒乓球五十年辉煌历史回眸[EB/OL].[2005-11-1].中国网.http://www.china.com.cn/chinese/SPORT-c/1016083.htm.

第六章 2004—2012年时期的乒乓球运动

第一节 大众乒乓继续回落

2002年,党的十六大将构建较为完善的全民健身体系与办好2008年北京奥运会作为全面建设小康社会体育发展的两大奋斗目标。随后,在《关于进一步加强和改进新时期体育工作的意见》中对协调举措作出了详细规定。2003年党的十六届三中全会召开,党中央基于可持续发展战略提出了科学发展观,要求坚持以人为本,实现经济社会的全面、协调、可持续发展。2007年,党的十七大将科学发展观列入党章,标志着我国发展观实现了从"物质"向"人文"的转变。在《2001—2010年体育改革与发展纲要》中明确了推进体育事业与经济社会协调、可持续发展的要求。在科学发展观的引领下,我国群众体育建设成效显著。2013年的统计数据显示,"三纳入"工作不断推进,总体覆盖率达到97%;组织不断健全,全国有90.3%的地(市)成立了地(市)级体育总会;指导员队伍持续壮大,正式注册的公益性社会体育指导员达到135万人;法规建设和宣传工作逐步加强,全国16个省和10个较大的市制定出台了全民健身专门性法规;财政支持持续增加,全国经费总投入197.59亿元[①]。

[①] 树立"大群体"观 刘鹏:全民健身取得重要进展[EB/OL]. http://www.sport.org.cn/gasc/2013/0118/86184.html.

胡锦涛等党和国家领导人也对发展群众体育工作做出重要指示,胡锦涛同志指出,国运盛则体育兴,体育是综合国力的重要组成部分,是社会文明的重要标志。胡锦涛在2008年北京奥运会、残奥会表彰大会上提出:"要坚持以增强人民体质、提高全民族身体素质和生活质量为目标,高度重视并充分发挥体育在促进人的全面发展、促进经济社会发展中的重要作用,实现竞技体育和群众体育协调发展,进一步推动我国由体育大国向体育强国迈进。"

胡锦涛时代,该阶段大众体育各方面协调发展进行,逐步实现了不同体育领域、不同区域体育与社会的协调发展,实现了群众体育从服务社会向服务人需求的转变,同时群众体育发展注重宏观政策法规与微观具体实施计划的结合,政府及高层从制度及政策上制定了一系列针对制约我国群众体育发展的措施及对策,大众的体育积极性被激发,相应的大众健身风起云涌,相应的大众体育产业获得快速发展,相应的产业结构也逐步制度化及成熟完善。

经济的发展及人民生活水平的提高和全民健身意识的不断增强,市民对大众体育消费的需求量、生活水平和精神水平呈大幅增长,大众乒乓球运动得到了很好的发展,但也存在着一些问题。伍丽对大众乒乓球的研究认为,"我国大众乒乓球运动发展一般,较其他项目普及,但我国大众乒乓球运动与竞技乒乓球运动还没真正有所交集,基本上独立平行发展,没有交叉融合;就地域而言,如北京、上海、广州等大城市或省会城市大众乒乓球运动总体发展良好"[①]。尤其是上海、北京等具有光荣乒乓球传统及基础的城市,大众乒乓球比赛层出不穷,各行业、单位都有不同级别的赛事,而且当地的乒乓球协会都进行了深度组织及帮助;在大众乒乓球参与方面,还存在着性别、年龄结构的欠合理,就场地设施而言差异较大,与经济水平、领导重视等关系较大。尤其在青

---

① 伍丽. 我国大众乒乓球运动与竞技乒乓球运动的协调发展[D]. 武汉体育学院,2013.

少年这一块还存在较大的发展空间,乒乓球业余大众赛事以中老年参与居多,在大众乒乓球组织方面,自发性组织较多,缺乏专业指导、场地缺乏、教练水平有待提高等。同时当地的乒乓球协会还没有完全发挥作用,政府对乒乓球的系统管理及支持还没有完全体现。饶亚莉认为在大众乒乓球方面,"随着时代的发展,全民健身的意识不断提高,参与健身运动的大众群体越来越多。乒乓球运动在中国具有深厚的群众基础和独有的历史背景,但当前大众乒乓球竞赛的开展及推广存在严重的不足"[①]。

可以说,经过30多年的改革开放,我国经济社会建设成效显著,随着改革开放的深入进行及市场经济的快速发展,人们的生活水平不断提高,而且随着各种新兴运动项目的引进及开展,运动项目有了更多的选择,运动兴趣也不再局限于仅有的几个运动项目,运动项目可选择的多样化及人们运动的多元化发展,乒乓球运动已经不再像以前那样在广大人民的闲暇生活占据绝对垄断的地位。各种运动的市场化发展速度快,不同类型不同规模不同项目的俱乐部层出不穷,也使得大众乒乓球运动面临着前所未有的冲击与挑战。

第二节　竞技乒乓联赛受阻

从2003年第47届世乒赛开始,国际乒联决定把单项赛和团体赛分开,单数年进行单项比赛,双数年进行团体赛。2005年4月底,第48届世乒赛单项赛在中国上海举行,和1995年立誓要打翻身仗的天津世乒赛相比,上海世乒赛少了几许紧张,多了好些欢快,中国乒乓球队再次显示出强大的实力,包揽全部5个项目的冠军。这是中国队继第46届大阪世乒赛之后,再次包揽全部冠军。在2006年4月底第48届世乒赛团体赛,中国国家男、女队分

---

① 饶亚莉. 大众乒乓球竞赛制度拓展研究[D]. 广州体育学院,2017.

别卫冕成功,捧得斯韦斯林杯和考比伦杯。从 2005—2019 年的世乒赛,中国男队再也没有让男团冠军旁落他家,而中国女子乒乓球除丢掉 2010 年女团冠军一次后,也牢牢占据冠军榜首。而男女单打冠军连续被中国夺得,显示了中国乒乓球队强大的实力。乒乓球从 1988 年进入奥运会成为正式的体育比赛项目,到现今的 2016 年奥运会,8 届奥运会乒乓球比赛总计 32 块金牌,中国队获得了 28 枚。

中国乒乓队经历了 20 世纪 90 年代期间的相对低迷时期,加上釜山亚运会国乒痛失四金折戟沉沙,国际乒联改革(11 分赛制、大球变小球、无遮挡发球)以及打法技术缺乏创新等一些问题导致的国乒成绩下滑,时任国家体育总局副局长的李富荣在这样的背景下,提出了以奥运争光计划为主要目标的"第二次创业"。

第二次创业期间,中国乒乓队获得了除 2003 年世乒赛男单和 2010 年莫斯科世乒赛女团之外的 35 个冠军和 1988—2016 年 8 届奥运会中 32 枚金牌中的 28 枚(表 6-1),继续巩固了中国乒乓球的世界霸主地位。在运动员培养上,男队形成了以刘国梁、孔令辉一批"大满贯"运动员带领"二王一马"、马龙、张继科等一批年轻运动员,女队形成了王楠、张怡宁一批老运动员带领丁宁、李晓霞、刘诗雯等一批年轻运动员的情形。

表 6-1 中国乒乓球队在历届奥运会获奖情况(单位:枚)

年份	金牌总数	所获金牌	所获银牌	所获铜牌
1988	4	2	2	1
1992	4	3	2	1
1996	4	4	4	1
2000	4	4	3	2
2004	4	3	1	2
2008	4	4	4	2
2012	4	4	2	0
2016	4	4	2	0
总计	32	28	18	11

第六章 2004—2012 年时期的乒乓球运动

2000 年乒超联赛将男女队由原来的 8 支队伍增加到各 12 支。且无论是个人还是单位参加第 9 届全运会必须参加 2000 年国内任何一个级别进行的俱乐部联赛,这极大地推动了乒乓球的职业化进程。2005 年,规定各支俱乐部必须要有自己的"俱乐部主场城市"。且中国乒协首次放开外援参赛,共有波尔、朱世赫、柳承敏、施拉格、福原爱、金香美 6 名外国选手,还有来自中国香港和中国台北的选手林菱、李静、高礼泽、张瑞、蒋澎龙等,创造了乒超联赛最多外援纪录。2009 年,乒协与中视体育签订合约,得到乒超联赛三年内的总冠名权和部分经营权,日后,中视体育将总冠名权过渡 361°且拉取了茅台酒和周大福珠宝的赞助。2010 年,郭跃被拍出 1133 万元的天价,而摘牌大会高达 3746 万元的总成交金额也体现了"国球"的价值。2011 年改革赛制,第一阶段成绩最好的球队任选第一阶段三、四名的球队作为第二阶段的比赛对手,保证了比赛精彩性和真实性的同时,也保证了乒超联赛的健康运行[①]。2013 赛季,聚集了像德国名将波尔和奥恰洛夫,还有韩国的朱世赫、新加坡的冯天薇等世界顶尖乒乓球选手,乒超达到顶峰水平。

乒超联赛是世界最高乒乓球竞技赛事之一,经历了十余年市场化发展之路的不断探索,使得乒超联赛在市场规模、赛制规模,运动员权益和影响力上都得到了极大的改善,然而,进入 21 世纪后,乒超现状惨淡,市场欠缺开发,商业推广不广泛,管理体制不完善等问题,与最初目标渐行渐远。目前存在的主要问题有如下几方面。

一、冠名赞助门可罗雀

体育赞助是现代企业营销的一种行之有效的方式,是扩大产品销售,提高市场竞争力的实际需要[②]。赞助商是乒超联赛发展

---

① 张豫龙. 基于 SWOT 分析的中国乒超联赛发展战略研究[D]. 山东体育学院,2015.
② 黄柯. 论体育赞助[J]. 成都体育学院学报,2001(04):18-21.

之根本,也是俱乐部经济来源的重要渠道。1998赛季,乒乓球正式开始联赛制,由红双喜公司冠名赞助联赛,开始了我国乒乓球职业化的新征程。但之后好几个赛季乒超联赛商业开发权一度无人过问。冠名赞助商的频繁更替,赞助商与联赛组委会之间没有形成稳定的合作伙伴关系,这就给赞助商与组委会之间的沟通增加了难度,给联赛的商业推广带来不利影响。中国男足无缘里约奥运会,但中超5年冠名权卖了6亿元,5年转播权又卖了80亿元[①];中国男篮里约奥运会5战皆负,小组出局,但CBA联赛5年冠名权却卖了20亿元[②];中国乒乓球在里约奥运会上包揽4金,但当年的乒超再次"裸奔",即使3000万元的冠名费也无人问津。很显然,在与中国的另外两大职业联赛的竞争中,乒超联赛已处于劣势,严重影响了乒超联赛的商业推广。

二、乒超联赛赛事运营不合理

赛事是一个体育联盟的核心产品。赛事运营的服务质量是核心产品的延伸,被视为其不可分割的一部分。对于乒超联赛来说,赛事运营是否合理直接决定了乒超联赛的发展趋势。乒超联赛是拥有高水平的运动员之间进行的对抗性很强的比赛,但这种精彩的比赛并没有吸引更多的观众积极参与其中,这种现状的出现与赛事的宣传力度和观赏性不够,联赛的赛制更改频繁,主场不固定以及管理者和管理体制都有密切的关系。赛事是乒超联赛的核心产品,而市场需求与消费者对乒超联赛赛事特性的预期相关。乒超联赛赛事拥有世界上最高水平运动员的参与和最强对抗的比赛,但观众参与程度却很低。尽管教练组、运动员和裁

---

① 天价!中超版权5年卖出80亿,体奥动力拿下[EB/OL]. http://sports.qq.com/a/20150925/046694.htm/2016-5-21.

② 中超提劲:我5年版权卖了80亿!CBA眼红:凭啥我一年才2000多万?[J/OL]. http://epaper.xiancn.com/xawb/html/2015-11-03/content_394188.htm. 2015-11-3/2019-04-19.

判员是这个核心产品的主要生产者,但管理者的作用也是不可或缺的,因为在赛事运作中,管理者主要起到辅助工作,如售票、场馆保障等,这些辅助工作的质量往往会影响一场比赛的整体效果,甚至对于提升乒超联赛的收益也起着积极的影响。但就目前来看,乒超联赛的管理者很少参与到赛事运营中,这种参与占比的不合理在很大程度上影响了中国乒超联赛的总体水平和发展。另外,一个产业的发展应具备有较高市场运营水平的管理人才。在西方国家,那种具备全面的管理知识,独立对一个经济组织(或一个部门)开展经营或进行管理的人被称作"职业经理人"。可以说,NBA联盟的成功与其拥有高水平的职业经理人队伍是分不开的[1]。

三、乒超联赛管理体制不完善

由于原有体制的影响,我国乒超联赛管理人员的选拔一直延续着计划经济体制的模式,忽略了对管理人员经济和市场观念的培养,职业经理人观念还很淡薄,从而使得具备高竞技水平的乒超联赛市场发展缓慢。因此,乒超联赛应着眼于培养的体育市场管理体系主要有三个层次,分别是全国运动协会、职业运动联盟以及各地区的俱乐部[2]。这三个部分通过相互协作达到整个运动项目在全国体系的构建,最终使得该项体育运动顺利开展。以国外的发展作为参考,国内要想建立起完善的体育市场,就需要进行明确的权利划分,建立相应的不同级别管理体系,这都是实现整个乒超联赛发展的基本要求。但是,在我国乒乓球协会的各项决策其实都是由乒协中心给出。乒协中心为乒超联

---

[1] Wangrow, D. B., Schepker, D. J., BarkerIII, V. L.. Power, Performance, and Expectations in the Dismissal of NBA Coaches: A Survival Analysis Study[J]. Sport Management Review,2018,21(4):333-346.

[2] Byers T.. Trends in Professional Sport Organisations and Sport Management and Their Market Impact[M]. The Palgrave Handbook on the Economics of Manipulation in Sport,2018.

赛进行全部的管理、监督等工作。同样,乒超联赛的各种资源也是由乒协中心占有,联赛的各项工作都是由乒协下各个部门协作完成。

俱乐部开展各种类型比赛的经费都是采取了统一下拨的方式。在我国乒乓球运动并未实现商业化发展目标,也没有进行商业化的运作。在发展的过程中,中国乒协没有对联赛资源进行合理分配,也没有对发展经费进行明确的划分,这些不明确因素都是乒超联赛市场化发展进程中的严重问题。另外在组建有效公司的过程中,由于大部分的投资方并不是俱乐部自身,当投资者利益和联赛市场化发展的利益相冲突时,投资者为了实现自身利益最大化就会以牺牲联赛长远发展作为代价,这使公司的发展并不能完全依据联赛的利益决定。中国乒乓球协会认识到了这一严重现象,也将联赛资源回收,进行开发。但是这又导致了乒协和联赛之间存在权利模糊的问题。为了解决这一问题,最终乒协还是拿回了联赛的经营权,实现开发和利用。而这些问题都导致了乒协中心的权力过大、职能过多、相互影响,乒协中心不仅负责联赛的相关法律法规制定,还对我国各地的乒乓球俱乐部进行管理;不仅要致力于提高国内乒乓球的技术水平,还要努力加快其商业化进程。在整个过程中,乒协中心承担了多种职责,并且不同职责之间又存在明显影响。其中行政主管部门就不能参与联赛的市场化过程。这种全权负责就直接导致了严重的政企不分问题的出现。为了使得我国乒超联赛得以长时间的稳定发展,就必须要制定相应的管理体系作为支撑。为了使得我国乒超联赛能够加快市场化进程获得长远发展,我国乒协中心需要努力进行管理体制建设,解决当前存在的问题[①]。

四、"双轨制"管理制度失衡

目前,乒超联赛一直采用的是"双轨制"管理制度。何谓双轨

---

① 曹臻. 中国乒乓球超级联赛管理体制研究[D]. 华南理工大学,2015.

制,就是重视举国体制,以为国争光,发扬民族精神为主要职责,轻视职业化。在有奥运比赛等国家级比赛赛程中,乒超要无条件给国家队比赛让路。如:2016赛季,乒超联赛只能等到里约奥运会之后10月中旬开幕,12月下旬结束,为节约时间,将第二阶段的主客场淘汰赛改成赛会制,大大影响了俱乐部的主场利益,阻碍了乒超联赛市场化的发展。从俱乐部角度出发,在"双轨制"下,俱乐部后备人才培养和国家选拔机制不对接,企业大多只是俱乐部的赞助商和冠名商,顶尖乒乓球球员大部分属于国家队所有,除霸州和鲁能俱乐部,其他俱乐部及其社会组织都难以有后备人才培养体系。同时,选拔参赛资格的运动员仅限于专业体制内部,俱乐部向省队输送人才,丧失了对乒乓球运动员的所有权,制约了俱乐部输送人才的积极性。并且,乒乓球运动员的价值主要依据国际大赛得以体现,乒超排名和表现没有在乒乓球运动员国际大赛选拔机制中得以体现,严重影响了乒乓球运动员和政府参与乒超的积极性和主动性。

从1999年乒超联赛创办以来,下定决心铸造成NBA式大赛,然而过去多年,职业化道路依旧未能真正实现。中国乒超联赛不管从所有权还是管理权,都带有浓厚的政府色彩。乒超联赛由16支俱乐部组成,各参赛俱乐部接受地方各级体育行政主管部门的指导。现阶段,除山东鲁能-中电装备俱乐部等少数俱乐部按照现代企业制度运营外,赞助型和政企合办型则难以称得上是完全按照市场经济规律运行的商业俱乐部,存在着产权不分、各投资方投资方式、投资金额混乱以及各方权利和义务难以界定的问题。因此,在"双轨制"的影响下,各方由于利益出发点的差异,乒超联赛管理存在着混乱现象,由于产权不清晰,利益分配不均导致的"扯皮"现象不断出现;"官办不分",政府一手包办以及对俱乐部权力进行多方牵制,专业的体育赛事推广中介介入无门,使得乒超联赛难以按照市场的需求进行商业运作,严重阻碍了乒超联赛的职业化和市场化发展进程。

五、球员归属不确切

自乒超联赛创办至今,乒乓球球员的归属问题一直未能得到解决,企业开高额工资给乒乓球运动员,乒乓球运动员却无法给他们挣钱。有业内人士指出,真正的职业俱乐部与球员应该是所有权关系,但乒超俱乐部与球员只是临时雇佣关系,对于球员没有开发权,肖像权等隶属于乒协管控,即使俱乐部是赞助商,也不可以让自己赞助的球员去为企业代言,俱乐部只能行使联赛期间短暂的使用权,俱乐部对于球员特别是顶尖球员的管控较难把握,就连个别奥运会乒乓球冠军也没有属于自己的决定权,不知是否被流拍,并提出了对乒超联赛规则的不解。乒超联赛产生此类事件已然不是第一次,2007年王励勤以245万元成为"标王","501万标王"马琳的身价则缩水至131万元,还不如女球员李楠高。此外,非市场化的思维方式渗入到乒超各个环节,乒乓球运动员也不例外,他们都不明白为何自己为俱乐部作出了很大的贡献,最终还是被俱乐部抛弃。而包括运动员集体罢赛、动辄微博集体转发体现出的"绝对忠诚",都是传统项目运营话语权不平等的畸形反映。折射出了乒乓球职业化发展的滞后现状,应从可持续发展的方向考虑乒超的市场价值,并完善运动员的转会机制,解决薪资等问题,确保俱乐部与乒乓球球员间的利益。

第三节 2004—2012年乒乓球发展的主要特征

2001年11月10日,中国在卡塔尔首都多哈召开的第四届世界贸易组织部长级会议上被接纳为世贸组织成员,12月11日中国正式加入WTO。中国的入世是在美国冷战取得重大胜利以及苏联解体之后,它标志着中国开始全面融入世界经济,社会主义市场经济体制开始走向完善及成熟。时任国家主席胡锦涛充分肯定中国融入全球经济体系所带来的机遇，认为，中国的入世，是中国为加快推进改革开放和社会主义现代化作出的重大战略决策，"加入WTO惠及中国及各国人民"[1]。他认为"党的十一届三中全会以来改革开放的路线方针政策是完全正确的"[2]，强调"只有改革开放才能发展中国，必须实行更加积极主动的开放战略"，但"改革开放，勇于参与经济全球化，必须坚持独立自主"[3]，必须"坚持社会主义方向，立足于中国的社会主义国情"[4]。换言之，中国的改革开放，它既不同于计划经济时期的发展模式，也不同于西方资本主义的发展模式，它是"在科学发展观与中国道路的超越，必须坚持社会主义道路"[5]。

　　胡锦涛主席领导下的中国政府认为我国正处于社会主义初级发展阶段，而社会主义初级阶段主要矛盾构成了中国特色社会主义政治及市场经济的历史起点和逻辑起点。从苏联解体的教训可以看到，"市场不是资本主义专利"，在经济文化相对落后的国家里搞社会主义，必须在经济上要一个市场经济充分完备发展的历史阶段[6]，必须从生产力的角度来理解社会主义和建设社会主义，把市场经济体制和社会主义基本制度结合起来，是进行社会主义改革必须着力解决的一个问题，中国特色社会主义市场经济不是资本主义的市场经济，中国的市场经济只在资源配置领域

---

[1] 中国新闻网．胡锦涛：中国加入WTO惠及中国及各国人民[EB/OL]．http://www.chinanews.com/cj/2011/12-11/3523115.shtml．

[2] 环球在线．胡锦涛在纪念改革开放30周年大会上的讲话（全文）[EB/OL]．http://www.chinadaily.com.cn/hqzg/2008-12/18/content_7318929_2.htm．

[3] 和讯新闻．胡锦涛：既坚持独立自主又勇敢参与经济全球化[EB/OL]．http://news.hexun.com/2008-12-18/112525848.html．

[4] 汪青松．两次历史性飞跃与马克思主义中国化[M]．上海：上海社会科学院出版社，2018：192．

[5] 吴波，董磊．中国共产党怎样解决发展问题[M]．南昌：江西人民出版社，2017：119．

[6] 李玉梅．从苏联解体看社会主义改革的历史教训[J]．辽宁师范大学学报，1994(02)：9-12．

发挥作用①。这种充分利用市场经济来促进生产力的发展,同时又坚持社会主义的政策与制度,是胡锦涛延续邓小平时代的宝贵经验,也是发展中国特色社会主义建设的重要政策与战略。中国的这种政治上的"社会主义"及经济上的"市场经济"二元方式,反映到中国体育乃至中国竞技体育改革,以及我国中超、乒超的俱乐部联赛改革,都是在"改革开放积极参与全球经济同时独立自主"的背景下进行的。

因此就乒乓球超级联赛的改革,其以我国市场经济体制深化改革为主要指导思想,坚持使我国乒乓球运动的发展符合世界乒乓球运动的发展规律,"稳住一头,放开一片",但必须依托国家和社会双重力量的良性运行的管理体制,重在保证为国家队创造良好的系统训练环境,完成重大国际比赛任务,使全国乒乓球的训练竞赛活动更加活跃,吸引更多的社会力量关心和支持乒乓球事业的发展②。但中国乒乓球超级联赛在胡锦涛主席时期,作为中国的优势传统体育运动项目,虽然随着国际体育逐步商业化、职业化的方向高度发展,乒乓球紧跟时代步伐是大势所趋,通过引入赞助商和民间资本后,使得球员薪资转移到主要依靠职业俱乐部,而不再依靠政府行政拨款,但中国乒超的改革,首先要求保证平稳过渡,要求保证国家队系统的正常训练与竞赛,尤其是中国乒乓球队在世界大赛上要保证好的成绩,在第十届中国足球协会会员大会上国家体育总局局长,曾任乒羽中心主任的蔡振华谈国家利益时,认为"在奥运会上,国家利益高于一切"。因此,乒乓球管理中心的态度就是符合中国国球,具有中国特色。

2000年时任国家体育总局乒羽中心副主任姚振绪说,所谓乒乓球"全面市场化",这在目前还行不通。因为中国乒乓球定位在高水平上,如果像有些项目一样运作,就失去了观众,不利于乒乓球的发展。当前主要是实行双轨制,即实行政府拨款与企业赞助两条腿走路,逐渐建立起市场投入机制。

---

① 王鑫. 社会主义与市场经济的关系再研究[D]. 上海社会科学院,2018.
② 国家体委. 1994年全国乒乓球工作座谈会会议纪要[C]. 国家体委,1994-10-25.

第六章 2004—2012年时期的乒乓球运动

2003年乒超联赛发展参与者和见证者,时任国家体育总局乒乓球羽毛球运动管理中心副主任(副司级)兼国家乒乓球队总教练的蔡振华就提出了要把中国乒超联赛打造成乒乓球界的NBA这样一个目标,在2012年已经是国家体育总局副局长的蔡振华,"心中有蓝图把乒超打造成NBA",具体就是乒乓球运动的国际推广计划,把乒乓球推向世界,让世界分享乒乓球的快乐。养狼计划是其中一步,"要将我们的乒超联赛打造成NBA,在国际上形成影响力"。[①]

但是随着乒超联赛的进行,乒乓球进入市场后,这种政治方面的"社会主义"高于"市场经济"的思维,让原本属于资本主义国家所发展出来的职业运动制度,在中国因政治体制的关系,"双轨制"在处理乒超联赛的固有矛盾,如"竞赛体制、竞赛机制、制度及竞赛方法"等方面的问题愈加凸显,阻碍了乒乓球超级联赛朝着现代体育职业化、商业化发展的步伐,而遇到发展的瓶颈。这些瓶颈体现在中国职业乒乓球市场上的诸多问题,乒超联赛的发展举步维艰。

---

① 宗和. 蔡振华:把乒超打造成NBA[N]. 重庆晚报,2012-08-10(10).

第七章 特色社会主义新时代的乒乓球运动(2012年至今)

2018年12月,中国乒乓球协会第九届全国代表大会完成换届选举,形成了以刘国梁为中心的新的乒协领导班子,发起成立了运动员委员会,实行运动员、教练员根据自身需要双向选择等一系列改革,使国球向着职业化、产业化、国际化方向前进。2019年4月,中国乒乓球运动管理体制发生重大变革,国家体育总局乒乓球羽毛球运动管理中心(以下简称"乒羽中心")退出中国乒乓球运动管理最高领导机构,放权于中国乒乓球协会,就此乒羽中心和中国乒协两块牌子一套班子的体制彻底改变,协会成为中国乒乓球运动的决策组织,由协会全面统筹和管理中国乒乓球队以及中国乒乓球运动的发展。

相对于竞技成绩而言,社交平台的关注,引发了全国"乒乓热"。互联网媒体时代的便利,滋生出众多"国乒网红",实现了乒乓球运动在新时期、新环境下的有力推广,这也折射出"第三次创业"的三个核心价值:争金、全世界推广和引导全民健身。

第一节 大众乒乓:朝加大推广及引领全民健身目标迈进

一、全民健身热潮的兴起

2012年,党的十八大报告首次提出全面建成小康社会。在国家"十三五"规划中,中央提出了健康中国建设的战略构想并对其落实作出了全面部署。全民健身作为推动全民健康的有效手段,受到了社会各界的高度重视,习近平总书记也号召建立健全健康教育体系,提升全民健康素养、推动全民健身与全民健康深度融合,最终实现健康中国建设目标。与此同时,当前我国经济发展基本实现了依赖内需消费的发展转型。基于此,需要准确把握新时代全民健身发展内涵的深刻变化,以全面深化改革,不断开拓发展新境界。2014年,《国务院关于加快发展体育产业促进体育消费的若干意见》出台,全民健身上升为国家战略,明确了通过体育与医疗、教育等的融合发展推动我国经济新增长的要求。2016年,《"健康中国2030"规划纲要》颁布,就全民健身公共服务体系建设、体医融合等发展作出了具体规定。同年,《全民健身计划(2016—2020年)》印发,详细论述了全民健身在国家经济社会发展中的重要地位、目标及举措。经过这些年的发展,全民健身助力全面建成小康社会的载体作用发挥日益显著。在经济建设中,体育产业规模不断增大,全民健身成为新时代助力我国经济转型发展的新动能和助推器;在社会建设中,通过健身活动的广泛开展,持续提升人民健康水平和生活品质,全民健身逐渐成为增强人民群众获得感和幸福感的重要手段;在生态文明建设中,全民健身的绿色低碳优势不断展现,发挥了形成健康文明生活方式、倒逼生态环境修复与完善、推动生态文明建设排头兵的功能;在政治建设中,"六边工程"的完善推动了体育交往方式的形成,全民健身成为促进社会和谐的重要力量。

从习近平就职以来,以邓小平理论、"三个代表"重要思想、科学发展观为指导,把增强人民体质、提高健康水平作为根本目标,坚持"以人民为中心"的价值取向,把满足人民健康需求作为工作的出发点和归宿,倡导健康生活。树立文明健康生活方式,推进健康关口前移,延长健康寿命,提高生活品质,激发群众参与体育活动的热情,推动形成投资健康的消费理念和充满活力的体育消费市场。注重全民健身文化教育、经济建设、国际形象宣传、文明生活方式养成,全民健身已经成为小康社会全面建成的国家名片及重要标志,全民健身已经上升为国家战略,把体育产业作为绿色产业、朝阳产业培育扶持,破除行业壁垒、扫清政策障碍,形成有利于体育产业快速发展的政策体系,加强体育文化宣传。各级各类媒体开辟专题专栏,普及健身知识,宣传健身效果,积极引导广大人民群众培育体育消费观念、养成体育消费习惯。积极支持形式多样的体育题材文艺创作,推广体育文化。弘扬奥林匹克精神和中华体育精神,践行社会主义核心价值观。

2014年,国务院印发了《关于加快发展体育产业促进体育消费的若干意见》,明确提出将"全民健身"上升为国家战略,简化商业性和群众性体育赛事活动审批,加快全国综合性和单项体育赛事管理制度改革,积极通过市场机制引入社会资本承办赛事。2014年12月,国家体育总局网站公布了《国家体育总局关于推进体育赛事审批制度改革的若干意见》,文件指出,为贯彻落实党中央、国务院加快转变政府职能、深化行政体制改革的重大决策,鼓励社会与市场力量参与体育事业,要充分调动社会力量组织与承办体育赛事的积极性,进一步简政放权,开展体育赛事审批体制机制的改革。依法治理体育赛事,原则上要求,除全国综合性运动会和少数特殊项目赛事外,商业性与群众性体育赛事的审批一律取消。上述政策的相继颁布均表明了政府对业余体育赛事的重视,"全民健身"上升为国家战略和"商业性和群众性体育赛事活动审批"的取消,为城市业余乒乓球联赛的发展奠定了政策基础,提供了极好的外部条件,可为城市业余联赛的发展扫除障碍,有利于城市业余乒乓球联赛的快速发展,完善业余联赛体系。

二、大众乒乓逐渐削弱

外媒归纳中国乒乓球队的成功时,习惯提及深厚的群众基础和数量庞大的参与人数。韩国媒体给出的数字是大约3000万人,而美国媒体报道的数字更是达到了夸张的3亿人,这意味着

第七章 特色社会主义新时代的乒乓球运动(2012年至今)

每13个中国人中就有3个人经常打乒乓球。事实上,这和很多人的感受并不相符,我们似乎没见过身边有这么多乒乓球高手。外媒报道的数字并未提供可供查证的来源,国内的机构倒是做过一些统计,但结果不但不能说明乒乓球的参与人数有多么庞大,反而揭示了这项被奉为"国球"的运动正在失去群众的参与。在卫生部、中国记者协会等机构联合举行的"中国健康知识传播激励计划"颁奖仪式上,一项由人民网做的调查引起关注:在5000多名接受调查的网民中,有77.5%的人在"平时最常用的锻炼方式"问题上选择了步行,跑步和球类运动退居到第二、三位,步行成为大众平日最常采用的身体锻炼方式。这一调查结果与时任国家乒羽中心主任刘凤岩接受采访时透露的信息一致:"乒乓球虽为国球,不少群众心中虽仍有乒乓情结,但已早非最受追捧的体育健身项目。"刘凤岩当时给出的排序是健步走第一、羽毛球第二、乒乓球第三。若综合本次人民网调查,乒乓球连三甲都没挤进去[①]。

《2016年上海市全民健身发展报告》数据表明位列市民参与的体育项目前十名分别为:跑步、快走(健步走)、骑自行车、羽毛球、游泳、篮球、力量健美、徒步登山攀岩、乒乓球、舞蹈类,其中乒乓球位列第九,而据《2017年上海市全民健身发展报告》数据显示,快走(健步走)、跑步、骑自行车、羽毛球、游泳、器材健身、力量健美、舞蹈类、足球、徒步登山攀岩位居市民参与的体育项目前十名,乒乓球已跌出了前十名。这在一定程度上表明,伴随着我国群众体育事业的快速发展,群众的运动参与开始显现多元化发展趋势,不同体育项目的分流加剧,同质竞争加强。

随着人们生活水平的不断提高,兴趣爱好也更加多元化了。在商业文化和流行文化的共同推动下,篮球、足球的关注度逐渐取代了乒乓球。刘国梁、孔令辉、邓亚萍开始被人淡忘,年轻人的眼中只有姚明、刘翔……同时,大量简易乒乓球台随着城市的现

---

① 搜狐体育.国乒为什么能长期称霸世界乒坛,强到"令人发指"的原因令人深思[OE/CL].http://www.sohu.com/a/338735547_100124757.

代化进程而消失,包括乒乓球馆在内的各种现代化体育场馆随之建立。这类场馆数量较少,交通不便,按时收费更是限制了普通工薪阶层打球的热情和次数。"没空打""没机会打"成了绝大部分人减少打乒乓球的理由。群众参与度的逐渐降低,虽没有影响中国乒乓球在世界范围内的一枝独秀,但我们却不得不面对乒乓球在世界范围内的日渐"萧条",更难见当年全民参与乒乓球的盛景。举国体制下成长起来的乒乓球运动,因全民参与而兴盛;又因"为国争光"光环的笼罩,让过去的自由乒乓,变得愈发沉重。越来越多的普通人因此对国球敬而远之[1]。对生活在现代都市的人们来说,是否能快捷参与是大多数人选择体育活动的标准。有调查显示,对于运动场所的选择,在单位或住宅小区体育场所进行体育锻炼的人数比例最高,其他依次为自家庭院或室内、公共体育场馆、住宅小区空地等。要让一项体育运动惠及更多群众,需要更低的参与门槛和更多的参与机会。重拾乒乓球拍,就是要把乒乓球当作全民健康生活的一部分,而不是纯粹为了竞技。减少乒乓球比赛场地、规则的多余限制,让乒乓球运动回归大众生活,无疑是提高乒乓球运动参与度的关键。

在重新普及乒乓球运动已成当务之急时,如何让更多的人更方便地参与到乒乓球运动中来显得尤为重要。当今时代,社交媒体方兴未艾,已经出现了细分化、专业化的趋势,展现出全新的传播生态。中国体育正在转型,金牌已不再是发展体育的唯一目标,"大家好才是真的好"已成为广泛共识。中国乒乓球有着数十年的深厚积淀和广泛的群众基础,乒乓球正慢慢进入互联网行业,而以乒乓球为主题构建社交媒体平台,使大众体育展现出更活跃的态势,进而为体育产业的发展开辟新的模式,"快乐乒乓网"在2015年世乒赛的苏州市应运而生,一向眷顾高科技项目的风险投资开始青睐中国体育,让人猛然意识到:大众乒乓的市场值得深耕开拓。目前,在全国部分大中城市,开始实施不同层级

---

[1] 新浪体育.重拾球拍还大众自由乒乓,真正享受国球的轻松快乐[EB/OL].[2011-11-21]. http://sports.sina.com.cn.

的乒乓球业余赛事,通过积分实现较为合理的分级,建立起全民分级的乒乓竞赛社区,并通过社交媒体不断扩展,能在全国编织起乒乓球爱好者之间的一张"大网"。

湖南省乒乓球协会坚持改革创新,团结拼搏,坚持顶层设计与摸着石头过河相结合,积极探索群众乒乓球运动发展新路,即高举全民健身这面旗帜,努力做好"普及与提高相结合,培训与竞赛相结合,事业与市场相结合,协会与企业相结合,协会与俱乐部相结合,管理与办理相结合"的六个结合,谱写了"全民健身,国球当先"的湖南篇章,受到了中国乒乓球协会的充分肯定和全省球友的赞许。

三、上海城市乒乓球业余联赛开辟大众乒乓球发展新路径

业余体育赛事以业余竞赛的形式激发市民的运动参与,对推动全民健身的发展起到不可替代的作用。上海市历来重视业余体育赛事体系的完善,如今涌现出了一大批具有特色与创新性的赛事,其中,创建于2017年的上海城市业余联赛便是其中的佼佼者。上海城市业余联赛设置有多样的项目,分为三大板块:项目联赛、项目系列联赛以及品牌特色赛事活动,其中,项目联赛包含如五人制足球、篮球、乒乓球等10项,项目系列联赛包含路跑、城市定向、自行车等37+X(指37项以外可能的项目)项,而品牌特色赛事活动则包括上海市武术节、上海市自行车嘉年华等13+X(指其他行业特色活动)个。由此可见,上海城市业余联赛的项目设置较为全面,同样较有特色,市民也因此具备了更多的选择权。

上海通过打造城市乒乓球业余联赛,使得城市乒乓球业余联赛空前火爆,其上座率甚至超过乒超联赛。上海城市业余乒乓球联赛相较于其他省市的业余乒乓球赛事的开展具有较为先进的办赛理念、组织承办方式以及运营模式等,城市业余联赛乒乓球项目联赛以联赛的形式进行,设置了甲、乙、丙三个级别的赛事,

丙级联赛参赛门槛低,利于扩大参赛人次;比赛项目以人为本设置也较为合理,采用混合团体和男女单打等结合的赛制;且比赛时间跨度长,几乎做到了周周有比赛,确保了参赛的连续性。其次联赛采用政府—社会—市场相结合的办赛模式,政府起主导作用,且通过一定的绩效评估模式来评估具体承办单位的绩效(表7-1)。

表7-1 部分联赛赛制设置

比赛组别	比赛项目	参赛办法	竞赛办法
2018年丙级联赛("龙腾杯"乒乓球邀请赛)	混合团体赛	可报领队一名,教练一名,其中至少有一名女运动员(领队、教练员可上场比赛)。	1. 第一阶段循环赛,必须打满5场,每组前2名进入第二阶段淘汰赛。 2. 出场顺序为:第1、4、5场为男子单打;第2场为女子单打;第3场为双打(男双、女双、混双均可);每位运动员每场比赛只能上场一次。 3. 所有比赛,第一阶段需打满5场,第二阶段为5场3胜。
2018年乙级联赛	混合团体赛	1. 各区、各单位参加2017年城市业余乒乓球比赛丙级联赛取得优胜名次的运动队可以报名参加乙级联赛,名额缺席可依次递补。 2. 各队可报领队兼教练1名,运动员8名,其中至少两名女运动员,允许第三名运动员替代男运动员上场比赛。	1. 第一阶段循环赛,每组前2名进入第二阶段淘汰赛。 2. 出场顺序为:第1、3、5场为男子单打;第2场为女子单打;第4场为混合双打;每位运动员每场比赛只能上场一次。 3. 第一阶段需打满5场,第二阶段为5场3胜。 4. 除了第5场采用5分金球外其余比赛均采用3局2胜11分制。

续表

比赛组别	比赛项目	参赛办法	竞赛办法
2017年甲级联赛	混合团体赛	1. 各赛区前8名可参赛。 2. 参加团体赛者均可参加单打比赛。 3. 可报领队兼教练1名,运动员8名,至少2名女运动员。	1. 第一阶段循环赛,每组前2名进入第二阶段淘汰赛。 2. 出场顺序为:第1、3、5为男子单打;第2场为女子单打;第4场为混合双打。允许女运动员替代男运动员参赛(混双除外);每位运动员每场比赛只能上场1次。 3. 所有比赛,第一阶段需打满5场,第二阶段为5场3胜。 4. 所有比赛,除了第5场采用5分金球外其余比赛均采用3局2胜11分制。
2018年甲级联赛	混合团体赛;男、女单打	(一)混合团体赛 1. 各赛区前8名可参赛。 2. 参加团体赛者均可参加单打比赛。 3. 可报领队兼教练1名,运动员8名,至少2名女运动员。 (二)男女单打 A:有专业背景运动员;B:业余群众组。	1. 第一阶段循环赛,每组前2名进入第二阶段淘汰赛。 2. 出场顺序为:第1、4、5(五分金球)场为男子单打;第2场为女子单打;第3场为混合双打。每位运动员每场比赛只能上场1次。 3. 所有比赛,第一阶段需打满5场,第二阶段为5场3胜。 4. 混合团体赛冠亚军决赛采用5局3胜,其余比赛局采用3局2胜。 5. 各组别男、女单打采用淘汰制,3局2胜。

上海城市乒乓球业余联赛具有以下鲜明特征。

(一)丙级联赛参赛门槛低

上海城市业余联赛乒乓球项目联赛丙级联赛是在上海市体育局和上海市乒乓球协会的有关规定和要求下,权利下放至各区乒协来组织承办的。为秉承最大限度地推广乒乓球运动,广泛开展全民健身运动的理念，上海市乒协规定丙级联赛的门槛应降低，即人在上海即可参赛（除现役职业俱乐部运动员与教练员），最大程度上降低了参赛门槛，满足不同人群的参赛需求，为扩大群众基础创造了条件。各区乒协均充分发挥本身的职能，积极推动丙级联赛的发展，协助各承办单位办好比赛，规范办赛程序，力求丙级联赛办赛数量和办赛质量均能达到一定的水平。各区承办丙级联赛的数量与质量是各区乙级联赛名额分配的重要指标，丙级联赛的数量多且质量较好则相应的乙级联赛的分配名额多，具体参赛队的产生由其在区县的成绩决定。此外，丙级联赛的数量与质量还是各区乒协评先树优的重要指标。经多方协同努力，无论是丙级联赛的办赛数量还是办赛质量均有所突破，从统计数据看，截至2017年11月23日，系统统计丙级赛参赛人次26351，而截至2018年12月4日，系统统计丙级赛参赛人次更是多达32660（图7-1），一定程度上做到了全民参与。

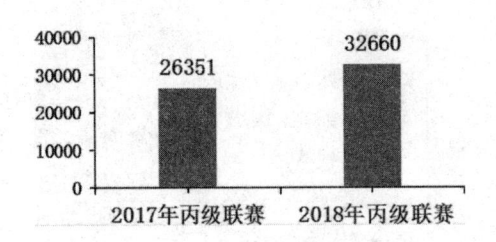

图7-1 上海城市业余联赛丙级联赛参赛人数分布图

（二）上海城市业余联赛办公室对联赛进行督导

为保障上海城市业余联赛更好地开展，专门成立了上海城市业余联赛办公室对联赛进行督导，联赛办公室又下设五个部门（表7-2），进一步细化责任分工，五部门分别为综合协调部、竞赛活动部、宣传信息部、市场推广部、综合保障部。综合协调部负责各部门的协调、沟通与联络，负责筹备召开办公室工作会议、工作会议及其他例会等；竞赛活动部负责联赛总体方案的拟定及发布，负责承办单位的招标，并审定各项目实施方案；信息宣传部负责拟定宣传计划并实施,营造良好的氛围,协助各承办单位做好赛事和活动的宣传活动;市场推广部负责联赛市场开发工作和联赛市场保险工作;综合保障部负责制定联赛赛事活动安全、医务工作要求,对联赛的安保、医务工作进行指导与抽查。五部门通力协作使业余联赛的相关工作开展得更合理、更高效,例如,竞赛活动部对联赛的承办条件和要求、承办办法等做了详细说明,有助于承办工作的顺利开展。宣传信息部则对官方宣传、新媒体宣传、传统媒介的宣传内容和方法做了要求。

表 7-2　业余联赛办公室五部门工作分工职责表

业余联赛办公室下设部门	主要职责
综合协调部	各部门的协调、沟通与联络,负责筹备召开办公室工作会议、工作会议及其他例会等
竞赛活动部	联赛总体方案拟定及发布,负责承办单位的招标,并审定各项目实施方案
宣传信息部	拟定宣传计划并实施,营造良好的氛围,协助各承办单位做好赛事和活动的宣传活动
市场推广部	负责联赛市场开发工作和联赛市场保险工作
综合保障部	负责制定联赛赛事活动安全、医务工作要求,对联赛的安保、医务工作进行指导与抽查

(三)联赛时间跨度长

上海城市业余乒乓球联赛的另一大优势便是时间跨度长(表 7-3),几乎做到了周周有比赛,极大地保障了参赛者在本年度中参与联赛的密度与次数,是推动上海市全民健身运动与乒乓球运动开展的重要手段。从 2017 年度上海城市业余乒乓球联赛的时间跨度看,从乒乓球界的"春晚"2017 年新民晚报"红双喜杯"迎新春乒乓球公开赛开始,各区丙级联赛相继开展,至 2017 年 9 月 16 日,经过丙级联赛的淘汰之后各区代表参与丙级联赛为期两天的混合团体赛,再至 2017 年 11 月 4 日、5 日的甲级联赛的收官之战,2017年度的联赛时间跨度为2017年1月23日—11月5日,历时10个多月的时间。2018年的统计数据显示,从2018年1月6日的新民晚报"红双喜杯"迎新春乒乓球公开赛开始,至2018年10月13日的乙级联赛,再到最后2018年12月2日的甲级联赛混合团体赛,2018年度的联赛时间跨度为2018年1月6日—12月2日,整个联赛时间跨度约有11个月。

表7-3 部分联赛时间跨度表

	新民晚报"红双喜杯"迎新春乒乓球公开赛	乙级联赛	甲级联赛
2017年业余联赛乒乓球联赛	2017年1月23日	2017年9月16、17日	2017年11月4、5日
2018年业余联赛乒乓球联赛	2018年1月6日、7日、13日、14日	2018年10月13日、14日	2018年11月24日、12月1日、2日

(四)联赛办赛方式趋于合理等优势

上海城市业余乒乓球联赛丙级联赛的办赛方式是在市体育局、市乒协以及业余联赛办公室的指导下,由各区乒协和乒乓球赛事管理人员、级别相对较高的乒乓球裁判以及企业工作人员等制定的,办赛方式是由体育赛事管理人员和乒乓球工作人员共同拟定的,具有一定的科学性、合理性。具体来看,以2018年丙级联赛"龙腾杯"乒乓球邀请赛为例,其主办单位为上海市乒乓球协会,承办单位为上海"龙腾"乒乓球俱乐部有限公司,协办单位为虹口体育馆,由此可知,"龙腾杯"邀请赛凝聚了市乒协专业乒乓球裁判等人才,"龙腾"乒乓球俱乐部有限公司的相关乒乓球管理人才以及虹口体育馆专业体育管理人才的智慧,确保了一定的办赛质量。而上海城市业余乒乓球联赛的乙级和甲级联赛则是由市体育局和体育总会主办,上海市乒协承办,各区乒协和相关场馆协办,其办赛水平与质量较高。在以往一些乒乓球业余比赛中,由于参赛者年龄划分不够细致,以及对参赛选手资格限制得不够严密,一度出现"专业打业余""大打小"等不合理现象。甚至在一些设立奖金的业余赛事中,出现了名次总揽入一些"枪手"和"老面孔"之手的状况,这严重挫伤了真正的"草根"乒乓球爱好者参赛的热情和积极性,有的爱好者已表示不愿再报名参加这样的比赛。市乒协高度重视这一业余比赛中的痼疾,从 2017 年上海城市业余联赛新民晚报"红双喜杯"迎新春乒乓球公开赛开始,便对参赛组别划分更加细化,对参赛选手资格限制和审查更为严格。规定有专业背景的运动员和高水平业余选手与草根选手必须分组竞技,并对所有参赛者名单上网公示。市乒协还专门成立了资格审查委员会,接受举报和投诉,处理了多起违反参赛选手代表资格的违规事件,从而确保了业余联赛的纯业余性质。如今上海的业余乒乓球赛事,竞赛规程制定合理,赛场风清气正,大大提升了参赛者的满意度。赛事层级更丰富。市乒协参与主办了多项"量身定制"的赛事,如以高水平运动员为主参加的精英团体赛;为培养少年后备人才而举办的"青少年十项系列赛""优秀青少年乒乓球赛";还有老知青乒乓赛、城市沙滩乒乓赛等,并首次参与主办了上海市业余乒乓球积分赛、砂板世界杯直通赛等。据统计,市乒协全年成功举办赛事 40 项,参与人次超过 4 万(含城市业余联赛),均创历史新高。在"广厦杯"上海市乒乓球精英公开赛中,设置高达 15.6 万元的总奖金,吸引高水平选手参与,激烈的竞争也极具观赏性,比赛场地闵行体育馆内观众坐得满满当当,上座率甚至超过了一些乒超联赛。

  总之,上海市乒乓球协会是全市乒乓球工作者和爱好者自愿组成的公益性非营利的社会组织。市乒协在实体化改革进程中,不断探索如何以服务凝聚人心、以活动集聚人群、以创新提升人气、以文化陶冶人品。2017 年,市体育局推出"政府、社会、市场"三轮驱动业余比赛办赛机制,市乒协顺势而为,在激烈的市场竞争中主动跨前一步,增加乒乓球赛事和活动的有效供给,构建更完善的服务体系。以"办人民满意的体育"为理念,市乒协把 2019 年定为"服务年",通过加强服务意识,提升服务能级,在服务大局、服务竞赛、服务市场、服务会员四方面都取得了可喜的成绩,让广大乒乓球爱好者有了更多的满意度和获得感,推动了上海乒乓球运动的可持续发展。从 6 月开始,市乒协先后策划、主办了中外友人乒乓球嘉年华、"我与国球乒乓的情怀"征文活动和座谈会,以及"同龄杯"乒乓球邀请赛等四项系列活动。以乒乓球为主线,以爱国主义为主旋律,形式生动,内容丰富,参与者踊跃,获得各界的好评。2019 年的上海城市业余联赛,市乒协围绕三个"度":深入发动、服务更有广度;公平公正,服务更有深度;组织精细,服务更有温度,共举办赛事 110 项,总参赛人次达 36760 名,不仅超过了 2018 年 95 项赛事、参赛人次 35998 名,也创下了上海乒乓史上一项大赛中举办赛事场次、参赛人次的新高。

  随着上海市群众性乒乓球运动的蓬勃开展,乒乓球爱好者对业余教练员的需求日益增长。为规范乒乓球项目社会业余培训市场,推动业余乒乓球教练员就业培训规范有序地开展,在目前全国还没有业余乒乓球教练员岗位培训和执教资质认证的情况下,市乒协会率先迈出改革创新的步伐,与中国乒乓球学院首度合作,推出全市业余乒乓球教练员等级培训(C 级试点班),并作为职业培训向执教资质认证过渡的一个试点。考核培训班一经推出,便得到业余乒乓界的热烈反响,由各区乒协和有关单位推荐的名单几天就全部满额。考核培训班以优质资源整合、体教结合、联合办班的全新模式举办,是全国乒乓界业余教练员职业培训的创新实践和有效探索,既顺应群众性乒乓球运动蓬勃开展,健康化、娱乐化、素质培养化、业余竞技化的需求,又通过取得可复制、可推广、可优化的积极成果和经验,为今后业余乒乓教练员队伍的培育、等级培训考核常态化打下了良好的基础,从而在上海乒乓界逐步形成"没培训不上岗,无证书不执教"的理念和氛围。参加培训的学员普遍反映:"培训班起点高、落点实、理论结合实践,在专业体能基础训练和乒乓球基础理论和实践等方面,收获满满。"有的学员说:"过去游走于无人管理的边缘地带,现在感到有了依靠、有了组织,感谢市乒协创造了这样的机会。"有的学员感到这次短期培训帮助他们初步建立了基础理论框架,乒乓球专业知识和技能得到了重新梳理。有些具有专业、半专业背景的学员,对于教练员职业修养的课目产生浓厚的兴趣,对老师专项体能基础训练的讲解、示范深感认同,得到了新的启示。

四、"国乒网红"为乒乓球运动的有力推广提供了新思路

随着社会经济的飞速发展和体育生态环境的巨大变化,包揽金牌的中国乒乓球队并没有获得太多的赞誉,甚至还深陷"金牌越拿越多,受关注度越来越小,市场价值越来越低"的尴尬境地。

2012年伦敦奥运会后,蔡振华提出中国乒乓球运动的"第三次创业",希望将乒乓球打造成世界型运动,价值最大化。2013年,刘国梁成为国乒第五任总教练。那段时间,国乒经常下部队、走进学校进行推广,但收效甚微。国乒队近年来成绩斐然,但赞助商却依然是传统的李宁、中国联通和五粮液,连续几个周期并无新的赞助合同进来,相比之下,国乒商业化开发程度远远不如项目关注度没那么高的中国跳水队。里约奥运周期,曾短暂出现过迪拜以城市名义赞助国乒,但新周期,双方并无续约。但2016年里约奥运会这支在外界看来有些索然无味的金牌之师却变成了让全民疯狂的"网红之师",在社交网络上,乒乓球队成了最火的球队,尤其在2017年3月深圳举行的"地表最强十二人"的世乒赛选拔赛,大量内涵段子和各种视频不断涌现,使得国家乒乓球队变得有颜有肉、有段子有故事起来,这支团队似乎一夜之间就在社交网络爆发出了巨大的能量。"一切媒介都是补救性媒介,补救过去媒介的不足,使媒介人性化。"现代社交媒体的勃兴,为人们开辟了新的交流模式构型,作为人际传播的拟态和延伸,新浪微博作为社会话语场域"话语漩涡"的重要组成部分,扮演着乒乓球运动传播信息桥和引导者的多面角色,最大限度地打破了传统媒介乒乓球运动的传播格局,并以即时性、嵌套性的传播方

式催生出新型、新质的乒乓球网络文化,为扩大乒乓球运动传播的效果和影响力提供了新的范式。

多个渠道的统计数据均表明,2016年以来新浪微博用户增长继续保持良好势头。信息传播技术与微博人群数量的结合、与微博功能的融合及与微博规则的整合,赋予了新浪微博平台舆论强大的能量,使得新浪微博成为目前乒乓球运动传播最有效的公众参与途径之一。2016年新浪微博信息传播呈现以下三个新的特点。

(1)用户数量激增。截至6月其月活跃用户为2.82亿,同比增长33%,移动端月活跃用户同比增幅更达到40%,截至2016年12月,新浪微博活跃用户数再次实现46%的增长,手机用户依然持续着强劲的增长势头,从新浪微博的用户结构看,呈现更加年轻化的趋势,"90后""00后"人群占比较大[1]。新浪微博以其超强渗透性的网络媒介属性,吸引了众多年轻人的注意力,乒乓球运动员和教练员也借助新浪微博平台不断地扩大乒乓球运动的影响力。

(2)功能逐步融合。新浪微博评论的可读性和阅读效率进一步提升,粉丝之间、粉丝和博主之间的互动交流更加便利,优质评论内容衍生出了更多精彩回复。新浪微博评论区更新了五大功能:①二级评论,回复聚合显示,观点集中讨论,点击二级评论区可查看全部针对该条评论的回复;②热度排序,高效浏览评论,优质内容不错过。在原有的热门评论基础上做了扩展,微博正文页评论默认按热度排序,浏览热门评论更高效;③博主"翻牌",博主互动优先展示。评论中,被博主回复或者点赞的评论,除了排序提前之外,在样式上也会突出展示;④评论大图,浏览图片更便捷,评论图片在列表中放大显示,不必点击即可浏览大图;⑤消息箱评论定位,瞬间返回原文,查看更多精彩评论。

(3)规则逐渐整合。新浪微博突破了以往互联网以文本为核

---

[1] 吴莉莉.论微博在体育文化传播中的特征与作用[J].新闻战线,2016(1):143-144.

心的构架,转型到以人的诉求为核心的构架,新浪微博技术上不断升级促进表达意见的手段更加多元化,互动性更强,突破了原有的传播束缚,提高了信息传播效果①。诺贝尔经济学奖获得者郝伯特·西蒙(HerbertSimon)说:"信息时代的到来,有价值的不是信息,而是你的注意力。"在海量的、泛滥的网络信息中,受众的注意力成为稀缺的战略资源,随着新浪微博在规则上的不断完善与整合,国乒队员及教练员每发一次有特色的微博均能引发众多粉丝"围观",博得众人眼球。依据注意力稀缺资源的现状,"搜狐"网络总裁张朝阳也提出了"眼球经济理论",并认为在当下媒介文化的巨大影响下,眼球经济比以往任何时候都要活跃,例如"刘月半""男单1/4决赛前张继科睡觉的照片"等相关微博的发出,获得了高点击率,抓住了网众的注意力,逐步增强了里约奥运会乒乓球比赛的影响力。

第二节　竞技乒乓球:第三次创业

2013年党的十八届三中全会吹响了全面深化改革的集合号:冲破思想观念的障碍、突破利益固化的藩篱。2015年习近平总书记主持召开中央深改组会议审议通过《中国足球改革总体方案》,2015年3月16日,国务院办公厅印发《中国足球改革发展总体方案》,明确了中国足球改革发展的指导思想、基本原则和主要目标。此后,《中国足球协会调整改革方案》于8月17日出台。2016年,足球运动管理中心于2月撤销,中国足协实现了与国家体育总局脱钩;4月发布的《中国足球中长期发展规划(2016—2050年)》对中国足球首次制定了时间段明确的长远发展规划。11月22日,中篮联(北京)体育有限公司在北京成立,标志着CBA联赛改革迈出了坚实的一步,也是管办分离、体育职业化体制改革的重

---

①　吴莉莉.论微博在体育文化传播中的特征与作用[J].新闻战线,2016(1):143-144.

大举措。中国体育社团改革破冰前行。2017年2月,姚明当选中国篮协主席,篮球改革迈出重要一步。2017年10月18日,习近平同志在党的十九大报告中指出,要加快完善社会主义市场经济体制。经济体制改革必须以完善产权制度和要素市场化配置为重点,实现产权有效激励、要素自由流动、价格反应灵活、竞争公平有序、企业优胜劣汰①。

2012年伦敦奥运会及2016年里约奥运会,中国乒乓队实现了冠军包揽。2012—2019年乒乓球世锦赛中国队也包揽所有冠军,2019年的东京世界杯团体赛中国乒乓球男队女队双双卫冕。值得一提的是,中国男队实现了八连冠,女队则成就了九连冠。从1959年到2019年,整整50年的岁月,中国乒乓球队已经夺得了165.5个世界冠军。从2012年至今,习近平时代的中国乒乓球竞技成绩可谓是"孤独地存在","笑傲江湖,一家独大",世界其他国家的乒乓球竞技相比较中国队而言,差距愈加拉大。不过,国乒称霸国际乒坛这么多年,"天下无敌"也面临着危险。

除了把对手打怕了,也把国际乒联给"惹"了。毕竟,国乒一家独大让国际乒乓赛事失去了冠军悬念,这本身就不利于乒乓球运动在全球的推广。为了限制中国队,这些年国际乒联没少出台新规,尽管国际乒联口头上从来没承认过这些新规是针对中国队。国乒似乎也意识到再这样下去就没有小伙伴愿意跟中国队一起玩耍了。于是,2009年初,蔡振华接掌中国乒协时就提出了一项着眼于乒乓球未来发展的长远计划,准备采取"走出去、请进来"的办法,帮助外国乒乓球运动员提高水平。这就是著名的"养狼计划"。这项计划大致内容分为三块:邀请国外乒乓球运动员来中国参加训练;往国外乒乓球运动队派出教练,输出国乒先进的训练理念和方法;允许中国乒超联赛引进国外高水平外援。这项计划的成功之处在于,过去几年代表欧洲乒乓球最高水平的如波尔这样的优秀运动员,也出现在中国乒超赛场。"养狼计划"提

---

① 新华网.习近平强调,贯彻新发展理念,建设现代化经济体系[EB/OL].[2017-10-18]. http://www.xinhuanet.com/politics/19cpcnc/2017-10/18/c_1121820551.htm.

升了一波国外运动员的水平,收益最大的国家无疑是曾经的乒坛霸主日本队。最明显的例证就是在 2016 年里约奥运会上,男团决赛中国对阵日本,国乒依旧赢球,只不过比分变成了 3∶1。日本得的一分是水谷隼击败许昕获得的,水谷隼在赛后说:"我刚刚发现这是中国队第一次在决赛中输了比赛。我与许昕交手,从来没有赢过,输了超过 50 场比赛。我们每一天都在努力训练以求击败中国,每场比赛我们都下决心击败中国队,我们完全相信可以在 2020 年击败他们。"

一、应对日本队的强力冲击

从世界乒乓球发展局势看,中国队整体优势明显,但是危机也在逐渐增强。近些年欧洲少有球队能与中国抗衡,瑞典和德国等传统强队也出现青黄不接的局面,然而中国队的老对手日本队却在强势成长。日本乒乓球围绕着 2020 年东京奥运会,大力且大胆地培养年轻运动员,甚至出现了"断代培养"的体系模式,形成了一支新兴生力军,给国乒在国际赛场上造成了一些麻烦,在国际比赛中也有不俗的表现。

申奥成功后日本竞技体育后备人才培养的重要政策就是"选拔培养 2020 年奥运会适龄选手计划",直接将目光瞄准 2020 年奥运会的适龄选手,尽早开始选拔和培养[①]。在乒乓球方面,从日本参加 2016 年里约奥运会成员的年龄来看,到 2020 年东京奥运会最小的将超过 27 岁,而乒乓球项目在 1988 年进入夏季奥运会后,历届奥运会单打冠军适时年龄男子平均 24.25 岁,最高 28 岁,最低 20 岁;而女子平均 23 岁,最高 27 岁,最低 19 岁(图 7-2)。对比历届奥运冠军,这些旧生代运动员几乎都不处在夺冠的黄金时期。如果按照既有培养模式循规蹈矩的队伍建设培养人才,来打败早已在世界乒坛"孤独求败"的中国队,希望渺茫。正如原国

---

① 陈琳. 日本 2020 年东京奥运会后备人才培养战略研究. 2015 年第十届全国体育科学大会论文摘要汇编(三)[C],北京:中国体育科学学会,2015:2.

家队教练陈彬及多位受访教练普遍认为,按照已有的梯队建设,日本队对阵中国队处于"输的比较稳定"的绝对劣势。因此日本开始实施"断代工程"人为强制断代,放弃和牺牲中间这一代乒乓球运动员,而各方面倾力投入,重点培养年轻一代,给予几乎中国队同龄人不会有的机会和资源,借以达到2020年奥运会家门口夺金的目标。

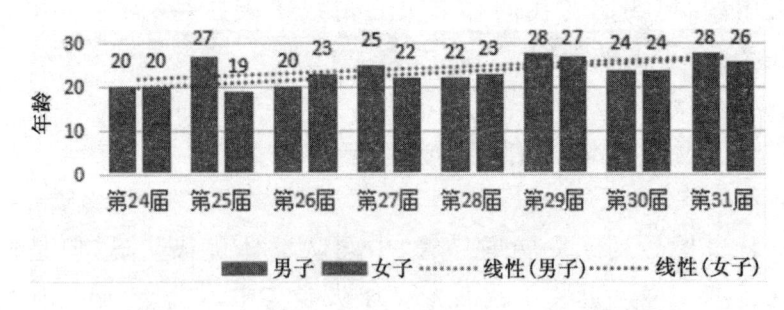

图 7-2 历届夏季奥运会乒乓球单打冠军年龄情况

具体而言,日本的"断代工程"主要包括:(1)年轻化战略。人才培养"下沉",专心年轻化,伊藤美诚、平野美宇、早田希娜、加藤美优、张本智和等"00后"都是日本乒协倾力打造的杰出代表,目前取得了一定的成绩,在国际大赛已对中国形成了集团冲击威胁。现在他们更加坚定地推动年轻化战略,大藤沙月、木原美悠等更低龄的少儿乒乓球运动员甚至13岁就开始打成人级别的世界巡回赛、分站赛。(2)联赛平台建设。日本的乒乓球职业联赛在1977年就已创立,是亚洲最早的乒乓球联赛。而以目标水准超世乒赛,打造乒乓球联赛新模式的日本T联赛在2018年高调开幕,他们从韩国、欧洲等乒协吸收了大量顶尖球员,甚至还有中国球员参加,拟联合整个亚洲乃至世界的力量围剿运作20多年但总体表现欠佳的中国乒超,借此平台增加更多锻炼年轻小将的机会①,培养更多优秀的乒乓球运动员来对抗中国选手。(3)全员参赛模式。在日本乒协的力推下,新的积分制度、新材料球的使

---

① 日本桌球协会.Tリーグ开幕初シーズン[N].日刊体育,2018-6-13(1).

用、增设混双项目都相应出炉,如国际乒联从 2018 年 1 月 1 日开始实行的"国际乒联运动员积分排名规则",日本成为最大的获益者。在这个规则的帮助下,近年来日本不断派出年轻乒乓球运动员"全员出动",参加各种大小的国际赛事。这样一来,青少年球员在尽可能早的时间积累了大赛积分及国际赛事经验,培养了选手们的忧患和竞争意识,下次参加国际赛事时就具备更多优势。像张本智和、平野美宇、伊藤美诚、早田希娜等"断代工程"计划的关键运动员都进入了世界排名前十的位置。由此,日本乒乓球选手就能在各个级别的乒乓球比赛中自动获得种子席位,抢占先机,从而避免了打资格赛被淘汰的命运。(4)教练体系建设。大量引援,通过更加迅捷、完善、方便的归化制度,为特殊人才开放绿色通道,尤其中国球员之外的中国教练组,吸收中国在乒乓球执教方面的科学理论及先进的训练方法,倾力培养年轻小将。(5)"举国体制"保障。"断代工程"规定:"东京奥运会迫在眉睫,为了确保和培养优秀运动员,应该为乒乓球队进行的集训、国际赛事和全国赛事的乒乓球运动和教练及相应人员的派遣、对有潜力乒乓球运动员的培养及其他方面的帮助、运动员竞技技术的提高和技术能力的发挥提供必要的物质保障以及其他的配套政策事项。"日本乒协通过全方位的物质保障,以及最大限度的经费支持,对特殊运动员做到"个性化"照顾,对优秀且具备潜力的重点乒乓小将,有着多达 7 人以上的服务团队全程保驾护航,全力保证训练及参赛。

"断代工程"实施以来,日本的新生代乒乓球运动员开始崭露头角,频频在国际乒乓球大赛中斩获冠军。(1)在 2014 年的德国公开赛,14 岁的平野美宇与 13 岁的伊藤美诚组合成为世界上最年轻的巡回赛世界冠军。同年的乒联总决赛,石川佳纯在决赛中零封韩国的徐孝元大比分获胜。(2)2016 年 10 月的女乒世界杯,平野美宇一路杀入决赛,平野美宇以 16 岁 178 天成为该项赛事创办 20 届以来的首位非中国籍女子单打冠军及史上最年轻的世界冠军。2016 年 12 月在南非开普敦举行的世界乒乓球青年锦标赛上,由平野美宇和伊藤美诚领衔的日本队以3∶1史无前例地战胜中国队夺冠。(3)在2017年4月的无锡亚锦赛中,本土作战的中国三大主力相继被平野美宇击败,这是自1975年以来,已经43年没有一名土生土长的外国选手能在一项洲际及以上级别大赛中连胜中国选手并夺冠。(4)2017年世乒赛平野美宇再次创造历史,她一路过关斩将闯入四强,虽然在半决赛被丁宁好好"上了一课",但已经创造了日本女子乒乓球队自1969年到现今在世乒赛赛场上的历史最佳战绩。(5)2018年全年共12站巡回赛和总决赛,26个单打冠军,中国队虽然独占鳌头拿了18个冠军,但日本也紧随其后拿了7个。而且张本智和在日本公开赛击败马龙和张继科获得男子单打冠军,最后在年度总决赛同样表现出色而夺冠。(6)2019年的国际乒联葡萄牙挑战赛,国乒女队却在新年的首场国际大赛遭遇失败:在两场的半决赛中,日本女将均悉数击败国乒主力,不仅使为夺冠而来的奥运冠军刘诗雯止步八强,败于日本18岁的日本小将早田希娜之手,甚至无一中国女将冲入决赛,最终日本的早田希娜、桥本帆乃香提前包揽女单前两强。早田希娜击败国乒奥运冠军刘诗雯的消息还引燃了球友圈,也迅速地登上了某热搜榜的榜单。

  总之,日本队"断代工程"实施以来成效显著,整个队伍年轻化为主,与国乒主力相比,诚如日媒在报道中所指出的"日本新星们的表现越来越抢势头,新秀不断涌现,再经过几年的锤炼,到东京奥运会将完全走向成熟,而反观中国队却青黄不接,中生代疲软,张继科、马龙的状态明显大不如前,已不在职业生涯巅峰期,而樊振东、林高远、王曼昱等这些中生代仍难堪大任,缺乏足够的王者霸气,东京奥运会乒乓球比赛,日本大有可为"①。"举国体制"作为中国体育成功的重要制度,日本乒协实施的"断代工程"成功借鉴中国队经验,日本乒乓球队正在强势崛起并试图恢复20世纪五六十年代的荣耀,前国家队著名教练尹霄明确指出:"日

---

① 史上最年少优胜,ITTFワールドツアーグランドファイナル大会报道 & 张本智和优胜インタビュー[J]. 桌球王国,2019,262(3):1.

本人在创新方面已经走在了我们前头。"前中国女乒主教练孔令辉在平野美宇亚锦赛夺冠后也曾表示:"日本队的打法非常先进!"日本乒协的"断代工程"策略,使得中日之间的差距在缩小,中国乒乓球队东京奥运会有隐忧。

国家集训中心和集训制度给日本以启发,日本借鉴中国体育成功模式,其"断代工程"成果初显,对中国队构成了强有力的挑战,中日对抗将是乒坛长期内存在的主旋律,国际乒联副主席施之皓等专家认为,"日本断代工程的实施确实对中国乒乓球队产生了重要影响与冲击"。上海交通大学孙麒麟教授也认为:"日本采取一系列措施已收到成效,如果日本在东京奥运会从中国人手中争抢到1—2块金牌,将影响其今后整体发展战略与国际乒乓球格局。"国乒不可忽视日本进步,但日本以中国为镜子从自身谋突破,这从一方面充分说明了我国传统体育体制的优越性,提示我们必须继续坚持与完善"举国体制",充分调动国家和社会资源服务奥运备战,充分发挥其在乒乓球运动领域的功能与优势。针对2020年奥运会乒乓球比赛,建议中国乒乓球队进一步优化人才选拔机制,创新传统奥运备战模式,对成绩表现优异的选手和具有较大潜力的夺牌选手可实行"直接报送计划",同时注重情报信息收集挖掘整理,践行"科技助奥",实现科学研究、高科技训练环境、保障体制等的有机结合。"断代工程"下的日本青少年乒乓球运动员强化培养,其后发优势明显,走出了一条属于自己的独特道路,在后备人才及梯队建设衔接方面具有一定的参考价值,启示中国乒乓球队在青少年早期化训练及参赛、科学化训练、训练的有效性等方面需要引起更多的重视与思考。

二、继续打造乒超联赛

乒超联赛自成立至今,经历了近20年的探索发展,在各方面都取得了一定的成绩。然而,乒超联赛作为中国最早的职业体育联赛之一,却还没有真正发展成类似NBA、NFL等的市场化体育产品。因此,改革和创新对乒超联赛来说显得尤为重要。正如刘国梁所说,"以前更多管队伍的事情,但现在要做一些战略布局、顶层设计的工作"。刘国梁重新回归中国乒乓球队,不仅是要带领国乒继续保持优异的成绩,在世界乒坛保持霸主的地位,更重要的是继续他早年提出的乒乓球三次创业的理念。创新思路,带动全民健身,实现共赢,开辟乒超联赛特色道路,使乒超联赛无论在自身改革发展上还是全民健身上进一步突破,加强乒超联赛职业化、市场化发展,打造一个具有强大国际影响力的职业体育联赛。

(一)扩大乒超联赛影响力,提高乒乓球赛事电视转播率

据 2005 年乒超联赛收视数据表明,卫视、省台、市台三类频道均转播了比赛,观众人数为 32324000 人。卫视频道虽然仅仅播出了 36 小时,在这三类频道中场次与时间最少,但它却是观众收视的主要渠道。共计超过 24847000 人通过卫视收看乒超联赛,所占比例高达 76.8%。当前收视最多人群往往具有高收入、高学历以及高年龄段的特点,乒超很难吸引到 24—35 岁年轻观众的关注与支持。相比于高年龄段的人群,年轻观众对乒超不感兴趣的原因并非不喜欢乒乓球,而是乒超联赛有多个方面难以令他们满意,如现场氛围、赛事娱乐性、宣传力度、收视转播时间以及球星表现。因此,为满足年轻观众的需求,应作出多方调整,宣传策略与转播战略要重视他们的喜好与习惯,拓展受众人群。相关调查发现,电视直播和网络直播是观众观看乒超比赛的主要方式,同时,网络媒体是年轻观众了解获得乒超联赛信息的主要渠道,组织方要打造成熟的网络平台,强化联赛宣传效果。

对于乒超联赛来说,中国乒协和央视公司就是经营商,联赛和观众就是商品和消费者。而体育竞赛这种特殊商品价值的实现是双向的。一方面观众通过媒介获得竞赛产品满足自身需求,另一方面联赛经营者通过媒介将竞赛产品传递给观众,提升品牌价值与影响力同时创造更多的附加价值。所以,市场经济条件

下,价值传递比价值创造更加重要,在价值传递的诸多媒介中,媒体无疑扮演了最重要的角色。前国际排联主席魏纪中先生表示"看乒乓球的,以电视观众居多。"电视转播才是乒超的生命线,而乒乓球比赛的电视收视率很高,也是这个原因。[①] 因此,联赛要重视卫视转播,这对于扩大影响意义重大。收视率的提升与转播的平台与时间密切相关,然而如今转播不仅收不到版权费用,往往还需要俱乐部自掏腰包,这种现象严重阻碍着联赛的长远发展。乒协要重视赛事预告的多样化,尽可能提升联赛的曝光率,每场比赛虽不一定会转播,但在主流媒体要多多报道,吸引观众的支持。

(二)加强体育文化实力,提高比赛物化性

北京队总教练张雷谈到,"想让乒乓球运动更有魅力,更有吸引力,可以建立和 NBA 一样以城市冠名的球队,球队和城市的文化息息相关"[②]。由于竞技体育更高、更快、更强的要求,使得某些方面出现了"重技能,轻文化"的错误教育模式,阻碍了体育文化软实力的发展,各种异化现象丛生,体育观念失当、体育道德失范、体育文化失衡的现象时有存在。随着中国乒超联赛的改革发展,商业化、大众化、娱乐化越来越强,运动员逐渐成为公众人物。因此运动员不仅要具备过硬的技战术,还要展示良好的精神风貌对大众产生积极的影响。在竞技性体育比赛中,难免会出现由于情绪不稳定所引发的冲突,而对于这种消极情绪导致的负面影响的事件,应当进行严肃的处理。如在 2018 年初的乒超联赛中,郝帅因为对手张煜东拒绝握手而当众对其进行辱骂,中国乒超联赛委员会对郝帅这种违反纪律规定的行为进行了停赛两场的处罚,并对张煜东拒绝握手的行为进行停赛一场的处罚。还如孔令辉

---

① 宗夏. 乒超联赛球员收入超篮球原因何在[EB/OL]. http://news.cjn.cn/cjsp/gjj/201209/t2060758.htm.
② 张雷,乒乓职业联赛从归属感做起应有固定发展模式[EB/OL]. 北京晨报. http://sports.sina.com.cn,2011-08-10.

深陷"赌债门",在还没调查清楚的时候,就被临阵换帅调离一线。接着就是导致这次罢赛的刘国梁升任乒协副主席,失去了对国乒的临阵指挥权。几名国家队优秀乒乓球运动员因为此事私自罢赛,并发表微博,极大地影响了国家荣誉和球迷的信任。这一现象的出现,归根结底是作为社会主义公有制和公益化体育事业、体育资产的继承人,这些体育明星已经在今天的市场经济大潮中日益缺乏国乒前辈的政治觉悟和爱国精神,他们的现实利益已经越来越由资本市场来支配(如这些明星的天价代言费和电视节目出场费),他们自身的形象、自身的体育比赛的表演,都已经高度市场化、商品化和资本化,但是商品和品牌的产权,却仍然是国家的。

《中国乒乓球队礼仪手册》是运动员的行为规范,也是提高我国体育文化软实力的一个物化的守则。通过《中国乒乓球队礼仪手册》,引导其维护个人形象、提高道德水平和综合素质,承担起相应的社会责任。加强文化学习、提高综合实力、规范个人行为是维护中国乒超联赛的国际形象、增强乒超联赛知名度的一个重要途径,也是提高体育文化软实力物化的一个重要守则。因此,加强文化实力,提高比赛的物化性是中国乒超联赛发展的重要趋势。

(三)放开引援政策,广泛吸纳人才

乒超联赛作为世界上竞技水平最高的乒乓球联赛,一直以来都被各国优秀运动员视为提升自我的有效途径之一。NBA 自创办以来,一直拥有国际化的视角,第一年就有 5 名国际球员加盟。2017 和 2018 赛季,NBA 拥有来自 42 个国家和地区的 108 名国际球员,成为连续四个赛季国际球员总数超过 100 人的联赛。国际球员的加入增强了 NBA 的全球关注度,极大地推动了篮球这项运动。在 2012 年 9 月的新闻报道中,乒乓球协会主席蔡振华首先谈到了国球的"第三次创业",即"从单一的训练、比赛到发展的多样化,全面提升国内外乒乓球运动的影响力,并期待乒乓球运动的再次蓬勃发展"[①]。但乒超联赛的对外开放程度可谓是相形见绌,这与立志打造"乒坛 NBA"的宏伟目标相去甚远。历史也告诉我们,"闭关锁国"向来不是保持领先地位的有效途径。

随着日本 T 联赛的成功举办,给我们带来很好的启示:广泛地吸纳世界各地的顶尖乒乓球运动员。虽然在过去的几年里,蔡振华推出的"养狼计划"可以让更多的外籍球员参加中国乒超联赛,吸纳了像日本福原爱、德国的奥恰洛夫,以及韩国选手朱世赫等一些国际球星,但这远远不够,其国际影响力可以说非常小。开放联赛,对于现在的乒超来说,迫在眉睫。比如最近很火的法尔克,他在接受记者采访时,透露自己有意想到中国打球,可是没有什么合适的途径。2019 年 5 月 7 日,中国乒协时任主席刘国梁,在接受记者访问时也谈道:"目前东京奥运会之前,还是要稳妥起见,全力保障训练,接着拿金牌!并且他现在有一个想法,那就是彻底开放中国的乒超联赛。"中国乒乓球虽然很强大,但并没到想拿冠军就拿冠军的统治级别的地步。也要运用先"引进来"再"走出去"的政策方针,让不同国家的乒乓球运动员一起进行比赛交流,融会贯通,并且通过他们的影响力传播乒乓球运动,促进乒乓球运动在全球范围内的进一步发展。

三、协会改革,走中国特色之路

问题牵引改革,改革解决问题[②]。在近段时间里,日本开始觊觎挑战中国,在 2018 年终总决赛时,张本智和在夺得冠军面对记者的采访时,直言表示,想要迎战国乒选手许昕。同样败在张本智和手中的还有马龙、樊振东等。中国优秀乒乓球运动员频繁输掉比赛,凸显了国乒后备人才匮乏、青黄不接的问题。中国乒超联赛现今最大任务是推广乒乓球的职业联赛发展,鼓励更多的国

---

① 崔国文,牛立军. 乒超联赛薪酬制度演进与优化对策研究[J]. 山东体育学院学报,2016(01):35-40.

② 欧晓彦. 习近平改革思想研究[D]. 南昌大学,2016.

际选手参加职业联赛。自1994年中国成立乒乓球俱乐部,1995年开始首届乒乓球俱乐部联赛,2000年升级为中国乒乓球超级联赛,我国乒超已有20多年的历史,但其职业化发展历程却没有跟上时代的脚步,如今,确实已经到了需要进行改革的地步了。目前,参与乒超联赛运营与管理的主体主要有国家体育总局、乒协中心、中国乒协以及俱乐部。具有一定行政管理能力的运动管理中心具有实体化特点,而运动协会具有模糊化特点。由此可见,创建具有中国特色的管理体制可以采取政府进行监管、协会进行主导,社会、市场进行驱动发展,必须加快乒协的实体化进程。2014年1月24日第十届中国足球协会会员大会时任国家体育总局副局长受访时谈道,"协会实体化是趋势,不再'无为而治'"①。在中国乒超联赛的成立之初,留住国内优秀运动员、推动中国乒乓球运动发展、更好地为国争光是主要目的,也是基本原则,随着乒超联赛市场化、职业化的发展,这些目的、原则以及体育产品的基本属性都不应当发生改变。改革要以中国的基本国情为出发点,以运动员为本,走适合中国特色的职业化道路。满足竞技体育发展规律和社会主义市场经济发展规律的需求,开辟出一条具有中国特色且适合中国乒超联赛发展的最佳道路,只有这样,中国乒超联赛才能在市场化、职业化的体育改革浪潮中更好地发展下去。

四、文化推广,合作共享

体育向来是打破政治、种族、语言、意识形态的隔阂,促进不同人群和文明之间对话交融的有效途径。据国家体育总局统计,从1957年中国向海外第一次派出援外教练以来,在过去的51年中,中国共向123个国家和地区派出2547名教练,其中以乒乓球、羽毛球、跳水和武术项目教练居多。如今,国际体育交流已成

---

① 专访蔡振华(上):协会实体化是趋势,不再"无为而治"[EB/OL].新华网.http://www.lsxw.gov.cn/Info.aspx? ModelId=1&Id=25504.[2014-01-22].

第七章　特色社会主义新时代的乒乓球运动（2012年至今）

为世界体育发展的常态。在北京奥运会上，细数在"水立方"里大放异彩的各国游泳选手，可以明显感受到这一点。首位4枚奥运会蛙泳金牌获得者日本人北岛康介常把美国高原训练基地当作"后花园"，世界各地都有他的备战营地。韩国游泳天才朴泰桓、津巴布韦仰泳冠军考文垂、巴西自由泳金牌得主西埃洛，都长年在美国受训。以打破世界纪录的成绩获得女子200米蝶泳金牌的中国姑娘刘子歌，情况有点复杂。她的教练金炜虽非洋教练，却曾在澳大利亚执教4年，并一直用典型的澳大利亚训练体系训练刘子歌。巧合的是，金炜当年在澳大利亚追随的主教练肯·伍德，恰恰就是此次在同一个泳池里输给刘子歌的澳洲名将斯基佩尔的恩师。中国在开放，世界在交流。作为全球化进程缩影的体育跨国界交流，正日益拓宽人们的视野，启发人们的思维，促进全人类共享文明成果。

2018年9月27日，中国乒协发布公告，宣布中国乒协成立换届筹备小组，中国乒乓球协会副主席刘国梁担任工作小组组长并主持协会工作。谈到此次的乒协改革，刘国梁坦言也多了一份责任——在做好2020年东京奥运会备战的同时，也要为乒乓探索出新路。"乒乓球是中国的国球，理应通过实体化改革，在推动'健康中国'国家战略，乒乓球项目全球推广等方面作出更大贡献。"

在乒乓球世界范围内的推广方面，上海市政府和中国乒协不遗余力。鉴于中国在世界的影响力和对世界乒乓球运动的贡献，2013年5月，国际乒联正式宣布将国际乒联博物馆迁往中国上海。2014年10月，上海市教委、中国乒协、国际乒联三方签订合作协议，按照"二馆合一"的原则，由上海体育学院作为责任主体，筹备将国际乒联博物馆和原定计划建设的中国乒乓球博物馆进行整合建设。乒乓球博物馆是第一个引入中国的国际级体育类专业博物馆和国际体育组织所属博物馆第一个在异地建设发展的项目，较完整地保留了世界乒乓球运动起源和发展的物化历史，有利于具体地、横向地向全世界推广乒乓球文化。

为了更好地实现"第三次创业"的核心目标,发挥国家队和中国乒乓球学院的独特优势,促进乒乓球项目的国际推广,贯彻落实"由体育大国向体育强国迈进"的总目标,破解"体教结合"面临的体制机制障碍,促进"国球"的健康发展,推进中国乒乓球文化的传播,保持世界乒乓球运动的活力,服务上海经济社会发展,2010年9月17日上海市人民政府和中国国家体育总局签署了共建上海体育学院中国乒乓球学院协议,这是迄今为止中国第一所以一个运动单项成立的普通高等学院(中国乒乓球学院是世界上唯一的一所以乒乓球为专业的高等学府)。中国乒乓球学院依托上海优质的教育资源,集基础九年制义务教育、中学教育再到高等教育的一贯制培养体系,办学宗旨是学院全面贯彻党和国家的教育方针,坚持体育强国战略,探索"体教结合"的新体制与新机制,培养高层次乒乓人才,传播"国球"文化。在办学定位上,学院建设集"教学、训练、研发、培训、赛事与对外交流"于一体、包含所有办学层次、坚持学历教育与日常培训相结合的世界一流特色学院。学院有世界一流的乒乓球训练、教学、科研和智能化研发平台,与乒乓球全面融合的课程设置,国际化和开放式的办学模式,世界知名教练员、奥运冠军、世界冠军组成的教学训练团队,多学科专家组成的科研团队和研发团队。学院拥有一流的训练馆、体能训练中心、重点实验室以及教学与科研设施和后勤保障设施,为国内外学生、运动员、教练员以及研究人员提供优质的学习、训练与研究条件。中国乒乓球学院欧洲分院位于卢森堡,每年互派教师、学生进行训练与交流合作。

20世纪70年代,著名的"乒乓外交"事件,上演了"小球推动大球"的外交佳话,此后乒乓球作为我国的国球,一直扮演着"国际体育使者""和平使者"的角色,为我国的外交、体育、文化事业作出了贡献。在以习近平同志为核心的党中央领导的"新时代中国特色社会主义"时期,国球继续在外交、体育、文化传播等领域发挥特殊作用。如今,在"一带一路"倡议下,乒乓球又成为联结中国和"一带一路"沿线国家和地区人民的桥梁和纽带,发挥着不可替代的重要作用,并为"一带一路"建设注入了新的活力。2016年,中国乒协在新疆乌鲁木齐参与组织了第一届"一带一路"国际乒乓球邀请赛,吸引了埃及、俄罗斯、哈萨克斯坦、吉尔吉斯斯坦等多个"一带一路"沿线国家及地区的乒乓球爱好者组队参赛,收到良好反响。这一活动规模不断扩大,2017年扩展至成都、西安等地,吸引了俄罗斯、美国、奥地利、哈萨克斯坦等18个国家和地区的712名爱好者参与。巴新训练中心是继中乒院欧洲分院之后成立的第二家国际机构。这两家中乒院国际机构集高水平运动员训练、乒乓运动群众普及、乒乓文化海外推广三大功能于一身,帮助其他国家乒乓球竞技水平的发展,协助他们更好地实现乒乓球的群众普及,让更多的人感受乒乓球运动的乐趣,同时让世界更好地认识中国、了解中国、喜爱中国。

第八章 乒乓球与我国国家形象建构

第一节 新中国成立初期(1949—1978年):乒乓球展示新中国独立自主国家形象

1949—1978年,是中国进行社会主义建设探索的时期,这一时期一穷二白,经济、文化都非常薄弱,1952年中华全国体育总会开始成立,同年乒乓球部成立,1953年加入国际乒联,1953年3月中国乒乓球队第一次参加世乒赛,1959年容国团在第25届世乒赛获得单打金牌,这也是新中国第一个世界冠军,打破了西方国家对中国"东亚病夫"的形象认知,从此表明中国人民站起来了,随着在1961年、1963年、1965年世乒赛中国队连续三届取得好成绩,中国乒乓球在全世界展示了新中国独立自主,从此站起来了的国家形象。

一、体育外交,适时启动

新中国成立初期,国际形势不明朗,经历"二战"以后的短暂平静,虽然没有爆发新的大规模战争的可能,但局部战争及小摩擦成为常态,尤其美国及苏联两个超级大国的争霸,使得世界处于"冷战"状态,社会主义阵营与资本主义阵营呈对立之势。以美国为首的西方国家对我国实行政治上打压、经济上封锁、军事上遏制政策。1953年,朝鲜战争停战后,蛮横的美国舰队不顾中国人民的强烈反对仍然盘踞在台湾海峡,妄图干涉中国内政,同时

第八章 乒乓球与我国国家形象建构

企图借道从印度支那地区形成对新中国的包围。因此反对国际反华势力企图制造"两个中国",粉碎以美帝国主义为首的敌对势力包围圈,恢复中华人民共和国在国际社会的合法权益,尤其是联合国的合法地位是新中国成立初期我国外交战略的主要工作及目标。以毛泽东为首的国家领导集体综合考虑多方因素,从当时的国际环境出发,制定了别具特色的外交政策,就是"另起炉灶",这项政策主要包括两方面的意思:一方面是"新中国坚决反对也不承认国民党政府同各国已经建立的外交关系,而要在新的基础上同各国另行建立新的外交关系,驻在旧中国的各国使节当作普通侨民对待",另一方面是"对内在新中国成立初期周恩来提出要另起炉灶,创立新型的党的绝对领导之下的外交队伍"[①];"打扫干净屋子再请客",主要指:清除帝国主义在中国的侵略势力,要在同他们建立外交关系以前彻底清除帝国主义在华的控制权及其影响"[②];"一边倒"主要指:"新中国在国际的战斗中,将始终和以苏联为首的社会主义阵营一起。其本意是表明中国反对帝国主义的态度,它既不意味着中国政府绝不同英、美等资本主义国家来往,也不意味着中国政府放弃独立自主、无原则地倒向苏联一边。"[③]在这三大外交政策的基础上,1955年4月18日,第一届亚非会议在印尼万隆开幕。以周恩来为首的中国代表团,坚持"求同存异"方针,推动会议在和平共处五项原则基础上达成"万隆十项原则",为加强与亚非各国的友好合作关系创造了条件。1957年2月毛泽东在最高国务会议第十一次会议上提出:"巩固同苏联的团结,巩固同一切社会主义国家的团结,这是我们的基本方针,基本利益所在。"[④]在国际上,中国打破冷战的影响,积极主动地支持反帝国主义反殖民主义、争取民族独立和社会发展的

---

① 于化民."三大政策"与独立自主的新中国外交[J].安徽史学,2007(5).
② 陈兼.关于中国和国际冷战史研究的若干问题[J].华东师范大学学报(哲学社会科学版),2001(6).
③ 迟爱萍.毛泽东国际战略思想的演变[J].党的文献,1994(3).
④ 毛泽东选集第5卷[M].北京:人民出版社,1977:344-345.

国家的发展①。

面对乌烟瘴气的国际环境,新中国体育外交在政府对外大政方针背景下破土而出,中国同苏联、匈牙利、捷克斯洛伐克、保加利亚、民主德国、罗马尼亚、南斯拉夫、阿尔巴尼亚等社会主义国家进行了较为频繁的体育交流。积极争取加入国际奥委会等国际体育组织;增强与以苏联为首的社会主义国家阵营的体育交流。1949年,新中国首个由解放区学生组成的篮球队作为体育代表团参加了在匈牙利布达佩斯举行的第二届世界青年与学生和平友谊联欢节和第十届世界大学生夏季运动会,拉开了新中国体育外交的序幕②。

1950年,中国迎来了首个由苏联体委体育学校部部长罗曼诺夫率领的苏联体育代表团,开启了新中国体育外交的大门。1953年8月,仅次于奥林匹克运动会的首届国家青年友谊运动会在罗马尼亚布加勒斯特举办,有来自54个国家的4366名运动员参加。中国游泳运动员吴传玉在男子100m仰泳比赛中获得了冠军,这是中国运动员在国际级比赛中夺得的第一枚金牌。1955年,新中国在北京成功举办了第一个大型国际体育比赛——八国射击友谊赛。此外,我国还同印度、缅甸、泰国等在民族解放运动中新独立的国家开始了体育交往,同日本和欧洲部分未建交国家进行了初步体育交流。

这一阶段体育外交的发展遭遇到不少阻挠,如1951年2月28日,外交部函告中华全国体育总会:芬兰政府希望中国能派选手参加7月在芬兰首都赫尔辛基举行的第15届奥林匹克运动大会③。1952年2月5日,中国电报回复:决定继续参加国际奥林匹克大会的组织和参加在赫尔辛基举办的国际奥林匹克大会。并

---

① 丁庆建.现代体育决策系统分析[J].山东体育科技,2000(22).
② 黄冶,陶锦.我国体育外交70年:回顾、特征和推进路径[J].沈阳体育学院学报,2019,38(05):35-40.
③ 熊晓正,张晓义.从"先驱后进"到"奥运模式"——中国体育外交政策的历史回顾[J].体育与科学,2008(03):40-45+21.

声明中华全国体育总会是代表中国的唯一体育组织。7月17日，国际奥林匹克委员会邀请了中华全国体育总会但同时邀请了台湾的运动员参加第15届国际奥林匹克运动会。经过进一步的斗争，最终，在第15届奥运会开幕前一天晚上，中华全国体育总会接到赫尔辛基奥运会组委会主席佛伦凯尔正式邀请：由于台北体育协进会已经宣布退出第15届赫尔辛基奥运会，1952年7月25日由40人组成的新中国第一支奥运代表团由北京飞往赫尔辛基。中国代表团虽然未能赶上大部分比赛，7月29日12时30分，赫尔辛基的上空升起了五星红旗。

截至1956年底，中国先后加入了自行车、游泳、乒乓球、篮球、足球等15个国际单项体育组织。但由于时任国际奥委会主席美国人布伦戴奇秉承美国的冷战思维，以"体育与政治无关"为借口，在国际奥委会承认中华全国体育总会的同时，也将台湾体育组织列入会员名单之中，造成"两个中国"的局面。第16届奥运会组委会的文件上，经常性地出现"北京中国"和"福摩萨中国"的字样，10月29日，在奥林匹克村发生了降下五星红旗，升起青天白日旗的严重事件。为维护祖国统一，维护国家、民族的荣誉，在多次交涉未果的情况下，我们于1958年8月发表声明，宣布中断与国际奥委会的关系。同时，宣布退出国际足球、田径、举重、游泳、篮球、射击、自行车、摔跤联合会和亚洲乒乓球联合会8个国际体育组织。

在这一时期，中国的国际环境一直比较危险，国防安全受到美苏两个国家的威胁，中国陷入面对世界各种力量敌视的局面。在国际社会上，两极格局形成，苏联与美国走上争夺世界霸权之路，以美国为首的西方帝国主义国家对新中国完成了"新月型包围"。在北方，苏联由于涉及中国主权问题，其单方面撕毁中苏合作协议，撤走了大批苏联驻华专家，并于1960年在我国边境不断地施加压力，中苏关系彻底破裂。面对恶劣的国际局势，毛泽东提出了"两个中间地带"的战略部署。1964年7月10日，毛泽东指出第一个中间地带是亚洲、非洲、拉丁美洲；欧洲、北美加拿大、大洋洲、日本是第二个中间地带①。中国的对外战略不再局限于社会主义国家,而是转向团结第一中间地带发展中国家。与此同时,国内"文化大革命"造成了国家政治、经济、文化的严重混乱,国内由于受到极"左"思潮和意识形态的影响,使新中国的对外关系受到了很大程度的影响。

受此影响,1958年我们与国际奥委会关系中断后,中国体育也付出惨痛的代价。大部分体育项目不能参加国际比赛。众多国际体育组织对我国进行封锁,禁止其会员协会与我国交往。对外体育交往主要局限于同东欧社会主义国家之间。1966年的国际体育交流次数较往年大幅下降,1967年只有越南体育代表团访问中国,1968年体育的国际交流中断,1969年只与越南、刚果(布)、阿尔巴尼亚进行了为数不多的小规模的体育交流活动。为了打破对中国体育的国际封锁,一方面我国建立了"反帝反修"战略,统一战线,加强思想政治工作和技术水平,扩大我国政治影响。另一方面加强了与第三世界新兴国家的联系。1962年第四届亚洲运动会于雅加达举行,3月,印尼向台湾发出邀请,5月中国向印尼政府指出:中国政府无法接受帝国主义企图制造"两个中国"的阴谋。印尼政府出于中国和阿拉伯国家的反应,经反复权衡,决定不让台湾和以色列参加本届亚运会,国际奥委会和举重、田径等国际体育单项运动组织则就台湾和以色列不出席本届亚运会,作出了撤销对本届亚运会的承认,甚至更严厉的惩罚。印尼顶受压力,组织了没有帝国主义和殖民主义分子参加的运动会,即新兴运动会。对于创办新兴力量运动会的动议,中国给予了极大的支持。在亚、非、拉美等国的共同努力下,于1963年11月10—22日,在印尼雅加达胜利举行,来自各大洲48个国家和地区的2200多名运动员和代表参加了运动会。中国派出了238名运动员、教练员组成的体育代表团,参加了14个项目116项比赛;获得了66个冠军,破两项世界纪录。"新运会的举办

---

① 中华人民共和国外交部,中共中央文献研究室.毛泽东外交文选[M].北京:中央文献出版社,1999:506-509.

无疑为新中国运动员创造了一个在国际体坛上展示自我力量的机会,是中国体育在当时特定的历史背景下走向世界的一块里程碑。"①

值得一提的是,在此期间,尽管中苏之间存在着严重的分歧,但两国体育间的交往依然进行,只是次数明显减少。同时,我国体育双边交往不断扩大。如图 8-1 所示,截至 1971 年,中国已同 326 个国家和地区进行体育交往 1000 多起。

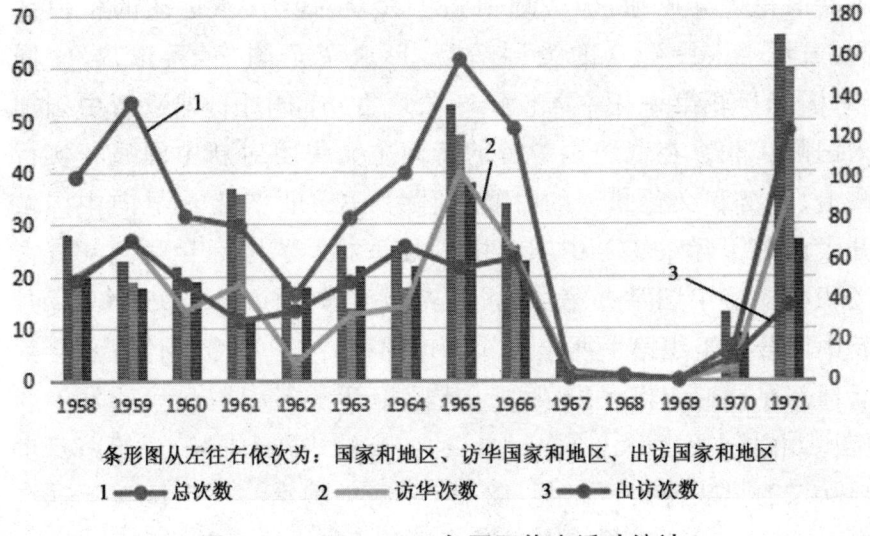

条形图从左往右依次为:国家和地区、访华国家和地区、出访国家和地区
1 总次数　　2 访华次数　　3 出访次数

图 8-1　1958—1971 年国际体育活动统计

此外,我国向非洲一些第三世界国家提供了体育对外援助。1965 年,我国向柬埔寨援建了体育馆,开启了新中国历史上首个体育援外项目。极大地推动了与部分未建交国家的和平发展关系,为服务国家外交战略发挥了独特的作用。

二、乒乓夺冠,震惊世界

1952 年 11 月,中央人民政府体育运动委员会宣告成立,负

---

① 伍绍祖. 中华人民共和国体育史[M]. 北京:中国书籍出版社,1999.

责领导、协调、监督全国体育政策法规的制定、体育文化的传播及发展等各项体育事务。我国的体育开始砥砺前行，进入一个全新时期，举国体制把体育纳入国家计划当中。新中国成立后，体育逐渐成为国家革命和建设事业的重要组成部分。在此背景下乒乓球竞技体育训练制度形成，竞技体育开始以"星星之火"之势在国际社会崭露头角，政治需要成为此阶段竞技体育发展的主要旋律。举国体制的出台，促使竞技乒乓球在国际比赛中不断取得优异成绩，极大地增强了大众对乒乓球运动的价值认同，鼓舞了人民群众的爱国情绪，形成了全国"乒乓球热"。同年，国际乒联第一任主席伊沃·蒙塔古访问中国，即邀请中国加入国际乒联。在以美国为首的帝国主义集团对新中国疯狂实行政治、经济和文化封锁的时候，国际乒联是世界上最早向中国敞开大门的国际组织。中国乒协不久即加入了国际乒联。蒙塔古还积极支持中国举办第 26 届世界乒乓球锦标赛。1952 年 10 月新中国开始组织第一届全国乒乓球锦标赛，中华全国体育总会乒乓球部在这一年也宣告成立。从此揭开了新中国乒乓球发展新旋律，由弱小到强大，走向世界、冲向高峰、全面崛起，开始跻身世界乒坛的强队行列。12 月 12 日，在新中国第一次全国乒乓球比赛上姜永宁和孙梅英分别获得了男子单打和女子单打冠军，12 月 16 日，中国第一支乒乓球国家队正式成立。1953 年 2 月，中国队首次亮相罗马尼亚首都布加勒斯特举办的第 20 届世乒赛，但男团在比赛中只获得了世界甲级第 10，女团获得了世界乙级第三的成绩。经过不懈奋斗，中国乒乓球队在第 24 届时，成绩有了起色，步入世界先进队伍行列。1954 年夏，中国乒乓球队去匈牙利参加了第 12 届世界大学生运动会，获得男单第三名和第四名，女单第三名，男双第三名，总分仅次于匈牙利占第二位。显示了我国选手技术水平已比 1953 年参加世界锦标赛时有了较快的提高，因而开始引起国际乒乓球界的注意。在新中国所有参加正式世界大赛的项目中，乒乓球显然距离世界水平最近。当时的国家体委把突破的希望寄托在乒乓球上。此后，在世

第八章 乒乓球与我国国家形象建构

乒乓球锦标赛时常看到中国乒乓球队的身影,渐渐地跻身世界乒坛的顶尖队伍行列中,为我国乒乓球运动的发展奠定了坚实的基础。

1958年,在中国与国际奥委会及众多单项体育组织断绝关系后,国际乒乓球联合会仍与我国保持正常联系。中国积极参加国际乒联的各项赛事和活动,并且努力开展与其他国际体育的外交,以打破对中国体育的国际封锁。1959年3月,第25届世界乒乓球锦标赛在联邦德国多特蒙德举行,容国团夺得了男子单打冠军,夺得了中国体育史上第一个世界冠军,摘掉了几十年来扣在中国人头上"东亚病夫"的耻辱帽子,在中国掀起了一股乒乓球热,人们将爱国主义与乒乓球冠军荣誉相结合,产生了不可估量的影响力。另外,在1959年中国共青团中央委员会发表的《中国共产主义青年团中央委员会关于在青少年中广泛组织乒乓球竞赛活动的通知》表示:为进一步推动我国青少年群众体育的开展,增强青少年的体质,加速提高乒乓球运动水平,并且迎接即将举行的北京第26届世界乒乓球锦标赛。

1961年4月,新中国在北京举办了第26届世界乒乓球锦标赛。这是中国第一次承办国际性比赛,也是我国向世界展示的一个机会。来自各大洲32个不同文化背景的国家和地区参赛人员集聚北京,相互交流、切磋乒乓球技术。当时正值国家物资极其匮乏时期,但中国乒乓球运动员一路过关斩将,力克强敌,夺得了男子单打和女子单打冠军;男子双打和女子双打的前八名优异成绩。这次比赛获得了国际社会的高度赞扬,宣告了世界乒坛"中国时代的到来"。在比赛中,周总理还出席了欢迎日本乒乓球来华的宴会,为中日邦交正常化建立了基础。在第26届世乒赛上,许多人认为中国取得的优异成绩是因为中国的主场优势。为证明实力,中国乒乓球队参加了第27届世乒赛,获得了男子团体、男子双打和男子单打冠军的优异成绩,并且张燮林以其舞蹈般"海底捞月"的削球方式名扬世界。

表 8-1　1959—1970 年中国乒乓球队在世乒赛所取得的成绩

时间	地点	届数	取得成绩
1959 年	德国多特蒙德	第 25 届	男子单打冠军
1961 年	中国北京	第 26 届	男子团体冠军;男子单打冠军;女子单打冠军
1963 年	捷克布拉格	第 27 届	男子团体冠军;男子单打冠军
1965 年	南斯拉夫卢布尔雅那	第 28 届	男子团体冠军;女子团体冠军;男子单打冠军

1959—1965 年,中国的乒乓球健儿用一个个冠军将乒乓球推向了中国国球的宝座,也迎来了我国竞技乒乓球运动的大爆发。与此同时,我国开展了声势浩大的"全民乒乓"运动,为社会的发展与进步起到了重要的精神支撑作用。改变了中国"东亚病夫"的形象,人们积极地参加多样化的群众乒乓球运动,用自己的行动捍卫国家和民族的尊严,维护了国家利益。

三、乒乓外交,继往开来

20 世纪 70 年代初,中国仍被排斥于联合国之外,中美继续处于对立状态,美国因其霸权地位受到苏联挑战试图改变对华政策。在此背景下,1973 年 11 月,第 11 届"亚非乒乓球友好邀请赛"在北京隆重开幕,共有来自 58 个国家和地区的乒乓球运动员参加。随后几年中,中国陆续举办了亚洲乒乓球锦标赛、亚非拉乒乓球友好邀请赛等。1971 年 9 月 24 日—10 月 22 日,我国乒乓球教练庄家富、林希孟等出访加拿大,这是新中国成立后第一次对这个北美国家的访问,最重要的是,它也是从乒乓球交往开始的。

1971 年中国体育对外交往乃至整个外交工作迎来了重要的转折点。1971 年,"乒乓外交"打开了中美关系的大门,当时中国

第八章 乒乓球与我国国家形象建构

决定派队参加在日本名古屋举行的第 31 届世界乒乓球锦标赛。1971 年 4 月 4 日，比赛期间参赛的美国乒乓球运动员格伦·科恩匆忙中坐上了中国乒乓球运动员的汽车，在车上科恩与我国乒乓球运动员庄则栋进行了友好交谈，并且希望到中国访问。4 月 7 日凌晨毛泽东作出震惊世界的决定，邀请他们同加拿大、哥伦比亚、英国、尼日利亚四国乒乓球队一起访华。4 月 14 日，尼克松宣布结束已存在 20 年的两国贸易禁令，使乒乓球运动成为中国政治外交的重要工具，开创了中国外交的途径与渠道，架起了中外之间的友谊桥梁，从此"小球推动大球"成为世界外交史上的一段佳话。中美建交后，促进了中国同世界各国的建交，例如中日建交、中韩建交、中葡建交等。"乒乓外交"的历史意义不仅在于开启了中美的直接交往，而且对中日邦交正常化也产生了不可忽视的影响，日本乒乓球协会就邀请中国参加名古屋世乒赛，同中国乒乓球协会达成了一个会谈纪要，日方主动作出承诺，即遵守周恩来总理 1958 年 7 月会见日本社会党代表团时提出的"中日关系政治三原则"，也就是不执行敌视中国的政策，不参加制造"两个中国"的阴谋，不阻挠日中两国关系的恢复。纪要签署后的第二天，即 1971 年 2 月 2 日《朝日新闻》发表评论说"日本方面承认了政治三原则，这就打开了日本和中国进行乒乓球交流的道路"。

20 世纪 70 年代我国先后与 70 多个国家建立了外交关系，基本完成了同西方国家的建交过程。

从图 8-2 我们可以看出，1949 年到 1978 年我国共举办了 16 次国家级以上的乒乓球比赛，除去"文革"的十年动荡，相当于每年中国要举行一次国家级以上的乒乓球比赛，这在现在我们肯定会不以为然，但是在当时的以政治为主、经济极度落后的社会背景下是极其罕见的。通过频繁的赛事，中国乒乓球在各体育项目中的重要性更加突出。

在这个特殊的历史时期，"乒乓外交"开创性地探索出了利用体育外交的人民性来促进国家与国家之间的相互了解，实现了体育与外交政策的良性互动，化解了中美之间多年的政治坚冰，迎来了中日睦邻友好的新曙光。从此中国以崭新的姿态开始屹立于世界民族之林,在国际外交史上留下了精彩绝妙的一笔。随着中国与世界各国之间关系的正常化,我国体育外交生机勃勃,国际体育交往活动呈急剧上升趋势(图8-3)。

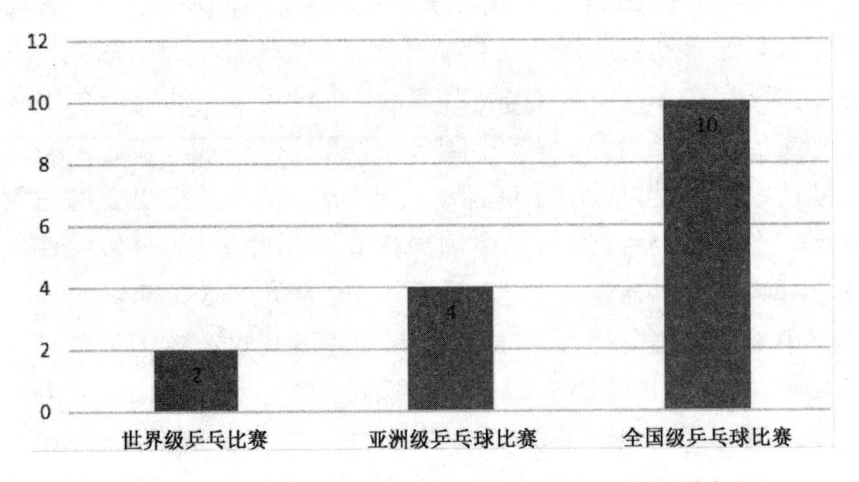

图8-2　1949—1978年中国举办的全国以上的比赛次数

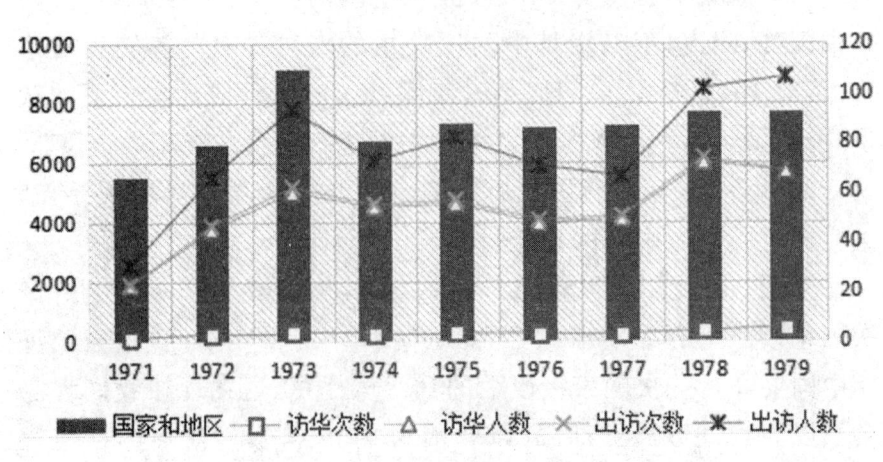

图8-3　1971—1979年国际体育活动

第二节　社会转型时期(1978—2012年)：乒乓球展示改革开放以来富国强民国家形象

从1978年中国共产党第十一届三中全会至2012年11月中国共产党第十八次全国代表大会，中国整个社会发展迈向了一个新的发展阶段。在三代国家领导人的带领下，开始了改革开放伟大革命，破除了思想及体制发展方面的障碍，建立了市场经济的经济体制，开辟了中国特色社会主义道路，使得中国大步跟上世界发展步伐，取得了一系列历史性丰功伟绩[①]。中国乒乓球运动在此期间顺应时代，不断开拓创新，在国际乒坛"独树一帜"，以"国家荣誉至上"，在国际乒坛有力地展示了中国改革开放成就及富国强民的国家形象。

一、冲向巅峰，抗衡世界，国球荣耀

党的十一届三中全会后至20世纪90年代这一阶段，世界开始呈现多极化发展趋势。从世界和平层面出发，提出了"和平与发展"的世界主题。根据国际环境发生的大改变，1978年召开的中共十一届三中全会强调把中国工作重心转移到经济建设上来，确立了实行改革开放的决策路线。中国外交政策进行了重大调整：在争取和平的前提下，一心一意搞现代化建设，发展自己的国家，建设具有中国特色的社会主义[②]。并提出了对外开放基本国策。国外的F. Ash和Y. Y. Kuen出版的《The Chinese economy under Deng Xiaoping》，Brian Hook出版的《The individual and

---

[①] 王一彪. 从一穷二白走向伟大复兴——对新中国70年发展历程的回顾与思考[EB/OL]. 人民论坛网. https://baijiahao.baidu.com/s?id=1645796573450846777&wfr=spider&for=pc. [2019-09-27].

[②] 周琪. 中国外交改变了中国的国际形象[J]. 外交评论(外交学院学报), 2009(3).

the state in China》，Stanley B. Lubman 出版的《China's legal reforms》，Andrew Walde 出版的《China's transitional economy》[1]都是研究邓小平"改革开放"的主要作品，如同 Debicka,Dorota 所言："邓小平制定的对内经济体制改革政策，使国家能够从'大跃进'(1958—1962)造成的崩溃中恢复过来。80年代初的转型实现了'中国特色社会主义'，为当时中国经济的快速发展奠定了基础。而对外制定的'开放'政策，主要包括为外商投资和新技术转让(包括建立经济特区)创造有利条件，使得中国的农业、工业发生了根本性变革，中国在争取全球经济领先中获得了前所未有的胜利。"[2]对外开放扩大了中国与世界各国的交流与来往。同年，邓小平提出"一国两制"的战略解决香港和澳门的问题。中国改革开放以来的外交政策从维护世界和平与促进全球发展出发，以国家利益为根据，以促进社会主义现代化建设为目标，进一步发展和充实了独立自主的和平外交的内容。中国外交呈现出全方面最活跃的局面。

在这一时期，中华全国体育总会开始谋求恢复在国际奥委会的合法权利，并提出了处理台湾问题的设想。经过长时间的工作，国际奥委会在体育与政治无关的口号下，企图无视国际体育事务中难以避免的政治问题。中国始终坚持一个中国的原则，希望找到一个办法，能在中国重返奥林匹克运动的同时，让台湾青年继续拥有参加奥运会的机会。在此情况下，我们要求恢复我国在国际奥委会中的合法席位的斗争历时多年却一直未能解决。1978年底，体育界根据邓小平提出的"一国两制"伟大构想作为理论依据，创造性地提出了在恢复我国合法权利的同时，允许台湾在改名、改旗、改歌的前提下继续参与奥林匹克运动的"三改方案"，并最终得到中央批准。此方案一经出台，就赢得了国际体育

---

[1] Benewick Robert. The Individual and the State in China/China's Legal Reforms [J]. International Affairs,1998,74(1):239-242.

[2] Debicka,Dorota. Deng Xiaoping's Reform and Its Impact on the Economy of Modern China[J]. Pisma Humanistyczne,2013(9):139-154.

界的积极反响。1979年3月,中国奥委会代表宋中、何振梁等人应邀参加了国际奥委会执委会,在会上表示愿意同台湾体育界代表就"台湾运动员参加奥运会问题"进行商谈,并提出了合理的建议,这引起了国际奥委会执委会的关注。4月,国际奥委会在乌拉圭首都蒙得维亚召开了全体会议。中国奥委会代表何振梁在这次国际奥委会全会上明确表示:国际奥委会在中国应只承认一个国家奥委会,即设在北京的中国奥委会。可以允许台湾的体育组织作为一个地方机构,以中国台北奥委会的名义留在奥林匹克内,但它的旗、歌、徽和章程等应做相应的变动。虽然中国"一个国家奥委会"的现状已被大部分国家承认,但是时机并非完全成熟。6月,在波多黎各举行执委会,以中国奥委会的名称维持对设在台北奥委会的承认,条件是后者采用歌曲和旗帜要有别于曾经使用的"中华民国"的"国旗"和"国歌"。经过不懈努力,1979年11月26日,国际奥委会执委会通过了名古屋决议,决定中华人民共和国奥林匹克委员会的名称为"中国奥林匹克委员会",使用中华人民共和国的国旗和国歌,同时设在台北的奥委会的名称是"中国台北奥林匹克委员会",不能使用目前使用的旗、歌和会徽,新的歌、旗和会徽必须得到国际奥委会执委会的批准。国际奥委会解决海峡两岸问题的"奥运模式",为国际体育界提供了一个可借鉴模式。"奥运模式"是一种对内关涉中国及中国台湾地区,对外关涉中国与国际奥委会的多边关系的政策模式。"奥运模式"为中国体育打开了走向世界的大门,为海峡两岸中国人的体育交流及整个国际奥林匹克运动事业的发展创造了条件,是改革开放初期标志性成果,是邓小平同志"一国两制"伟大构想在体育领域的成功实践,为世界体育的发展作出了积极贡献。

随着中国实行改革开放,中美建交、中苏关系正常化,中国奥运代表团重返奥运会赛场。体育赛事的政治影响力相对下降,与国家形象息息相关。1984年,中国奥运健儿在洛杉矶奥运会获得金牌榜第四名的佳绩,振奋了民族士气,奥运冠军受到全民追捧,他们为崛起的中国作出了贡献。我们还承办了一系列国际性赛事，像 1990 年北京亚运会、1993 年上海东亚运动会、1995 年天津世界乒乓球锦标赛和 1996 年哈尔滨冬季亚运会等。特别是 1990 年北京第 11 届亚运会，来自 36 个国家和地区的 5200 名运动员参加了本届亚运会，参赛国家和地区的数量及人数达到亚运会历史最多。中国派出 636 名运动员参加了比赛，奖牌总数达 341 枚，金牌获得了 183 枚，远远超过了日本和韩国。北京亚运会的举办是新中国成立以来举办的第一次国际性综合运动会，不仅创造性地改变了我国体育外交的局面，还树立了良好的国家形象。在此次亚运会期间，中越两国之间的关系取得了显著突破，为我国进一步扩大改革开放创造了良好的内外部条件。

改革开放后，我国乒乓球仍稳居世界乒坛霸主之位。随着社会主义市场经济体制的不断发展，政治主体逐渐淡化出人们的生活，我国开始产生了由计划经济向市场经济转变的新局面。乒乓球不再是政治宣传的工具，其逐步在大众中普及和发展，成为人们锻炼身心的第一选择。1981 年开始进行着重提高体育总会协会地位的改革试点，1982 年再一次对运动项目进行细化管理，将原有的运动司、球类司、军体司分解为训练竞赛一、二、三、四司，乒乓球则归属球类项目的训练竞赛二司管辖。同一时期，教育部也颁布了一系列草案及制度，如《全国学生体育运动竞赛制度》《中小学体育卫生工作暂行规定》等[1]。1981 年 4 月 13 日中国乒乓球队参加在南斯拉夫举行的第 36 届世界乒乓球锦标赛，获得全部 7 项冠军，创世界乒乓球赛 55 年历史的新纪录。至 1980 年底中国已是 37 个单项国际体育组织和 18 个亚洲体育组织成员，在国际体坛打破 8 次世界纪录，获得 3 个世界冠军[2]。1988 年，乒乓球项目被正式列入奥运会的比赛项目，在此次奥运会上中国乒乓球运动员获得女单冠军和男双冠军。之后，1989 年，中国男团

---

[1] 王丽娟,周波.中国体育管理体制改革二十年[J].福建体育科技,2002(06): 4-6.

[2] 中国体育年鉴编辑委员会.中国体育年鉴[M].北京:人民体育出版社,1981: 30-35.

第八章　乒乓球与我国国家形象建构

在多特蒙德失利后,中国乒乓球传统打法受到强烈冲击。瑞典、匈牙利、南斯拉夫等几个欧洲国家乒乓球迅速崛起。中国乒乓球开始出现下滑趋势,人才流失。如何把欧洲一些旋转因素引入我们的传统打法中,是当时的首要任务。乒乓球成为奥运会项目以后,世界乒坛向着多元化方向发展,世界各国向我们提出了挑战。在1988年和1992年的两年之间举行了40届和41届世乒赛,中国队各获得三项冠军,第41届世乒赛上中国男队仅获得第七名,随着改革、开放的总趋势,国际间人才交流的日益频繁,出国热风靡全国。许多优秀乒乓球运动员投奔"海外兵团"。像中国队获得四次世界冠军耿丽娟代表加拿大参赛。第一个在奥运会中战胜中国选手的是,代表奥地利出战的前中国八一队选手丁毅。面对此类情况,中国队痛定思痛,认真总结经验教训,抓管理,树信心,搞技术创新,加快对新人的培养。

在此阶段,改革开放后政治渐渐退出人们的生活主题,推动了中国体育发展重心的转移。满足广大社会成员的娱乐享受和促进身心健全发展成为乒乓球运动发展的第一价值选择。这一时期,中国乒乓球队在社会转型期遭遇了冲击,海外军团数量的增加,一部分在国内没有机会参加大赛、遭遇不公平对待的运动员纷纷为其他国家效力,也反映了国家开放后运动员思维的转化,这是市场经济的产物。但对外强化了中国的大国形象和地位,提高了国际认同、人民的自信心和凝聚力。

二、体制改革,中国方案,融入世界

1993—2003年,此时在全球化背景下,世界朝着多极化发展态势迈进,苏联的解体使得国际社会主义运动遭受打击,国内经济形势也较为严重,通货膨胀及经济投机在改革开放后产生的社会问题开始显露,基于国内外的重大转折及变化,提出"三个代表思想",同时提出要加强政治建设和政治体制改革等,其中经济改革突出政府主导下的市场经济发展。这种治理方式,也影响了中国的体育事业,中国的"奥运战略"需要在体育社会化改革过程中,发挥国家体育总局的宏观调控,政府依然是体育的主体。因此,中国的乒乓球改革思路及方向,就是形成依托国家办和社会办相结合方式的体育管理体制,以逐步适应社会主义市场经济。1992年国家体委召开"中山会议",发布了《关于深化体育体制改革的决定》,且部分项目向职业化过渡[①]。1993年,成立了中国第一个乒乓球俱乐部"北京聚汇丰乒乓球俱乐部"。1994年,我国体育项目向职业化、市场化的过渡迈出重要一步,中国乒乓球运动管理中心在北京成立,[②]并提出了"双轨制"的发展构想。乒乓球联赛在足球联赛的引领下,也在积极地策划筹备。1995—1997年,由中国乒协发起并组织的首届乒乓球俱乐部比赛在广东顺德容奇镇开始。该阶段比赛采取赛会制,各俱乐部聚集一起,临时组队,比赛结束立即解散。1996年,中国各地先后成立了12家乒乓球俱乐部,并且颁布实施了《中国乒乓球协会俱乐部章程》。1997年授命蔡振华担任中国乒乓球队总教练,带领中国乒乓球队员征战国际各大乒乓赛事,并取得佳绩。1998年,乒超联赛改名为"中国乒乓球俱乐部甲级联赛",且俱乐部赛制调整为主客场制度。第一届联赛的举办,介入了专业化赛制,极大地推动了中国乒乓球赛事的职业化和市场化。1999年"中国乒乓球俱乐部甲级联赛"改名为"中国乒乓球俱乐部超级联赛"。在苏州、本溪、哈尔滨、南京、郑州和北京六个城市同时举行。乒超联赛的举办,开创了中国乒乓球历史上的先河,标志着中国乒乓球运动向着职业化、市场化迈出了关键的一步。并且在一定程度上遏制了人才外流,也吸引了国外优秀顶尖运动员来中国乒超参赛,使我国队伍在国内外各大乒乓球赛事上屡获佳绩,成为领跑世界的"乒乓球王国"。但乒乓球改革的成效受到很多人质疑,认为中国乒乓球队的优势没有被削弱,乒乓球面临着被奥运会除名的危险越来越大。中国乒乓球在一家独大的情况下,乒乓球运动出现了发展不均衡现

---

① 李艳翎.经济体制转轨时期中国竞技体育运行的研究[D].北京体育大学,2000.
② 何强.改革开放以来我国竞技体育体制改革的历史审视[D].北京体育大学,2008.

象。因此,2009年3月,为乒乓球运动的国际化推广,中国乒协主席蔡振华提出了"养狼计划",想从本质上改变现在乒乓球在世界范围内不良发展现状。

进入21世纪后,乒乓球运动的发展更是突飞猛进,在《奥运争光计划》的激励下,不管是"奥运会""世界杯"还是"世乒赛",我国运动员都取得了骄人的成绩,为国家和人民争得了荣誉。体育文化的发展也提上了议事日程。党的十七大报告指出,中华民族伟大复兴必然伴随着中华文化繁荣兴盛。文化软实力是综合国力的重要组成部分,事物的发展需要软硬实力兼存。而我国乒乓球的发展主要在于硬实力方面,乒乓球的软实力却没能发挥作用。中国乒乓球技术在国际上处于领先水平,完全能够在技术上引领世界乒乓球运动的发展,但在国际乒坛上中国乒乓球缺乏文化的影响力以及乒乓球文化应有的话语权。中国乒乓球的软硬实力的发展失衡,人们心中缺少发展乒乓球的意识,出现两极分化。

2001年,北京获得2008年奥运会举办权,中国体育迎来前所未有的重大发展机遇。为筹办好北京奥运会并以此为契机促进体育事业全面发展,2002年,中共中央、国务院印发《关于进一步加强和改进新时期体育工作的意见》,对新时期体育工作作出战略部署。与此同时,全面实施开展全民健身与奥运同行活动、农民体育健身工程、全国亿万学生阳光体育运动等,并全力开展奥运备战工作。2008年北京奥运会的成功举办,使体育成为全社会的关注焦点和热门话题,中华大地上掀起了持续不断的体育热,体育的魅力和社会影响力得到充分彰显,成为中国体育发展史上的华彩篇章,为我国体育事业留下了丰厚的奥运遗产。在这一历史时期内,乒乓球运动的价值体现得越来越明显。转变政府职能,坚持积极有效的宏观调控政策,发挥乒乓球在全民健身中的传统优势,积极发展基层乒乓球协会组织,并最大限度地发挥社会体育组织的积极性,通过各种法律、法规保障其权利,切实推动竞技乒乓球和大众乒乓球的协调发展。而乒乓球"国球"地位,不仅仅因为中国乒乓球队成绩卓著,更在于创造了不少精神财富,提高了国家威望,显示了国家的综合实力,促进了政治的统一,增强了爱国情怀。

第三节 特色社会主义新时代时期(2012年至今):乒乓球展示中国社会主义现代化大国形象

党的十八大以来,乒乓球对外工作不断深化,已经成为"元首外交"的新亮点之一。习近平总书记亲力亲为,通过体育助推国之交、民相亲,向世界展现出中国的开放自信、友善包容,谱写中国与世界文明交流互鉴的新篇章。乒乓球主动配合国家外交大局,积极推动"一带一路"乒乓球交流,广泛参与"金砖""上合"等多边国际合作机制和高级别人文交流机制。

一、乒乓改革,引领发展

"体育强则中国强,国运兴则体育兴"[①]。党的十八大以来,全国体育系统坚持以习近平新时代中国特色社会主义思想为指导,认真学习习近平总书记关于体育工作的重要论述,自觉把体育事业放在"五位一体"总体布局和"四个全面"战略布局中去谋划,展示大国形象,宣传大国主张,推动人文交流。体育事业改革发展迈上了新台阶。体育管理体制改革深入推进,坚持问题导向,着力解决行政、事业、社团、企业四位一体的弊端,努力构建小政府、强社团、大社会的体育发展新格局。积极推动与"一带一路"沿线国家和地区间的体育交流,广泛参与"金砖""上合"等多边国际合

---

① 钟秉枢.人类命运共同体引领下的中国体育外交战略构建[J].体育文化导刊,2019(2):15-21.

作机制,创新性地开拓了新时代中国体育外交的宏伟局面和前进道路。2015年2月27日,中央全面深化改革领导小组审议通过《中国足球改革发展总体方案》,不断推动足球改革向纵深发展。以足球改革为突破口,奥运项目协会实体化改革稳步推进。2015年7月31日,北京携手张家口获得了2022年冬奥会的举办权,成为世界唯一一座既举办过夏季奥运会,又将举办冬季奥运会的城市。

党的十九大提出,要广泛开展全民健身活动,要加快推进体育强国建设。习近平总书记深刻指出:"要把发展体育工作摆上重要日程,坚持问题导向,着力破解制约体育事业健康发展的瓶颈问题。创新国家队管理模式,强化目标管理、扁平化管理,组建复合型教练团队,以运动员为中心,以教练员为首要,以做好各方面保障为基础,构建高效奥运备战工作体系。以推进体育供给侧结构性改革为重点,加快推进体育产业发展。提高体育产品供给能力,降低门槛,放宽准入,向社会和市场释放更多体育资源,激发民间资本投资体育的活力,实施'体育+'行动,积极推动体育与相关行业融合发展。狠抓落实,不断开创我国体育事业发展新局面,加快把我国建设成为体育强国。"[①]2019年,中国乒乓球运动管理体制发生重大变革,国家体育总局乒乓球羽毛球运动管理中心(以下简称"乒羽中心")退出中国乒乓球运动管理最高领导机构,放权于中国乒乓球协会,就此乒羽中心和中国乒协两块牌子一套班子的体制彻底改变,协会成为中国乒乓球运动的决策组织,由协会全面统筹和管理中国乒乓球队以及中国乒乓球运动的发展。加快推进乒乓球服务中国强国建设,中国乒乓球运动再一次改革吹响了新时代中国特色社会主义体育事业新发展的冲锋号。

---

① 中华人民共和国中央人民政府. 习近平:决胜全面建成小康社会,夺取新时代中国特色社会主义伟大胜利——在中国共产党第十九次全国代表大会上的报告[EB/OL]. 新华社,http://sn.people.com.cn/n2/2017/1019/c378287-30841988.html,[2017-10-27].

二、乒乓文化，走向世界

习近平总书记在十九大报告中强调："坚定文化自信，推进社会主义文化繁荣昌盛"应"推进国际传播能力建设，提高国家文化软实力"。[①] 乒乓球在我国已经形成了具有中国特色的"国球"文化，塑造了我国国家形象，其内涵和外延远比乒乓球概念丰富和广泛。国际乒联主席维克特在 2017 年世界乒乓球单项锦标赛期间，多次对中国教练在世界各地的贡献提出赞扬。与中国开展合作，把"乒乓高手都来自中国"的状况扭转为"乒乓高手由中国培养"，做大乒乓球这块蛋糕。在"一带一路"倡议下，中国乒协组织的走进各大洲训练营活动，通过共同训练、比赛等方式帮助当地提升乒乓球训练水平，支持和推动当地乒乓球运动的发展。特别为"一带一路"沿线国家和地区的乒乓球项目发展提供了针对性的软硬件支持和帮助，为"一带一路"建设贡献了一份力量，助力体育外交事业的蓬勃发展。2014 年 9 月，乒乓球世界冠军梁戈亮以及国家队运动员、教练员等走进了非洲国家突尼斯，活动受到了当地乒乓球爱好者的热烈欢迎。2015 年 8 月，"走进拉美"活动规模大大提升，来自 16 个国家和地区的 30 名乒乓球爱好者齐聚波多黎各，波多黎各乒协主席伊万·桑多斯也表达了与中国进行深入交流合作的愿望。这项"筑梦行动"促进了"一带一路"沿线国家和地区的乒乓球发展，中国乒乓球文化也在这个过程中远播至更加广泛的区域。在国内，以"一带一路"为主题的系列乒乓球活动也在如火如荼地开展。2016 年，中国乒协在新疆乌鲁木齐参与组织了第一届"一带一路"国际乒乓球邀请赛，吸引了埃及、俄罗斯、哈萨克斯坦、吉尔吉斯斯坦等多个"一带一路"沿线国家及地区的乒乓球爱好者组队参赛。收到良好反响的这一活动规模

---

① 习近平. 决胜全面建成小康社会，夺取新时代中国特色社会主义伟大胜利：在中国共产党第十九次全国代表大会上的报告[N]. 人民日报，2017-10-28(1).

不断扩大,2017年扩展至成都、西安等地,吸引了俄罗斯、美国、奥地利、哈萨克斯坦等18个国家和地区的712名爱好者参与。2018年,赛事规模进一步拓展并逐步形成品牌效应,德国、瑞典、埃及、克罗地亚等24个国家和地区的806名爱好者参与到成都、西安、鞍山等站的活动中。与此同时,活动内容也得到不断地丰富。2018年"一带一路"成都国际乒乓球公开赛升级为"比赛+论坛"的综合性品牌活动,主题为"共同繁荣新时代体育经济"的论坛共有来自9个国家和地区的33位专家以及高等院校、科研机构、企业界、运动员代表等200余人参会,与会嘉宾围绕国际体育经济合作与人类命运共同体、体育产业与健康中国战略、运动康复与大健康等内容展开学术交流,并最终形成了《"一带一路"乒乓球公开赛成都倡议》成果,进一步推动了四川、成都与"一带一路"沿线国家与地区的交流合作。2019年"一带一路"各类相关乒乓球赛事预计将达到5站,不断提升规模与影响力的赛事将服务"一带一路"沿线国家和地区的更多喜爱乒乓球的朋友。2018年5月,上海体育学院党委书记李崟、中国乒乓球学院院长施之皓率团访问巴新,与巴新总理助理部、巴新体育部和巴新国家奥委会商谈了乒乓运动的发展援助事宜,并达成了合作共识,中国乒乓球学院巴布亚新几内亚训练中心成立,成为乒乓文化传播的纽带,两国人民友谊的象征。2018年11月15日,习近平主席访问与我国签署共建"一带一路"谅解备忘录的国家——巴布亚新几内亚独立国,他观看了正在训练的巴新运动员和中国教练员,鼓励他们争创佳绩,做两国人民的友好使者,乒乓外交在中巴新两国外交活动中起到了重要作用。

改革开放70年来,体育始终走在中国对外交往的前沿,为服务国家外交大局、促进体育改革发展作出了重要贡献。新中国时期,复杂多变的国内外形势,使得体育发展多次受挫,但乒乓球经受考验,冲向世界巅峰。著名的"乒乓外交"打破了冷战时期的外交僵局,书写了"小球转动大球"的历史佳话。改革开放后,世界开始呈现多极化发展趋势,中国经济快速发展,乒乓球不断创新发展,率先进行体制改革,乒乓球联赛改革的"中国方案",是中国市场经济改革的缩影,中国乒乓球服务人民健康及国际乒坛威震世界,是中国改革开放中国家富强民主的体现,树立了良好的国际形象。如今中国综合实力不断增强,面对世界多极化格局,积极融入国际社会,对外体育交往空前活跃。中国乒乓球响应时代号召,大力实施国际推广及服务健康中国的改革思路及方向,为"一带一路"建设提供了针对性的软硬件支持和帮助,创新性地开拓了中国体育的新格局和前进道路,有力地服务了我国走向伟大复兴的新时代。

结　语

  站在新中国成立70周年的历史节点,中国乒乓球队在2019年世乒赛上再一次荣获团体冠军,成为该赛事历史上夺冠及包揽金牌最多的球队。中国乒乓球队的辉煌战绩,以及"全民乒乓"的持续热爱,是新中国体育70年卓越成就的重要组成部分。"国球精神"是一种催人向上的动力。解放后中国乒乓球队开始起步发展,在"建国为国,振兴中华"的时代强音中,国球精神赋予了国人自力更生、艰苦奋斗的昂扬斗志。他们用一次又一次的夺冠、一枚又一枚的金牌,用"人生能有几次搏"的英雄气概与爱国主义、集体主义精神,激励、感召和促进了各行各业的人们投身中国社会主义建设及新中国的发展洪流中。70年后的中国已经发生翻天覆地的变化,但国球精神一直闪耀中华大地、历久弥新,它早已超越体育而融入全社会,她属于我们伟大的祖国、属于我们伟大的民族、属于我们伟大的时代。

  中国乒乓球协会主席刘国梁接受采访时谈到中国乒乓球运动的未来:"不管是奥运争光计划还是项目推广计划,都要发挥国家队的龙头作用;另外,重点考虑市场开发、全民健身,怎样为社会贡献乒乓球的力量[①]。"国球之路,国运之道。乒乓球给了我们太多的荣誉、尊严和精神力量,乒乓球在中国的蓬勃发展,固然有体育机制的原因,但深厚的群众基础才是真正的关键。如果我们

---

① 新华社.刘国梁:国家队是短期绩效,保持长盛不衰是庞大的长期工程[EB/OL].腾讯体育.https://sports.qq.com/a/20181001/007947.htm.[2018-10-1].

能够在国内外老百姓最为关心的健身问题上下功夫,同时找到合适的市场推广和运作模式,乒乓球再度在海内外热起来,不会是一个遥远的梦。作为历史的传承者,我们有责任和义务用更加国际化的眼光,积极思考这项运动的未来。

参考文献

[1]1970年代体育助力中国重返国际社会[J].知识文库,2015(13).

[2]关铭闻.只有正确认识历史,才能更好开创未来[N].光明日报,2020-01-03(1).

[3]丁东."奥运模式"与王猛将军[J].文史参考,2010(05).

[4]"改革开放40年研究/新时代改革开放再出发研究"课题组.改革开放40年的回顾与前瞻[C].中国智库经济观察(2018):中国国际经济交流中心,2019.

[5]翟旭瑾.中国与巴新乒乓外交的成功经验[J].公共外交季刊,2019(01).

[6]高玖灵.中国体育口号60年变迁与思考[J].湖北经济学院学报(人文社会科学版),2011,8(01).

[7]张承毅,王毅.国外篮球训练研究进展分析——基于科学知识图谱的可视化分析[J].北京体育大学学报,2016,39(08).

[8]孟婷.中国大陆体育纪录片发展史研究(1949—2016)[D].山东大学,2017.

[9]梁可.训练工程理论视域下高校高水平乒乓球队运动训练特征研究[D].吉林大学,2019.

[10]张暗礁.开放社会的系统特征及生存与发展原则研究[D].东北师范大学,2004.

[11]乒乓球为什么成为中国的种族特长?[EB/OL].[2015-4-17].壹读百科.http://news.ifeng.com/c/7fa1Tw8BAJ1.

[12]周进.上海近代基督教堂研究(1843—1949)[D].同济大学,2008.

[13]黎明起.参与式治理视角下的国际化城市和谐社区建设研究[D].广西民族大学,2009.

[14]庚梦琪.租界档案的海外流失与追索研究[J].档案与建设,2018(01).

[15]张璐.中国共产党认识社会主要矛盾的基本历程研究[D].西华大学,2019.

[16]陈宁.南京中央体育场建筑设计研究[D].南京艺术学院,2012.

[17]李迅.近代上海摩登形象考察[D].上海师范大学,2019.

[18]国家体委体育文史工作委员会,中国体育史学会.中国古代体育史[M].北京:北京体育学院出版社,1990:438.

[19]刘利鸥.不同网高对乒乓球往返速度及观赏性影响的研究[D].武汉体育学院,2006.

[20]刘鹏.改革开放30年的中国体育[M].北京:人民体育出版社,2008.

[21]苏华.新时期中国体育文化的现状与对策研究[D].华东交通大学,2011.

[22]卢文云,唐炎,熊晓正.建国初期我国竞技体育发展模式的历史回眸[J].西安体育学院学报,2007(04).

[23]艮谦斋.新中国乒乓球运动的发展及群众体育观念的转变[EB/OL].[2016-09-08].搜狐网.http://www.aiweibang.com/yuedu/139719115.html.

[24]苏玉凤.中国女排竞技水平发展特征及成因研究(一)——初步发展阶段分析[J].南京体育学院学报(社会科学版),2007(03).

[25]李军华.我军早期体育工作的若干特点研究[J].军事体育进修学院学报,2010,29(04).

[26]吴焕群.中国乒乓球运动三十年[J].中国体育科技,1984(05).

[27]李新发,宁周红.中国足球运动发展思路——乒乓球成

功经验的借鉴[J].运动,2014(10).

[28]顾育豹.为奥运梦立下殊勋的共和国元帅[J].公关世界,2008(06).

[29]华人世界编辑部.百年中国大事记[J].华人世界,2011(05).

[30]陈志生,蔡文菊.国际关系建构背景下中国体育参与公共外交的发展战略研究[J].北京体育大学学报,2014,37(03).

[31]人民日报评论部.坚持党的集中统一领导[N].人民日报,2019-11-08(009).

[32]董周生,欧美珍.高师体育教育专业增开体育新闻学课程刍议[J].湛江师范学院学报(自然科学版),2000(01).

[33]于克勤.现代奥运会漫话[J].上海体育学院学报,1984(02).

[34]余智.从善政到善治的群众体育发展研究[D].上海体育学院,2015.

[35]曹犇中.中国共产党领导人的体育思想研究[D].陕西师范大学,2007.

[36]余宏.新中国建立初期群众体育的历史源流和发展特点[J].沈阳体育学院学报,2019,38(03).

[37]何晓锋.河南省普通高校乒乓球运动的开展现状及对策研究[D].陕西师范大学,2009.

[38]张大志.中国近现代体育身体观的生成逻辑[D].苏州大学,2015.

[39]戴国清,邵长坤,包春峰.我国不同发展时期体育政策措施对体育的影响[J].世纪桥,2011(07).

[40]于军.共建共治共享社会的深度刻画——简评《传统体育社团的福利功能研究》[J].山东社会科学,2018(02).

[41]萨日娜.体育人文社会科学在我国体育事业发展中的引领作用研究[D].北京体育大学,2012.

[42]李岩.近代以来中国武术价值观的变迁研究[D].苏州大学,2016.

[43]韩坤.我国竞技体育崛起的历程及主要经验[D].北京体

育大学,2012.

[44]李阳.全民健身背景下农村体育发展研究[M].长春:吉林大学出版社,2018.

[45]熊晓正,林登辕.从"普及与提高相结合"到"各类体育协调发展"[J].体育文史,1997(05).

[46]田标.社会主义计划经济下党的体育思想的主要内容及原因的探讨[J].南京体育学院学报,2000(04).

[47]周琬滢.从中国传统文化透视乒乓精神的时代特征[D].武汉体育学院,2012.

[48]舒盛芳,沈建华,郝斌.中国在国际体育领域里维护国家利益的实践研究[J].成都体育学院学报,2011,37(07).

[49]孙春特.社会变迁下中国乒乓球发展的探究[D].湖南师范大学,2014.

[50]崔乐泉.20世纪中国体育的崛起与中华民族的复兴[J].体育文化导刊,2010(10).

[51]李村.全民健身与乒乓球运动的审美娱乐性[J].长春理工大学学报(综合版),2005(03).

[52]姚勤毅.上海爷叔赞叹:申城又回到群众乒乓球的全盛时期[N/OL].[2018-06-05].中国日报网,http://sh.eastday.com/m/20180605/u1ai11494696.html.

[53]范宏伟.公共体育服务均等化研究[D].北京体育大学,2010.

[54]高鹏飞.论"举国体制"场域演绎下的语言符号暴力[J].体育与科学,2013,34(02).

[55]朱昆,赵丙军,王兴.我国竞技体育后备人才培养研究热点及演进路径[J].上海体育学院学报,2011,35(06).

[56]杨媛媛.习近平思想政治教育观的人学思想研究[D].浙江大学,2019.

[57]马冠楠,刘桂海.体育外交战略探析[J].体育文化导刊,2012(02).

[58]张燮林,郝橙.打开中美紧闭二十二年的大门"乒乓外交":小球推动大球[J].国家人文历史,2011(12).

[59]姚远."乒乓外交"中的周恩来[J].中华魂,2013(13).

[60]叶伟民.以体育向世界证明中国[N].南方周末,2008-08-28.

[61]张晰.从"和平共处"看五十年代末的中苏关系[D].外交学院,2015.

[62]吕聪敏."小球转动了地球"——亲历"乒乓外交"[J].观察与思考,2009(10).

[63]石善涛.中日关系史上的"乒乓外交"[J].党史文汇,2009(02).

[64]冯霞.北京中外体育文化传播与交流研究[J].广州体育学院学报,2008,28(06).

[65]国家体育总局群众体育司.新中国群众体育工作发展研究[J].体育文化导刊,2019(11).

[66]王学彬,郑家鲲.新中国成立70周年我国群众体育发展:成就、经验、问题与展望[J].体育科学,2019,39(09).

[67]魏清源.社会主义建设的伟大转折——回眸中国共产党第十一届中央委员会第三次全体会议[J].石油政工研究,2012(02).

[68]刘玉.新中国60年体育发展观的演进[J].上海体育学院学报,2011,35(04).

[69]刘云峰.论邓小平理论是中国特色社会主义理论体系的奠基之石[J].湘潭师范学院学报(社会科学版),2008(06).

[70]张茜.中国改革开放的启动策略研究[D].华东政法大学,2019.

[71]郑士鹏.改革开放以来中国共产党发展理念的演进理路[J].商丘师范学院学报,2020,36(01).

[72]余菲.邓小平开创中国特色社会主义道路的主要成果及其启示研究[D].西南大学,2014.

[73]邱乘光.决定当代中国命运的思考和谋划——重温

邓小平关于改革的重要论述[J].江淮论坛,2014(05).

[74]国家体育总局.拼搏历程 辉煌成就:新中国体育60年地方卷[M].北京:人民出版社,2009.

[75]夏漫辉,马卫平.当代中国体育思潮透视[J].体育文化导刊,2014(10).

[76]中国政府的体育战略[N].湖南经济报,2003-10-17(D02).

[77]90年代——期盼奥运再创辉煌(1990—1994)[EB/OL].中国奥委会官方网站,http://www.olympic.cn/china/memorabilia/2007-10-11/1277027.html.

[78]易剑东.中国体育产业政策研究、总览与观点[M].北京:社会科学文献出版社,2016.

[79]国家体育总局《乒乓长盛考》研究课题组编.星光灿烂40年乒乓文萃选[M].北京:人民体育出版社,2002.

[80]秦坤.中国乒乓球队的组织文化研究[D].曲阜师范大学,2011.

[81]刘凤岩,张晓蓬.对中国乒乓球运动可持续发展的对策研究[J].体育科学,2003,23(01).

[82]与时俱进续新篇——如何理解"三个代表"重要思想同马克思列宁主义、毛泽东思想、邓小平理论是一脉相承的科学体系[J].求是,2004(18).

[83]李根,高嵘.国家认同与集体记忆:"国球"乒乓的塑造过程及象征意义[J].沈阳体育学院学报,2019,38(04).

[84]王阳.NBA成功推广对我国乒超联赛市场化的启示[D].成都体育学院,2013.

[85]金丽.反思与重建:基于中国乒超联赛发展问题与改革的定性探讨[J].南京体育学院学报,2018,1(07).

[86]新华社.我国将全民健身上升为国家战略[C/OL].[2014-10-20].中央政府门户网站,http://www.gov.cn/xinwen/2014-10/20/content_2767904.htm.

[87]邵彬.跨文化视角下NBA与CBA运营模式比较研究

[D].天津商业大学,2016.

[88]人民日报:大众乒乓天宽地阔[EB/OL].[2013-03-23].人民网,http://sports.ifeng.com/pinglun/detail_2013_03/23/23437748_0.shtml.

[89]刘辉.最新上海市全民健身发展报告公布:年轻人越来越宅需重视[EB/OL].[2018-11-16].东方网,http://sh.eastday.com/m/20181116/u1ai11995482.html.

[90]钟秉枢.体育强则中国强 国运兴则体育兴[N].人民政协报,2019-01-24(04).

[91]李柯勇.体育在跨国界交流中共同发展[N].中国改革报,2008-08-23.

[92]郭涵.我国乒乓球职业联赛发展的问题探析[J].体育与科学,2014,35(02).

[93]尹珩.基于历史演进视角的乒超联赛改革及其影响研究[D].成都体育学院,2018.

[94]祝莉,唐沛.中国体育外交六十年:回顾与展望[J].体育文化导刊,2009(12).

[95]卢丛丛.新中国社会主义建设严重受挫时期的对外体育交往(1966—1976)[D].苏州大学,2013.

[96]王立华.南通竞技体育后备人才培养研究[D].北京体育大学,2015.

[97]苟仲文.新中国体育70年[N].中国体育报,2019-09-24(1).

[98]王志伟.我国乒乓球运动发展历程及推广路径研究[D].辽宁师范大学,2014.

[99]池建.历史交汇期的体育强国梦——基于党的十九大精神发展中国特色社会主义体育强国之路[J].北京体育大学学报,2018,41(01).